IDENTIFICATION AND SUPERVISION OF SYSTEMICALLY IMPORTANT BANKS IN CHINA UNDER BASEL III FRAMEWORK

巴塞尔协议III框架下中国系统重要性银行识别与监管

柏宝春 ◎ 著

图书在版编目（CIP）数据

巴塞尔协议Ⅲ框架下中国系统重要性银行识别与监管/柏宝春著．—北京：经济科学出版社，2020.5
（泰山金融论丛）
ISBN 978－7－5218－1422－4

Ⅰ.①巴…　Ⅱ.①柏…　Ⅲ.①银行监管－研究－中国
Ⅳ.①F832.1

中国版本图书馆CIP数据核字（2020）第049500号

责任编辑：刘　悦　杜　鹏
责任校对：隗立娜
责任印制：邱　天

巴塞尔协议Ⅲ框架下中国系统重要性银行识别与监管
柏宝春　著
经济科学出版社出版、发行　新华书店经销
社址：北京市海淀区阜成路甲28号　邮编：100142
总编部电话：010－88191217　发行部电话：010－88191522
网址：www.esp.com.cn
电子邮箱：esp@esp.com.cn
天猫网店：经济科学出版社旗舰店
网址：http：//jjkxcbs.tmall.com
固安华明印业有限公司印装
710×1000　16开　13.5印张　230000字
2020年6月第1版　2020年6月第1次印刷
ISBN 978－7－5218－1422－4　定价：56.00元

前　言

“风险”是金融市场永恒的主题，2008 年国际金融危机的一个显著特征就是系统重要性金融机构经营陷入危机，在 2008 年国际金融危机爆发前，国际社会并未对系统性金融风险的监管给予高度重视，对系统性风险概念、监管标准、度量方法等问题的研究也始终较为零散，结果导致宏观审慎监管与微观审慎监管之间彼此割裂。

2008 年金融危机将原有监管体系的制度性缺失充分暴露，对应的宏观审慎监管概念下的系统性风险监测度量问题成为研究焦点。在系统性风险生成、传染，金融危机触发、升级的过程中，系统重要性银行的作用与影响极为明显，因此，对系统重要性银行的监管成为目前宏观审慎监管的重要任务。2008 年金融危机后，G20 金融稳定委员会（FSB）、国际货币基金组织（IMF）、巴塞尔委员会（BCBS）等国际组织以及欧美各国相继对金融监管体系的原有缺陷提出改革方案，2013 年 7 月出台（2018 年 3 月修订）系统重要性银行评估和系统性风险传染度量标准，并制定了系统重要性银行宏观审慎监管的实施方案。

2012 年 9 月 17 日，国务院批准《金融业发展和改革“十二五”规划》，提出要“建立健全适合中国国情的系统性金融风险监测评估方法和操作框架，加强对系统重要性金融机构的监管”；2013 年 11 月，中共十八届三中全会通过《中共中央关于全面深化改革若干重大问题的决定》，明确指出要“建立健全宏观审慎管理框架，落实金融监管改革措施和稳健标准，完善监管协调机制”；2019 年 11 月，中共十九届四中全会通过《中共中央关于坚持和完善中国特色社会主义制度、推进国家治理体系和治理能力现代化若干重大问题的决定》，明确提出要“构建系统完备、科学规范、运行有效的制度体系，有效防范金融体系系统性风险”；2019 年 11 月 27 日，为完善我国系统重要性金融机构监管框架，防范系统性风险，有效维护金融体系稳健运行，经党中央、国务院同意，中国人民银行、中国银行保险监督管理委员会、中国证券监督管理委员会联合印发了《关于完善系统重要性金融机构监管的指导意见》。

基于上述背景，本书以巴塞尔协议Ⅲ框架、系统重要性银行识别、风险传染度量以及宏观审慎监管框架构建为研究主线，以国内系统重要性银行识别与宏观审慎监管为中心展开研究。第 1 章导论部分阐述了本书的研究背景和意义，对分析思路、研究内容、研究思路与方法进行介绍。第 2 章作为本书研究的理论基础，分析巴塞尔协议Ⅲ框架的主要内容，系统金融性风险理论和风险传导模型，阐述系统性风险发生过程，考察系统风险性的各种诱发因素和传导渠道，对各种风险方法的实用性、缺陷及其在中国的适用性进行比较分析，为后续章节提供方法上的指导。第 3 章以系统重要性银行为研究切入点，阐述系统重要性银行定义分析系统重要性与系统性风险的关联，探讨系统重要性银行识别方法。第 4 章在分析金融稳定理事会（FSB）、巴塞尔委员会（BCBS）机构提出的评估系统重要性银行指标体系的基础上，结合国内银行业的特点及经营环境，对国内银行的系统重要性进行评估。并结合 IMF 金融部门评估规划，从宏观经济冲击、银行经营以及系统性风险传染角度，构建多层次国内系统重要性银行的风险传染测量框架，研究系统性风险传导问题。第 5 章主要研究巴塞尔协议Ⅲ框架中关于宏观审慎监管的主要内容，对比分析当前欧美国家宏观审慎监管改革的最新进展，结合国内宏观审慎监管最新发展，提出改进提高国内系统重要性银行宏观审慎监管的思路和建议。第 6 章对宏观审慎监管后续改革路径进行了展望。

柏宝春

2020 年 1 月

目　　录

第1章 导　论

2008年国际金融危机为研究系统重要性银行风险传染问题提供了很好的参照，系统重要性金融机构（systemically important financial institutions，SIFIs）在金融风险生成、传染以及危机转化升级过程中的作用与影响尤为明显，对其监管成为此次金融危机后世界各国宏观审慎监管的重要任务。国际货币基金组织（IMF）、国际清算银行（BIS）、巴塞尔银行监督管理委员会（BCBS）、G20金融稳定委员会（FSB）等联合制定了相关评估方法、明确风险传染度量标准等。

系统重要性银行（systemically important banks，SIBs）是银行业内的系统重要性金融机构，2008年金融危机的爆发引发了国际社会对系统重要性银行问题的广泛关注，国际清算银行（2011）将系统重要性银行定义为“具有负外部性特征，并且由于规模、复杂度与系统相关度在金融市场中承担关键功能，其无序破产可能给金融体系造成包括核心金融功能的中断、金融服务成本急剧增加等在内的系统性风险，进而可能危及金融稳定、损害实体经济的银行”①。2010年金融稳定委员会将系统重要性银行划分为全球系统重要性银行（G-SIBs）和国内系统重要性银行（D-SIBs）两个档次，并从2011年11月开始每年公布本年度的全球系统重要性银行名单。

当前我国金融体系正处于全面深化改革进程中，国内银行体系改革发展及风险管理具有自身独特性。借鉴国际相关经验，切合自身实际需求，研究开发国内系统重要性银行系统性风险度量工具，并构建适用有效的宏观审慎监管体系，以加强系统性风险的监管。

2008年国际金融危机后，宏观审慎政策逐渐成为反思危机教训、完善

---

① [Basel Committee on Banking Supervision，Global systemically important banks：Assessment methodology and the additional loss absorbency requirement]，BCBS Meeting，2011.

金融监管体制的核心内容。其中，加强中央银行对系统重要性金融机构的监管是强化宏观审慎管理、维护金融稳定的重点领域。2018 年 11 月 27 日，按照党中央、国务院决策部署，中国人民银行与银保监会、证监会联合发布了《关于完善系统重要性金融机构监管的指导意见》（以下简称《指导意见》），对我国系统重要性金融机构的识别、监管和处置作出了总体性的制度安排。

2019 年 11 月，中国人民银行、银保监会就《系统重要性银行评估办法（征求意见稿）》（以下简称《评估办法》）公开征求意见，《评估办法》作为《指导意见》的实施细则之一，是我国系统重要性银行认定的依据，也是对系统重要性银行提出附加监管要求、实施宏观审慎管理、建立特别处置机制的前提，符合我国金融监管体制改革的总体方向和要求。

1.1 研究背景和意义

1.1.1 研究背景

在已有研究文献的基础上，本书主要分析巴塞尔协议Ⅲ框架下国内系统重要性银行识别与宏观审慎监管问题。本书的研究主要基于以下两方面背景。

1.1.1.1 现实背景

2008 年国际金融危机后国际清算银行、国际货币基金组织、金融稳定委员会等国际组织及欧美各国相继对金融监管体系的缺陷提出改革方案。由于我国目前资本账户尚未完全开放，国内银行业经营整体国际化程度偏低，在很大程度上把国内银行业和国际金融市场的风险隔离开来。因此，相对于欧美各国，2008 年国际金融危机对国内银行并未构成直接的严重冲击。但随着国内资本账户的开放，国内金融市场的国际化程度会日益提高，从而导致国内银行系统性风险特征也将会与国外进一步趋同。

2011 年 5 月 3 日，银监会发布《中国银行业实施新监管标准的指导意见》，2012 年 9 月 17 日，国务院批准《金融业发展和改革“十二五”规划》，提出要“建立健全适合中国国情的系统性金融风险监测评估方法和操作框架，加强对系统重要性金融机构的监管”[①]；2013 年 11 月 12 日，中共十八届三中全会通过《中共中央关于全面深化改革若干重大问题的决定》明确提出要“健全宏观调控体系，防范区域性、系统性风险”“建立健全宏观审慎管理框架”[②]。

2018 年 11 月 27 日，为完善我国系统重要性金融机构监管框架，防范系统性风险，有效维护金融体系稳健运行，经党中央、国务院同意，中国人民银行、中国银行保险监督管理委员会、中国证券监督管理委员会联合印发了《关于完善系统重要性金融机构监管的指导意见》，对我国系统重要性金融机构的识别、监管和处置作出了总体性的制度安排。

2019 年 10 月 31 日，中共十九届四中全会通过《中共中央关于坚持和完善中国特色社会主义制度、推进国家治理体系和治理能力现代化若干重大问题的决定》，明确提出要“构建系统完备、科学规范、运行有效的制度体系，有效防范金融体系系统性风险”[③]。

2019 年 11 月 26 日，中国人民银行、银保监会就《系统重要性银行评估办法（征求意见稿）》公开征求意见。

2020 年 1 月 13 日，中国银保监会召开 2020 年全国银行业保险业监督管理工作会议，2020 年防范化解金融风险方面的重点工作有以下九个方面：一是稳妥处置高风险机构，压实各方责任，全力做好协调、配合和政策指导。完善银行保险机构恢复与处置机制。二是继续拆解影子银行，大力压降高风险影子银行业务，防止死灰复燃。三是加强资产质量监管，持续加大不良资产处置力度，提高资产分类准确性。四是坚决落实“房住不炒”的要求，严格执行授信集中度等监管规则，严防信贷资金违规流入房地产市场，持续遏制房地产金融化泡沫化。五是对违法违规搭建的金融集团，在稳定大局的前提下，严肃查处违法违规行为，全力做好资产清理、追赃挽损、改革重组。六是深入推进网络借贷专项整治，做好存量资产处置、停业机构退出和机构转型工作。加大互联网保险规范力度。七是继续努力配合地方政府深化国有企业改革重组，加快经济结构调整，化解隐性债务风险。八是有效防范化解

---

① 国务院：《金融业发展和改革“十二五”规划》，2012 年 9 月 17 日。

② 中共十八届三中全会：《中共中央关于全面深化改革若干重大问题的决定》，2013 年 11 月 12 日。

③ 中共十九届四中全会：《中共中央关于坚持和完善中国特色社会主义制度、推进国家治理体系和治理能力现代化若干重大问题的决定》，2019 年 10 月 31 日。

外部冲击风险，做好银行保险机构压力测试，完善应对预案，稳定市场预期。九是进一步弥补监管短板，加大监管科技运用，加快建设监管大数据平台，完善监管制度，强化监管队伍，有效提升监管能力和水平。

1.1.1.2 理论背景

“风险”是金融市场中永恒的主题。2008 年金融危机中，陷入危机的大型金融机构给一国乃至全球金融体系所带来的系统性风险冲击与传染引起国际社会的广泛关注。

2008 年金融危机充分暴露出国际社会对系统重要性银行识别与宏观审慎监管的不足以及对系统性风险测量研究存在的局限性。危机后，从相关理论研究发展和系统性风险管理实践总结来看，国际社会关于《巴塞尔协议Ⅲ》、系统重要性银行识别与评估方法及宏观审慎监管问题的研究日趋完善，相关研究成果在实践中得到广泛应用。

2008 年金融危机后，相关研究领域随系统重要性银行业务的发展及宏观审慎监管体制的建立而日趋深入。巴塞尔银行监督管理委员会（BCBS）于 2010 年 12 月 16 日公布《巴塞尔协议Ⅲ》的文本终稿，正式明确《巴塞尔协议Ⅲ》的内容和范围①。巴塞尔协议Ⅲ框架涵盖银行系统性风险监管及宏观审慎管理等内容，结合微观与宏观审慎以应对银行体系层面的系统性风险。

在实践中，当前我国正处于全面深化金融改革过程中，作为经济转型国家，国内银行体系改革具有自身鲜明的独特性。如何在巴塞尔协议Ⅲ框架下，合理借鉴国际经验，对国内系统重要性银行进行合理识别，并研究开发符合自身需求的风险监测工具，构建有效的宏观审慎监管体系，是当前值得我们研究的一个重大问题。

1.1.2 研究意义

1.1.2.1 理论意义

1988 年《巴塞尔协议Ⅰ》（Basel Ⅰ）提出对商业银行资本充足率的要求，

---

① Basel Committee on Banking Supervision，“Basel Ⅲ A global regulatory framework for more resilient banks and banking systems”，Dec.，2010.

并逐渐成为全球银行资本监管的统一标准。1996 年的《巴塞尔协议Ⅰ》补充协议和 2006 年的《巴塞尔协议Ⅱ》（Basel Ⅱ）发布，尽管这些协议对银行资本指标设置、计量模式、质量要求等进行了进一步完善，但从银行监管理念来看，始终都处在微观审慎监管框架下。微观审慎监管的思路是强调加强对单个银行的微观审慎监管，关注个体金融机构的安全与稳定，而忽视对整个金融体系的宏观审慎监管，结果导致对银行体系系统性风险的监管始终处于空白阶段，2008 年金融危机将这一监管体制的制度性缺失暴露无遗。

2008 年金融危机爆发以来，主要经济体和国际组织都在着力加强以宏观审慎监管为重要内容的金融监管改革。2008～2010 年，巴塞尔银行监督管理委员会（BCBS）、金融稳定委员会（FSB）、国际货币基金组织（IMF）分别从不同方面加强了对上述问题的研究。2010 年 12 月 16 日，巴塞尔银行监督管理委员会正式公布《巴塞尔协议Ⅲ》（Basel Ⅲ），明确《巴塞尔协议Ⅲ》的内容和范围。

为贯彻《巴塞尔协议Ⅲ》的监管标准，2011 年 4 月 27 日，银监会颁布《中国银行业实施新监管标准指导意见》（以下简称《指导意见》），《指导意见》除对国内系统重要性银行要求 1% 的附加资本外，还对其提出了更高的审慎监管要求。同时《指导意见》还确定了评估国内系统重要性银行的四个量化指标，分别是规模、关联性、复杂性和可替代性，颁布相应的评估方法和持续评估框架。

从理论研究角度来看，巴塞尔协议Ⅲ框架、系统重要性银行评估模型、宏观审慎监管理论等构成了当前国内系统重要性银行评估与监管问题研究的理论根基，从这一角度来看，本书主题紧扣当前国内系统重要性银行评估与监管的发展趋势，基于这一研究视角必然会得出对国内系统重要性银行风险监管实践更有价值的研究成果。

1.1.2.2 现实意义

如前所述，2008 年国际金融危机暴露了国际银行监管体系对系统重要性银行监管及风险生成传染研究不够，对银行体系顺周期性考虑不足，对宏观审慎监管框架及政策工具缺乏研究，以及对非银行金融中介缺乏控制等。

充分借鉴 2008 年金融危机后国际金融监管的实践成果，在巴塞尔协议Ⅲ框架下，合理分析国内系统重要性银行识别问题，并构建有效的宏观审慎监管框架，是目前金融体系全面深化改革过程中必须解决的关键问题，对这一问题的研究具有十分重要的现实意义。

如前所述，2012年9月国务院批准的《金融业发展和改革“十二五”规划》提出要“建立健全适合中国国情的系统性金融风险监测评估方法和操作框架，加强对系统重要性金融机构的监管”①。2019年10月31日，中共十九届四中全会通过《中共中央关于坚持和完善中国特色社会主义制度、推进国家治理体系和治理能力现代化若干重大问题的决定》，明确提出要“构建系统完备、科学规范、运行有效的制度体系，有效防范金融体系系统性风险”②。2019年12月10日至12日，中央经济工作会议在北京举行，会议认为我国金融体系总体健康，具备化解各类风险的能力，会议要求保持金融体系整体宏观杠杆率稳定，压实各方责任。

基于现实背景，本书在借鉴现有相关研究方法的基础上，结合国内银行改革与发展现状，以巴塞尔协议Ⅲ框架为基础，以国内系统重要性银行识别、风险传染及宏观审慎监管框架为研究主线，研究巴塞尔协议Ⅲ框架下国内系统重要性银行识别与监管问题。

1.2 国内外相关研究综述

2008年金融危机充分暴露出国际社会对系统重要性银行识别与宏观审慎监管的不足以及对系统性风险测量研究存在的局限性。危机后，从相关理论研究发展和系统性风险管理实践总结来看，国际社会关于《巴塞尔协议Ⅲ》、系统重要性银行识别与评估方法及宏观审慎监管问题的研究日趋完善，相关研究成果在实践中得到广泛应用。

1.2.1 《巴塞尔协议》产生和发展

1.2.1.1 《巴塞尔资本协议》（《巴塞尔协议Ⅰ》）

《巴塞尔协议》是由国际清算银行（BIS）下属的“巴塞尔银行监督管理

---

① 国务院：《金融业发展和改革“十二五”规划》，2012年9月17日。

② 中共十九届四中全会：《中共中央关于坚持和完善中国特色社会主义制度、推进国家治理体系和治理能力现代化若干重大问题的决定》，2019年10月31日。

委员会（BCBS）”制定的，1974年由十国集团（G10）中央银行行长倡议成立巴塞尔委员会[①]，1983年巴塞尔委员会制定发布《国外银行机构监管原则》，1988年7月发布《巴塞尔资本协议》（Basel Accord），形成第一版《巴塞尔协议》（Basel Ⅰ）。

《巴塞尔协议Ⅰ》的主要内容包括以下四个方面。

（1）银行资本构成方面，银行资本被分为核心资本和附属资本两个部分。并对它们的定义以及包含的内容做了详细说明。核心资本作为资本基础的第一级，是银行资本中的最重要组成部分，包括股本和公开储备，核心资本占银行资本的比例至少要占银行资本基础的50%。附属资本作为资本基础的第二级，包括非公开储备、重估储备、一般储备金或普通呆账准备金、长期次级债务和带有债务性质的资本工具，其总额不得超过核心资本总额的100%。

（2）银行资本充足率方面，用总资本除以加权风险资产得到资本充足率，要求其比例不得低于8%，其中核心资本充足率不低4%。

（3）银行风险资产计量方面，对银行表内资产按风险大小进行划分，从低到高赋予0、10%、20%、50%、100%五档风险权重。表外资产依据确定的相应信用转换系数转换为表内资产，再按表内业务的风险权重进行计算。

（4）过渡期与实施安排。为了保证顺利、平稳地过渡到新的监管体系，巴塞尔委员会同意设置一个过渡期，让各银行调整和建立所需的资本基础。《巴塞尔协议Ⅰ》规定，从1987年底至1992年为过渡期，1992年底必须达到8%的资本对风险加权资产的比率目标。

《巴塞尔协议Ⅰ》首次建立了一套完整的、国际通用的、以加权方式衡量不同类型风险资产的资本充足率标准，对稳定全球金融市场起到了不可替代的作用，这套准则至今仍是国际金融监管体系的基石。从这个角度来看，《巴塞尔协议Ⅰ》对全球银行资本与风险资产监管一体化具有划时代的重要意义，增强了商业银行业抵御风险的能力，一定程度上提升了金融体系的稳定性。随着金融全球化的不断推进，《巴塞尔协议Ⅰ》在减缓金融危机爆发方面起到了积极的作用。

---

① 巴塞尔银行监管委员会由美国、英国、法国、德国、意大利、日本、荷兰、加拿大、比利时、瑞典10国中央银行于1974年底共同成立，作为国际清算银行的一个正式机构，总部在瑞士的巴塞尔。

1.2.1.2 《新巴塞尔资本协议》(《巴塞尔协议Ⅱ》)

1988 年《巴塞尔协议Ⅰ》发布以后，全球银行业经历了重大的变化，20 世纪 90 年代开始兴起的金融自由化改革，导致商业银行进行大量金融衍生工具的开发和使用，与此同时，许多银行也大力发展表外业务以规避金融监管的成本和压力，从而导致银行业务日趋复杂多样，商业银行面临的主要风险除了信用风险外，其他比较突出的风险因素例如市场风险、操作风险等也对商业银行的业务经营带来越来越大的影响。

为迎接新风险带来的监管挑战，巴塞尔委员会（BCBS）开始对《巴塞尔协议Ⅰ》进行修订，1997 年巴塞尔委员会起草的《有效银行监管的“核心原则”》得到世界各国监管机构的普遍认同，1996 年 1 月，巴塞尔委员会发布《资本协议关于市场风险的补充规定》报告，首次强调压力测试对银行市场风险管理的重要性①。

2001 年，巴塞尔银行全球金融系统委员会将压力测试定义为：“一系列用来评估金融机构或金融体系在遇到潜在但可能的宏观经济冲击时发生异常损失的模型，其目的是通过评估金融机构或金融体系在遭遇上述冲击时使风险更加透明”②。

2003 年 4 月出台的《新巴塞尔资本协议》基于“核心原则”制定，2006 年《新巴塞尔资本协议》正式生效，并成为银行业监管的国际标准。2006 年 10 月，巴塞尔委员会在《新巴塞尔资本协议》（《巴塞尔协议Ⅱ》）中进一步指出，采用内部评级法的银行必须运用压力测试法评定自身资本充足率③。

《巴塞尔协议Ⅱ》增加了以下内容：第一，除了信用风险外，增加市场风险与操作风险，要求银行针对不同这两种风险设立不同的最低资本金储备；第二，完善风险计量方法，公布资本充足率新的计量公式，采用标准法与内部评级法（IRB），即风险管理水平较低的银行使用标准法，风险管理水平较高的银行使用内部评级法计量风险；第三，要求银行提供关于资本管理的更为具体的信息披露，向市场参与者公布，使其更好地了解有关银行资本的信息。

---

① BCBS, Amendment to the capital accord to incorporate market risks, 1996.

② CGFS, CGFS releases report of the Task Force on a census of stress tests, 2001.

③ BCBS, Basel Ⅱ: International Convergence of Capital Measurement and Capital Standards: a Revised Framework, 2006.

相比《巴塞尔协议Ⅰ》,《巴塞尔协议Ⅱ》构建了更全面、更复杂和对风险更敏感的监管框架，由原来单一的最低资本要求，扩展为以最低资本要求为核心，外部监管与市场约束相结合，强调三者之间的重要作用与紧密联系。

《新巴塞尔资本协议》(《巴塞尔协议Ⅱ》)的目标是：(1)继续促进金融体系的安全性和稳健性；(2)促进公平竞争；(3)提供更全面的处理风险的方案；(4)使处理资本充足率的各种方法更敏感地反映银行头寸及其业务的风险程度。

1.2.1.3 《巴塞尔协议Ⅲ》

2008～2012年，巴塞尔委员会对商业银行监管的规则进行了多次重大改革，经过一系列文件的不断完善，巴塞尔委员会于2011年12月16日正式公布了《巴塞尔协议Ⅲ》(Basel Ⅲ)的文本终稿，正式明确了《巴塞尔协议Ⅲ》的内容和范围。新的监管框架注重从银行体系系统性、银行经营逆周期的视角防范系统性风险的积累和传播，从注重单家银行的稳健经营扩展到维护整个金融体系的稳定性，针对处于经济周期不同阶段银行体系的不同风险，以及银行负外部性的不同特点对银行的资本监管标准进行了弹性调整，实施差异化的监管标准。以下对巴塞尔协议Ⅲ的资本监管框架进行总结和分析。

《巴塞尔协议Ⅲ》中关于宏观审慎的措施主要是在资本框架中引入了留存资本缓冲比率、逆周期缓冲资本以及对系统重要性银行的额外资本要求，此外，增加杠杆率和流动性比率作为清偿力的辅助监管指标，按照巴塞尔委员会的规定，《巴塞尔协议Ⅲ》将于过渡期内分阶段执行，最晚于2019年1月1日实施①。

加强银行资本监管已经成为国际共识。《巴塞尔协议Ⅲ》要求将商业银行核心一级资本(普通股和留存收益)的最低要求从原来的2%提高到4.5%，同时新增要求商业银行持有2.5%的资本留存超额资本作为应对将来可能出现困难的缓冲。上述两项加总，使得核心级资本要求达到7%，这反映了国际社会对加强资本监管的共识和决心，也反映了巴塞尔委员会对银行自营交易、衍生品和资产证券化等银行活动提出更高资本要求的态度。

根据新规定，银行需要在2015年底达到最低资本比率要求，即不包括资

---

① Basel Committee on Banking Supervision, "Basel Ⅲ A global regulatory framework for more resilient banks and banking systems", Dec., 2010.

本缓冲在内的普通股占风险加权资产的比率达到4.5%，级资本比率达到6%。而对缓冲资本的落实则宽松一些，银行可以在2016年1月至2019年1月分阶段落实。

1.2.2 系统重要性银行定性研究及定量分析

1.2.2.1 系统重要性银行定性研究

大型金融机构的破产及其所带来的冲击是2008年金融危机的重要特征，同时也构成危机后宏观审慎监管的主要任务。危机后提出的系统重要性（systemically important）、系统重要性金融机构（SIFIs）以及系统重要性银行（SIBs）等概念与“金融集团联合论坛”于1999年提出的多元化金融集团（heterogeneous financial conglomerates，HFC）概念彼此间存在密切的逻辑关联，系统重要性金融机构的识别监管理论也是以往“大而不倒”（too big to fall，TBTF）问题的延伸和发展。

根据金融稳定理事会（FSB，2010）对“系统重要性”概念的解释，“系统重要性”是指某金融机构因出现流动性危机、失去偿付能力或者其他极端风险事件而退出市场或倒闭将导致整个金融体系混乱或严重危机的程度①。

2008年金融危机后，金融稳定理事会（FSB）提出系统重要性金融机构（SIFIs）概念，金融稳定理事会（2010）将系统重要性金融机构（SIFIs）定义为：“由于规模、复杂度与系统相关度，其无序破产将对更广范围内金融体系与经济活动造成严重干扰的金融机构。”②

国际清算银行（BIS，2011）将系统重要性银行（SIBs）定义为“具有负外部性特征，并且由于规模、复杂度与系统相关度在金融市场中承担了关键功能，其无序破产可能给金融体系造成包括核心金融功能的中断、金融服务成本急剧增加等在内的系统性风险，进而可能危及金融稳定、损害实体经济的银行”③。2010年金融稳定理事会（FSB）将系统重要性银行（SIBs）划

---

①② FSB，Reducing the Moral Hazard Posed by Systemically Important Financial Institutions Recommendations and Time Lines，2010.

③ Basel Committee on Banking Supervision，Global systemically important banks：Assessment methodology and the additional loss absorbency requirement，BCBS Meeting，2011.

为两个档次：全球系统重要性银行（global systemically important banks，G-SIBs）和国内系统重要性银行（domestic systemically important banks，D-SIBs）。

考虑到系统重要性银行对整个金融体系的重要影响，金融稳定理事会（FSB）、巴塞尔委员会（BCBS）、国际货币基金组织（IMF）等先后出台系统重要性银行（SIBs）的评估标准，并对其实施更为严格的监管。

2019 年 11 月 26 日，中国人民银行和银保监会联合颁发《系统重要性银行评估办法》（征求意见稿），在第一部分总则中对“系统重要性”给出以下定义：“本办法所称系统重要性是指金融机构因规模较大、结构和业务复杂度较高、与其他金融机构关联性较强，在金融体系中提供难以替代的关键服务，一旦发生重大风险事件而无法持续经营，可能对金融体系和实体经济产生不利影响的程度。”①

1.2.2.2 系统重要性银行定量分析

从分析方法上看，目前国际社会对系统重要性银行定量分析方法，主要包括以下三类。

（1）指标法。指标分析法是在分析银行资产负债表数据的基础上，给出评估系统重要性银行的指标，这一方法由巴塞尔委员会于 2009 年 10 月提出，通过分析相关指标体系，以此确定系统重要性银行名单。2009 年，巴塞尔委员会宏观审慎工作组（macro-prudential working group，MPG）提出基于规模、关联性和可替代性为主要参考的系统重要性银行指标。2011 年 7 月，巴塞尔委员会发布《全球系统重要性银行：评估方法及额外损失吸收要求》提出衡量全球系统重要性银行的五类指标，分别是规模（size）、关联性（interconnectedness）、国际业务（cross-jurisdictional activity）、可替代性（substitutability）、复杂性（complexity）。

以此为基础，2011 年 11 月 4 日，金融稳定委员会（FSB）和国际清算银行（BIS）首次公布 29 家全球系统重要性银行（G-SIBs）名单，其中，美国 8 家、英国 4 家、日本 3 家、法国 4 家、德国 2 家、瑞士 2 家，荷兰、西班牙、意大利、瑞典、比利时、中国各 1 家。

2012 年 11 月 6 日，金融稳定委员会（FSB）和国际清算银行（BIS）再

① 中国人民银行：《系统重要性银行评估办法》（征求意见稿），2019 年 11 月 27 日。

次公布新的G-SIBs名单，新名单剔除了英国的劳埃德银行集团、德国商业银行和比利时德夏银行，增加了渣打银行和西班牙对外银行，中国银行再次入选全球系统重要性银行（G-SIBs）。

2013年11月11日，金融稳定委员会（FSB）和国际清算银行（BIS）公布新的全球系统重要性银行（G-SIBs）名单，新名单增加中国工商银行作为G-SIBs（见表1.1）。

表1.1　2011年、2012年、2013年全球系统重要性银行（G-SIBs）名单

国家	2011年	2012年	2013年
中国	中国银行	中国银行	中国银行、中国工商银行
美国	美国银行、纽约梅隆银行、花旗银行、高盛集团、摩根大通银行、摩根士丹利、道富银行、富国银行	美国银行、纽约梅隆银行、花旗银行、高盛集团、摩根大通银行、摩根士丹利、道富银行、富国银行	美国银行、纽约梅隆银行、花旗银行、高盛集团、摩根大通银行、摩根士丹利、道富银行、富国银行
英国	苏格兰皇家银行、劳埃德银行、巴克莱银行、汇丰银行	苏格兰皇家银行、劳埃德银行、巴克莱银行、汇丰银行	苏格兰皇家银行、劳埃德银行、巴克莱银行、汇丰银行
法国	巴黎银行、农业信贷银行、法国BPCE银行集团、法国兴业银行	巴黎银行、农业信贷银行、法国BPCE银行集团、法国兴业银行	巴黎银行、农业信贷银行、法国BPCE银行集团、法国兴业银行
德国	德意志银行、德国商业银行	德意志银行、德国商业银行	德意志银行
意大利	裕信银行	裕信银行	裕信银行
瑞士	瑞银集团、瑞士信贷集团	瑞银集团、瑞士信贷集团	瑞银集团、瑞士信贷集团
荷兰	荷兰国际集团	荷兰国际集团	荷兰国际集团
瑞典	北欧联合银行	北欧联合银行	北欧联合银行
日本	三菱日联金融集团、瑞穗金融集团、三井住友金融集团	三菱日联金融集团、瑞穗金融集团、三井住友金融集团	三菱日联金融集团、瑞穗金融集团、三井住友金融集团
西班牙	桑坦德银行	桑坦德银行、BBVA银行	桑坦德银行、BBVA银行
比利时	德厦银行		

资料来源：

1. FSB，BIS. Guidance to Assess the Systemic Importance of Financial Institutions，Markets and Instruments：Initial Considerations [R]. Basel Report to G20 Finance Ministers and Governors，2012 (12)：25－30.

2. FSB. BIS. 2013 update of group of global systemically important banks (G-SIBs)，11 November，2013.

国内学者对系统重要性银行定量分析问题也进行了深入研究，张强和吴敏（2011）基于规模、关联性、复杂性和可替代性等指标，选择阈值，用熵权法分析国内系统重要性银行，结果显示中行、农行、工行、建行、交行五大行均为国内系统重要性银行；巴曙松和高江健（2012）也基于上述评估指标，结合国内银行财务指标，建立了识别国内系统重要性银行的指标体系，分析结果认为中行、农行、工行、建行、交行五家大型商业银行系统重要性明显高于国内其他银行。

（2）网络模型分析法。网络模型法是基于银行间支付清算关联数据，通过建立金融联系矩阵，分析系统性风险在银行体系间的传染问题，根据预先设定的阈值，分析结果超过这一阈值的银行则被认为是具有系统重要性的银行。从实践角度来看，IMF（2009）构建网络分析模型，模拟分析银行网络的系统性风险传染问题；国内学者范小云（2011）基于国内银行 2007 ~ 2009 年的相关数据，运用网络模型分析了国内银行的系统重要性。

（3）市场模型法。市场模型分析法是通过建立量化模型，运用市场数据，动态跟踪分析某家银行对整个银行体系的风险贡献度，进而测定其系统重要性。从研究方法来看，该方法的运用主要包括以下四个方向。

第一，条件在险价值法（conditional VaR，CoVaR），安德瑞恩和布鲁恩梅尔（Adrian and Brunnermeier，2009）指出，通过测度某家银行陷入困境时整个银行体系的 VaR 值，进而以此为基础分析该家银行倒闭给银行体系带来的风险溢出效应，尤其是其他银行尾部风险（tail risk）增加的情况，并以该银行的 CoVaR 与 VaR 的差异作为其系统重要性程度的度量依据，据此分析银行的系统重要性；高国华（2011）运用 CoVaR 测量国内 14 家上市银行的风险贡献度，实证结果显示五家大型银行均为国内系统重要性银行（D-SIBs），其中以建行、中行和工行的系统性影响最为显著。

第二，夏普利值法（Shapley value，SV），特拉斯、博里奥、特萨特萨诺尼斯（Tarashev，Borio and Tsatsaronis，2009）运用夏普利值法，将银行系统总体系统性风险按照风险贡献度（SV）分配到相应每家银行，度量单家银行发生系统风险时对整个银行系统所造成的损失程度，并以此考查单家银行的系统重要性；张娜娜（2012）运用夏普利值法对国内 16 家上市银行的系统重要性进行分析，分析结果同样也认为五家大型银行更具系统重要性。

第三，至少有一家银行陷入困境的可能性（probability that at least one bank becomes distressed，PAO）指标、系统重要性指数（systemic important index，SII）和品类发行指数（collateral damage index，CDI）。塞戈维亚和古特哈德（Segoviano and Goodhart，2009）提出PAO指标，该指标分析的是危机期间银行系统中至少一家银行陷入危机的可能性，但未计算该危机事件对银行系统稳定性所造成的冲击。

在评估银行系统重要性方面，另外一个非常重要的指标是周（Zhou，2010）提出的系统重要性指数（SII），SII指某家银行经营陷入困境或遭遇危机时其他银行也陷入经营困境或也发生危机的数量，利用极值模型（extreme value，EV），周（Zhou，2010）对1988～2008年美国279家银行的SII进行了分析，结果表明，规模是影响银行系统重要性的重要因素之一，但并不是唯一因素，周（Zhou，2010）认为还要考虑业务关联性；在此基础上，彼德斯（Peeters，2011）构造了CDI指数，CDI是结合银行规模或市值的附带破坏指数，彼德斯（Peeters，2011）也认为系统重要性与银行规模间不能简单画等号，除规模外，还要辅以业务关联、复杂性等其他指标以衡量SIBs；陆静（2011）在SII指数基础上，根据多变量极值（multivariate extreme value，MEV）理论，构建规模加权稳定尾部相依模型（stable tail dependence function，STDF），对内地上市银行的系统重要性进行度量，分析结果显示，在衡量D-SIBs时，SII和CDI指数同样具有较显著的分析意义，与国外学者研究结论相似，该研究同样认为银行的系统重要性程度与其自身规模大小呈正相关关系。

第四，基于银行资产收益尾部行为（tail behavior）的预期损失模型。该模型度量银行在出现极端事件时的预期损失。保里奥（Borio，2010）以及埃曼和特拉斯（Drehmann and Tarashev，2011）均通过运用该方法度量不同银行的系统重要性，所得结论相似，并且均认为宏观审慎监管优于微观审慎监管；艾切瑞（Achary，2010）基于极值理论（EVT）提出了系统性预期损失（systematic expected shortfall，SES）和边际预期损失（marginal expected shortfall，MES）的概念①。SES将单家银行的杠杆率与边际预期损失（MES）结合在一起进行考虑，度量两者的关系，艾切瑞（Achary，2010）将MES作为评估SIBs的重要手段。

恩格尔（Engle，2011）在艾切瑞（Achary，2010）等的基础上，将宏观压力测试（macro-stress testing）思路与银行经营杠杆率和边际预期损失值整

① SES指整个银行体系发生资本短缺时单家银行也发生资本短缺的概率，MES为危机前表现最差的5%状况下的边际期望损失。

合为系统性风险指标（systemic risk index，SRI），并运用这一指标评估银行系统重要性；班鲁斯库（Banulescu，2012）则通过改进边际预期损失值，提出系统风险贡献度（contribution expected shortfall，CES）指标，通过计算每家银行对系统风险的贡献度，评估银行的系统重要性。

与采用指标法、网络模型分析法和其他市场法对系统重要性银行进行评估的研究相比，目前国内基于预期损失分解视角对银行系统重要性进行评估的研究还较少。赵进文（2012）借鉴恩格尔（Engle，2011）的分析方法，运用边际预期损失指标，对国内上市银行系统重要性进行度量，分析结果表明，五家大型银行系统重要性大于规模较小的股份制银行，这一结果与前述相关学者对国内系统重要性银行的研究结论相一致。

2011 年 12 月，银监会发布《关于国内系统重要性银行划分标准的征求意见稿》，提出国内系统重要性银行的四个衡量指标，分别是规模、关联性、复杂性和可替代性①。

2019 年 11 月 26 日，人民银行和银保监会联合发布《系统重要性银行评估办法》（征求意见稿），在第三部分评估指标中，人民银行、银保监会根据参评银行的规模、关联度、可替代性和复杂性等一级指标，评估其系统重要性程度和变化情况②。

指标分析法与市场分析法相比，两者各有其优点。相对市场法，指标法简捷透明，且能以此确定公示系统重要性银行名单，因此，巴塞尔委员会提出的系统重要性指标评估框架得到银保监会等监管部门的认同。反观市场法，尽管迄今为止尚未开发出为各国监管当局所适用的评估模型，但由于模型分析所用数据频率较高，能及时反映系统风险的时变性，因此，这一分析方法也受到越来越广泛的关注，各国学者从不同角度提出各种不同量化分析模型。

1.2.3 金融系统性风险理论研究

20 世纪 80 年代以后，国际金融危机此起彼伏，菲利普·巴斯莱姆（Philip Bartholemew）、E. P. 戴维斯（E. P. Davis）、罗伯特·艾森贝斯（Robert Eisenbeis）、安娜·施瓦茨（Anna Schwartz）、乔治·库夫曼（George Kauf-

---

① 中国银行监督管理委员会：关于国内系统重要性银行划分标准的征求意见稿，2011 年 12 月 6 日。http：//www. gov. cn/gzdt/2011 -12/06/content_1857041. htm.

② 中国人民银行：《系统重要性银行评估办法》（征求意见稿），2019 年 11 月 27 日。

man）、盖瑞·惠伦（Gary Whalen）以及弗雷德里克·米什金（Frederic Mishkin）等学者开始研究金融系统性风险。

2008 年金融危机后，金融稳定理事会（FSB）、巴塞尔委员会（BCBS）和国际货币基金组织（IMF）相继对金融系统性风险颁发监管文件，各国学者也对金融系统性风险理论进行研究。目前关于金融系统性风险的研究主要基于银行同业间系统性风险、金融市场系统性风险、支付清算体系系统性风险、区块链四个方面。

1.2.3.1 银行同业间系统性风险

研究金融系统性风险的一个主要方面是银行同业间系统性风险的产生、蔓延与传染。桑德斯（Sanders，1987）认为实际业务途径和信息途径是银行同业间系统性风险传染的两个主要途径，实际业务渠道与银行支付清算系统的“多米诺效应”（domino effect）有关，而信息途径则主要由信息不对称引起；弗兰纳里（Flannery，1996）、梯若尔（Tirole，1996）和罗切特（Rochet，1996）也对系统性风险在银行同业间传染途径进行了更为细致的分析。陈（Chen，1999）将挤兑模型从单银行扩展为多银行体系，并与“羊群效应”（herd behavior）结合起来进行分析。艾伦和盖尔（Allen and Gale，2000）构建传染模型分析银行间资金拆借在风险传染过程中的影响作用，罗切特（Rochte，2000）将银行间拆借风险视为银行不确定的地理消费偏好的结果，他们认为信用链相比分散借款更易引发银行传染性倒闭。

此外，一些学者分析认为，银行同业间风险传染与经济周期、利率、汇率，以及证券市场等宏观变量直接相关，赫尔威（Hellwig，1998）强调宏观经济冲击导致银行脆弱性（bank-vulnerability），经济繁荣时期银行信贷的扩张，在经济衰退时会导致大量银行经营陷入困境的潜在风险。2014 年 8 月，查尔斯·P. 金德尔伯格（Charles P. Kindleberger）和罗伯特·Z. 阿利伯（Robert Z. Aliber）出版了*Manias Panics and Crashes*：*A History of Financial Crises*（*Sixth Edition*）（疯狂、惊恐和崩溃：金融危机史（第六版）），提出关于金融危机著名的 MPC 模型：经济高涨，投机疯狂（manias）—经济萧条，市场恐慌（panics）—经济危机，市场崩溃（crashes）。

1.2.3.2 金融市场系统性风险

与银行同业间系统性风险相比，研究金融市场系统性风险的难度更大，分析范围更广，内容也更复杂。本尼特（Bennett，1988）分析了美国、日本、英国和德国间股票市场价格变动的相关性，通过研究证券市场数据，对1987年10月以美国纽约股市暴跌为开端，并迅速引起西方主要国家股票市场连续大幅下挫的全球性股灾进行研究，在股灾发生期间，美欧证券市场间价格波动性与关联度显著提高。相关学者运用自回归条件异方差类模型（auto regressive conditional heteroskedasticity model，ARCH）对1987年10月股灾后，金融市场风险的国际传染进行研究，此类研究包括曼里斯（Masulis，1990）的广义自回归条件异方差模型（GARCH）分析以及拉姆什特和苏萨姆（Ramchand and Susmel，1998）的状态转换自回归条件异方差（SWARCH）分析等，研究发现危机期间风险互动程度比非危机时更高。

保里奥（Borio，1996）对国际债券市场风险传染的研究表明，在债券风险高波动期，债券市场风险溢出的效应显著提高；爱德华兹（Edwards，1998）运用GARCH模型，通过建立回归模型对金融数据进行检验，分析危机时期金融市场条件方差的相关性，研究金融风险溢出的传染效应。

卡辛（Cashin，1995）运用协整法检验了证券市场间的风险传染，并通过对长期均衡偏离的分析，验证了证券市场的风险传染性。卡辛（Cashin，1995）对1989年1月至1995年3月七个发达国家和六个新兴市场国家证券市场指数进行协整分析，研究表明20世纪90年代以后，新兴市场国家市场一体化程度进一步提高，卡辛还认为风险对某个特定国家证券市场的冲击往往需要几周时间才能传染到其他国家。

克里克和罗斯（Click and Rose，1999）运用条件概率模型进一步实证研究五次金融危机（1971～1973年布雷顿森林体系崩溃、1992年欧洲货币危机、1994年墨西哥金融危机和1997年东南亚金融危机）期间金融市场的风险传染效应，克里克和罗斯（Click and Rose，1999）研究认为，货币危机的发生范围越来越趋于区域化，即发生在一国的初始危机往往首先通过贸易联系渠道传导至相邻其他国家。

1.2.3.3 银行间支付清算体系系统性风险传染

目前国际银行间支付清算主要有三种方式，分别是实时总额清算（real time gross settlement，RTGS）、净值清算（net settlement）和代理行清算（correspondent settlement）方式。目前相关文献主要运用模拟法分析银行间实时总额清算系统（interbank real time large-value gross settlement systems，RTGS）

的传染效应①。恩格鲁（Angelio，2007）构造银行间 RTGS 清算模型，考察 1999～2007 年泛欧自动实时全额清算系统（trans-European automated real-time gross settlement express transfer，TARGET），通过对该系统主要参与者日均双边总额清算的分析，研究发现大约 4% 的参与者可能诱发系统性风险，从总体上看，TARGET 系统的系统性风险比纽约清算所银行间同业支付系统（clearing house interbank payment system，CHIPS）低。

国内学者童牧和何奕（2012）则以国内大额支付系统为研究对象，通过数学建模，对支付系统的系统性风险进行预测，并模拟了不同风险情景下风险演化及相应救助策略问题。

人民币跨境支付系统（cross-border interbank payment system，CIPS）是由中国人民银行组织开发的独立支付系统，旨在进一步整合现有人民币跨境支付结算渠道和资源，提高跨境清算效率，满足各主要时区的人民币业务发展需要，提高交易的安全性，构建公平的市场竞争环境。该系统于 2012 年 4 月 12 日开始建设，2015 年 10 月 8 日上午正式启动。

1.2.3.4 区块链银行跨境清算系统风险

2017 年区块链技术的应用由货币市场转向商业银行为主体的金融服务机构，相应地，国内外学者的讨论方向集中于区块链技术对商业银行业务，包括跨境清算业务的影响等方面。此外，跨境清算场景与区块链技术匹配度较高，是众多机构争相探索的领域之一，引起了众多学者的关注和研究。

在关注区块链对商业银行跨境结算领域的优势方面，徐倩（2017）重点研究区块链技术对商业银行跨境清算业务的影响，并对由此产生的相关问题提出可行的解决方案。徐明星（2018）对区块链技术的应用按机构进行分类研究，认为区块链的发展主要分为两个方向：一是传统金融机构，例如商业银行，此类机构将区块链的职能体现在基本业务框架中；二是新成立的区块链科技公司，侧重于将数字货币取代现有的货币，建设强大的数据处理系统，改革传统的支付模式。

姚翔和朱涛（2017）比较了 Visa 和 Swift 在区块链跨境支付结算应用思路的异同点，指出目前跨境支付结算在区块链技术的探索上基本分为两个路

---

① 根据国际清算银行（BIS）统计，目前全球主要 RTGS 系统包括 CHIPS 、CHAPS、TARGET 和 FXYCS。

径。王媛（2017）将区块链在我国自贸区的应用和商业银行结合，以区块链在自贸区贸易往来中的跨境支付为例，以支付中介商业银行为研究对象，提出区块链发展路径的三个步骤：即首先发展机构的私有链；其次将各机构私有链连接测试实现机构内联合；最后发展联盟链，寻求行业共同发展，循序渐进，逐步探索。

1.2.4 系统重要性银行风险传染理论

2008 年金融危机爆发后，很快在全球蔓延，危机后人们深刻反思系统重要性银行风险传染问题。就“风险传染”的定义本身而言，世界银行给出以下不同层次的定义：（1）最广泛定义：“contagion”指风险在国家（地区）间的传导（transmission）或联动（interactive mechanism）；（2）限制性定义：“contagion”指任何形式的宏观经济基本面关联和/共同冲击以外的，风险冲击的跨国传导或联动；（3）严格定义：与经济稳定期相比，如果一国（地区）经济整体联动性在危机时增加，即意味着发生风险传染。本书对风险传染的研究借鉴世界银行概念第三层次的界定。

1.2.4.1 系统风险传染度量方法研究

从研究角度来看，银行系统性风险传染研究的侧重点集中于不同银行网络类型对风险传染的影响以及最优网络设计等方面。施韦茨（Schweitzer，2009）将银行系统中的每家银行视为银行体系中的一个节点，则整个银行系统可以被视为一个巨大的网络，最优网络设计的目的就是在单个主体与系统之间寻求风险平衡关系。

罗切特和梯若尔（Rochet and Tirole，2002）则从流动性管理在稳定银行系统方面所起作用的角度，分析银行间风险传染问题。罗切特和梯若尔认为，风险传染只有在银行流动性非集中化管理的情况下才存在。进而得出结论，降低银行间系统性风险的方法之一是集中管理银行的流动性，尽可能减少商业银行间的信用链条，由央行充当银行间的支付对手以保证最终支付，从而避免单家银行流动性不足的风险传染其他银行，进而降低系统性风险。

厄珀和沃姆斯（Upper and Worms，2002）运用矩阵估计，对美国银行间市场交易进行破产模拟分析，研究发现在最极端情况下，大型银行的破产能够在银行间引起其他银行倒闭的连锁反应；类似地，弗凡（Furfine，2003）

考察了美国银行系统性风险，模拟结果显示风险预期损失与银行倒闭数量以及银行资产损失之间呈显著的正相关关系；穆勒（Muller，2003）进一步运用网络结构分析方法，对银行间拆借所形成的债权债务关系进行研究，以此衡量某家银行遭遇流动性危机时在银行系统中所产生的风险溢出效应。

从国内学者研究来看，马君潞（2007）利用矩阵法，通过对国内银行资产负债表数据的分析，度量银行系统风险传染，研究发现，银行间风险传染的波及范围主要受风险诱因的类型、风险损失率的高低以及银行间业务关联程度的影响；另外，周再清（2008）利用熵最优化矩阵，结合国内银行间市场数据，分析银行系统性风险传染，研究认为，防范系统性风险对于中小股份制银行更为重要；从另一个角度，许博（2011）通过分析不同网络形态对系统性风险的影响，指出当前银行间市场主要网络结构是随机网络和无标度网络，并认为无标度的银行网络结构会给银行体系带来更大的违约风险。

1.2.4.2 基于 Coupula 函数的系统性风险传染模型研究

从理论分析角度来看，相关系数法是分析风险传染时运用最广泛的检验方法，但静态相关分析存在一个明显的缺点，即对数据序列的异方差因素缺乏充分考虑，从而使分析结论存在一定的偏差。针对这一问题，2000 年以后，一些非线性研究方法如 Copula 函数、极值模型（extreme value，EV）和马尔可夫链（markov chain）等被学者运用于风险传染问题的分析中，上述方法共同的特点是在捕捉风险的非线性特征方面具有明显优势。

艾姆伯莱特（Embrechts，2001）认为，相关系数仅仅是对金融市场间存在线性关系的变量进行描述，因而不适用于对非线性变量的研究；类似地，古扎罗（Gonzalo，2005）和奥尔莫（Olmo，2005）基于 Copula 函数方法，对证券市场不同资产间的风险传染问题进行了研究，罗德里格斯（Rodriguez，2007）运用具有马尔科夫转换参数的 Copula 函数，研究系统性银行风险传染问题。

国内学者也运用 Copula 函数分析系统性风险传染，张尧庭（2002）探讨了运用 Copula 函数分析金融风险的可行性，吴振翔（2006）则运用 Copula 函数分析了资产组合投资风险问题，齐树天和韦艳华（2008）使用 Copula 函数研究新兴市场国家金融风险传染问题。

2008 年金融危机后，叶五一和缪柏其（2009）通过 Copula 变点检测方法分析了次贷危机对亚洲市场的风险传染效应，龚朴和黄荣兵（2009）采用时变 t-Copula 模型，具体测算了次贷危机对内地证券市场的影响程度，刘湘云和高明瑞（2010）运用时变结构 t-Copula 模型，基于中美股市日收益率，分析危机前后中、美股市间的相关性变化。

在运用 Copula 函数分析国内系统重要性银行风险传染方面，宋群英（2012）运用 Copula 函数分析了 14 家上市银行间的风险传染问题，以尾部相关系数作为度量国内系统重要性银行风险传染特征的分析变量，最终得出与其他学者研究不同的结论，确定中行、工行、建行、交行、民生和中信六家银行为国内系统重要性银行。

近年来，由 1997 年诺奖得主罗伯特·莫顿（Robert Merton）完善和倡导的基于未定权益分析（contingent claims analysis，CCA）风险测度方法得到越来越广泛的运用，比较有代表性的有：戈瑞（Gray，2002）、莫顿（Merton，2006）和博迪（Bodie，2008）将 CCA 方法成功地应用在金融系统性风险传染的分析中。叶永刚和宋凌峰（2007）运用 CCA 方法、VaR 方法研究宏观金融风险的识别、度量问题。宫晓琳（2012）根据国内 2000 ~ 2008 年系统性金融数据，运用 CCA 方法，结合网络模型分析法、最大熵法，以 2000 ~ 2008 年为分析区间，度量分析银行资产负债表传染效应对宏观金融风险的影响。吴恒煜（2013）基于拓展的 CCA 方法，利用 2007 年第四季度至 2012 年第三季度上市银行的股票市场数据和财务报表数据，对我国银行系统性风险进行了研究，认为国内系统重要性银行风险传染性强，一旦发生风险可能会对其他银行乃至整个金融业产生极大破坏力，应加强对其的宏观审慎监管。

1.2.4.3 国内系统重要性银行风险传染度量

总体而言，与国外研究相比，国内学者虽然对国内系统重要性银行风险传染度量相关问题的研究起步较晚，但迄今研究内容越来越丰富，研究方法体系也日趋合理完善。

（1）关于国内系统重要性银行划分标准的政策研究。

2011 年 5 月 3 日，银监会发布《中国银行业实施新监管标准的指导意见》，明确了系统重要性银行的定义，通过考虑规模、关联性、复杂性和可替代性等四个因素，建立系统重要性银行的评估方法和持续评估框架，将国内系统重要性银行附加资本要求暂定为 1%，并提出增强监管有效性的一整套措施。

2011 年 12 月，银监会发布《关于国内系统重要性银行划分标准的征求意见稿》，明确了国内系统重要性银行的衡量标准，确定以“规模”“关联性”“可替代性”“复杂性”四个指标来评估国内系统重要性银行，上述指标各占25%的权重。

2012年9月，国务院批准《金融业改革和发展“十二五”规划》，提出“十二五”期间要“加强对系统重要性金融机构的监管”。

2013年11月，中共十八届三中全会通过《中共中央关于全面深化改革若干重大问题的决定》，明确指出要“建立健全宏观审慎管理框架，落实金融监管改革措施和稳健标准，完善监管协调机制。”

2019年11月，中共十九届四中全会通过《中共中央关于坚持和完善中国特色社会主义制度、推进国家治理体系和治理能力现代化若干重大问题的决定》，明确提出要“构建系统完备、科学规范、运行有效的制度体系，有效防范金融体系系统性风险”。

2018年11月27日，人民银行与银保监会、证监会联合发布了《关于完善系统重要性金融机构监管的指导意见》（以下简称《指导意见》），对我国系统重要性金融机构的识别、监管和处置作出了总体性的制度安排。

2019年11月26日，人民银行和银保监会联合颁发《系统重要性银行评估办法》（征求意见稿），在第三部分评估指标中，人民银行、银保监会根据参评银行的规模、关联度、可替代性和复杂性等一级指标，评估其系统重要性程度和变化情况①。

（2）国内学者研究综述。

徐超（2011）分析了系统重要性金融机构的主要方法，包括指标法和市场法，指出识别系统重要性金融机构不仅要关注金融稳定委员会等提出的规模、关联性和可替代性指标，还应关注金融机构跨国并购以及新业务所产生的风险指标。陆静和张佳（2011）基于金融稳定委员会、巴塞尔委员会所提出的评估指标，从规模、关联性和复杂性出发，采用多变量极值模型和尾部相依函数，评估国内上市银行的系统重要性，研究结果表明，中行、农行、工行、建行、交行五家大型银行的系统重要程度高于其他银行，需要加强对其宏观审慎监管。

张强和吴敏（2011）通过分析2006～2010年国内上市银行的数据，对国内系统重要性银行进行评估，通过分析规模、关联性、复杂性和可替代性等

---

① 中国人民银行：《系统重要性银行评估办法》（征求意见稿），2019年11月27日。

主要指标，研究显示，若设阈值为5%，则五家国有控股银行和招商、光大、中信属于国内系统重要性银行，而其他股份制银行和全部城商行则不属于国内系统重要性银行。

巴曙松和高江健（2012）基于国内银行业的实际情况，结合巴塞尔委员会提出的评估方法，提出国内系统重要性银行的评估方法。张娜娜和陈超（2012）运用 Shapley 方法分析上市银行的系统重要性，研究认为，相对而言，工行、中行更具有系统重要性。

黄孝武和柏宝春等（2012）对系统性风险及系统重要性金融机构的概念进行了总结，概括了巴塞尔委员会、金融稳定委员会、国际货币基金组织等关于加强系统重要性金融机构监管的政策建议，并对欧美等国家防范系统重要性金融机构风险的实践及相关制度改革进行了对比分析，笔者认为应借鉴国际金融监管改革经验，完善我国系统重要性金融机构监管框架。

肖璞、刘轶鄢、俊华（2012）认为，国内五家大型银行排在国内系统重要性银行的第一梯队，然后是股份制银行，排在第三梯队的是城商行，并认为，监管部门应加强系统重要性银行抗风险能力与损失吸收能力的监管，同时应建立有效的危机应急响应机制和处置程序。

郭卫东（2013）运用指标法对国内 16 家上市银行的系统重要性进行分析，并认为五家大型商业银行为系统重要性银行；类似地，王巍（2013）分析了系统重要性银行的识别方法及主要监管措施，设计系统重要性银行基本指标评估体系，对上市银行的系统重要性进行分析；苏明政（2013）则基于预期损失分解视角（systematic expected shortfall，SES）对国内上市银行系统重要性进行评估。

（3）有关国内系统重要性银行风险传染的研究。

到目前为止，国内学者关于银行风险传染问题的研究文献相对比较丰富。2008 年金融危机前，包全永（2005）通过构建风险传染模型，分析银行间风险传染机理，并认为风险传染与扩散具有放大效应，最终可能导致银行体系功能的损失；李宗怡（2006）采用矩阵法模拟分析国内银行同业拆借风险，并对银行风险传染特征进行分析。马君潞、范小云、曹元涛（2007）基于银行资产负债表数据，利用矩阵法分析银行风险传染，对不同损失水平下单家或多家银行倒闭所造成的风险传染问题进行分析。

金融危机后，相关研究主要基于宏观压力测试以及银行间风险传染角度展开。周再清（2008）利用熵最优化矩阵分析银行间系统性风险问题，徐明东（2008）对国际货币基金组织（IMF）的金融部门评估规划（FSAP）、英格兰银行的TD系统和奥地利银行的SRM系统进行了比较分析，并对我国运用宏观压力测试方法评估金融系统稳健性提出政策建议。宋清华和郭晨（2010）研究了宏观经济变量冲击对银行系统性风险传染的影响，并对银行间市场风险传染问题进行了分析。董青马（2010）则分析了开放条件下银行间系统性风险生成机制，对国内银行系统性风险生成的微观基础和制度根源分别进行了研究。李守伟（2010）进一步构建银行间市场网络模型，研究银行间市场的网络模型以及网络效率特征。

许博（2011）认为，随机网络和无标度网络是目前各国银行间市场的主要网络结构形态，并进一步指出无标度网络结构会带来更大的银行相继违约风险。刘春航和朱元倩（2011）基于系统性风险度量的国际经验，结合金融脆弱性评估框架（BLISHER），构建系统性风险矩阵，分析国内系统重要性银行系统性风险传染问题。童牧和何奕（2011）以银行间大额支付系统为研究对象，构建系统性风险传染模型分析银行间风险传染问题。

高国华（2012）认为，大银行处于银行间风险传染的中心环节，并明确指出中行和工行是国内银行体系风险传染的重要来源。杨霞（2012）比较分析中美银行业系统性风险，研究表明，美国银行业系统性风险较大，而国内银行业系统性风险尚在可控范围之内，但风险积累发展趋势具有相似性，应从政策层面加强对系统重要性银行的监管，防范系统性风险的爆发。

肖璞（2012）从相互关联性、风险溢出角度分析单家银行对银行系统的风险贡献和上市银行风险溢出效应，研究认为，中行对银行系统的风险贡献率最大，然后为建行、工行。范小云（2012）构建网络模型研究业务关联对系统重要性银行的影响，并认为，资产负债关联是影响系统性风险在银行间传染蔓延的主要因素。

陆静等（2013）以CoVaR为基础，基于资产增长率等指标对国内14家上市银行系统性风险进行分析，并认为工行系统性风险最大，同时指出2008年金融危机以来，国内银行系统性风险呈下降趋势。苏明政和张庆君（2014）运用社会网络分析法（SNA）从中心性、关联性、核心—边缘结构、关系数据等角度分析银行共同贷款网络的拓扑结构特征，研究发现大型国有银行位于网络核心层，其他银行位于网络外围。

鲍勤和孙艳霞（2014）通过构建五种不同的银行网络结构假设，使用最大熵方法求解2010～2014年银行间同业拆借关系，研究一家银行破产风险所造成的风险传染。欧阳红兵等（2015）运用最小生成树法（MST）和平面极大过滤图模型（PMFG）模拟银行间同业拆借市场网络，动态识别金融网络中各节点的系统重要性。

隋聪和谭照林（2016）提出基于网络模型的银行系统性风险 VaR 和银行系统性风险 ES，采用蒙特卡洛模拟方法模拟三种网络结构下银行外部冲击造成的风险损失。唐振鹏和谢智超（2016）运用最大熵原理，将流动性冲击和外部冲击加入模型，分析上市银行同业拆借的系统性风险传导，并认为银行系统重要性越高所造成的资本损失后果越严重。

邓超和陈学军（2016）建模分析多主体银行间系统性风险，发现核心—边缘银行间网络体系比无标度网络更易遭受共同风险冲击和传染。杨海军和胡敏文（2017）以国内 30 家银行为样本，采用核心—边缘结构模型模拟资产价格泡沫破灭情况下风险传染过程，结果表明我国银行系统抵抗风险的能力不断增强。

综上所述，目前对银行系统性风险传染的研究中，国内外学者研究重点集中在特定市场微观主体间的风险传染，相对而言，对从宏观经济变量冲击角度分析系统性风险传染问题缺乏较细致的研究，已有文献内容较少且体系比较零散。

1.2.5 关于国内系统重要性银行宏观审慎监管的研究

宏观审慎监管目标很明确，即防范系统重要性银行的系统性风险，宏观审慎监管框架包括组织框架和工具体系两个部分。2008 年金融危机后对这一问题的研究主要从以下两个方面展开。

1.2.5.1 宏观审慎监管工具

宏观审慎监管工具体系是宏观审慎监管框架的重要组成部分，如前面所述，系统性金融风险主要源于时间维度和空间维度，相应地，本书根据上述两个维度分别阐述宏观审慎监管政策工具的相关研究文献。

（1）基于时间维度的宏观审慎监管工具。

博里奥和周（Borio and Zhu，2008）、布鲁恩梅尔（Brunnermeier，2009）等认为时间维度风险主要表现为顺周期性（pro-cyclicality，PCY）。针对顺周期性，宏观审慎监管强调对金融机构进行逆周期（counter-cyclical，CCY）监管。基于时间维度的宏观审慎监管工具有以下四种。

①前瞻性拨备（prospective provision）。计提前瞻性拨备可有效缓解银行贷款损失，对于如何计提，2009 年英国金融服务管理局（Financial Services Authority，FSA）提议在银行信贷扩张期计提风险资产 2% ~3% 的缓冲储备。弗拉特和加里亚（Fillat and Garria，2010）研究发现，美国国内银行若采用动态拨备制度[①]，那么一半以上的银行可增加自身贷款损失准备能力，从而减轻政府实施不良资产救助计划（troubled asset relief program，TARP）的压力。2011 年 7 月，银监会规定了贷款拨备率和拨备覆盖率两个指标的计算公式及基本标准[②]。

②杠杆率（leverage ratio）工具。杠杆率工具兼有微观和宏观审慎监管功能（IMF、BCBS & FSA，2009）。阿姆斯特朗（Armstrong，2009）研究认为，加拿大银行业在 2008 年金融危机中受冲击较小的一个重要原因是该国监管部门所采用的杠杆率指标一定程度上削弱了银行体系的顺周期性。就如何科学界定、合理使用这一指标，金融稳定委员会、巴塞尔委员会等正对此进行研究。2011 年 7 月，银监会规定了国内商业银行杠杆率的计算公式及应达到的杠杆率水平[③]。

③逆周期资本要求（contra-cyclical capital requirements）。2008 年金融危机后，巴塞尔委员会、金融稳定委员会（2009）提出监管当局可对银行提出逆周期资本要求，《巴塞尔协议Ⅲ》（2010）中具体规定了资本监管标准及过渡期安排，其中逆周期资本要求为 0 ~2.5%，

2012 年 6 月 8 日，银监会公布《商业银行资本管理办法（试行）》，自 2013 年 1 月 1 日起施行。现行资本管理办法借鉴巴塞尔协议Ⅲ框架下的资本定义，确定了资本充足率的计算公式，并提出了比巴塞尔协议Ⅲ资本监管标准略高的监管要求。

④流动性监管（liquidity regulation）。2008 金融危机暴露出流动性风险对系统重要性银行的重要影响，危机后，业界和学术界关于银行流动性监管的讨论研究主要集中在以下两个方面：一是增加流动性资本要求，帕罗蒂和苏亚雷斯（Perroti and Suarez，2009）；二是布鲁恩梅尔（Brunnermeier，2009）

---

① 西班牙是西方国家中第一个实施动态拨备制度的国家，自 2000 年中期至今已近 13 年的经验，历史最悠久，模式也最为典型。

② 2011 年 7 月，银监会发布《商业银行贷款损失准备管理办法》。

③ 2011 年 7 月 7 日，银监会发布《商业银行杠杆率管理办法》，自 2012 年 1 月 1 日起施行。

等建议采用盯住融资（mark-to-funding），鼓励银行寻求长期稳定资金来源。实践中，《巴塞尔协议Ⅲ》（2010）公布最新流动性监管指标——流动性覆盖率（liquidity coverage ratio，LCR）和净稳定融资比率（net stability funding ratio，NSFR）。

2011 年 10 月 13 日，银监会发布《商业银行流动性风险管理办法（试行）》，此后，2013 年 10 月 11 日，银监会颁布调整后的《商业银行流动性风险管理办法（试行）》。

（2）基于空间维度的审慎监管工具。

基于空间维度的宏观审慎重点针对某一时点上系统性金融风险的分布，对系统性风险进行量化分析，通过计算单家银行对系统性风险的边际贡献度来确定其系统重要性程度。

2008 年金融危机后，宏观审慎监管的重要任务是对系统重要性银行业务及其共同风险敞口的监管，关于系统重要性银行识别方法及风险度量的文献前面已述，在此不再赘述。对系统重要性银行的宏观审慎监管，主要有以下四个途径。

第一，业务活动的隔离。2008 年金融危机后，美国进行金融监管改革，先后颁布四部重要金融监管改革文件和法案。其中，2010 年 7 月实施的《多德—弗兰克华尔街改革与消费者保护法案》是自“大萧条”以来改革力度最大、影响最全面的一部金融监管改革法案，法案核心内容包括四个方面：防范系统性金融风险；提高金融系统稳定性；保护消费者；实行“沃尔克法则”（Volcker Rule），限制大型金融机构的投机性交易，加强对金融衍生品的监管。“沃尔克法则”提出“限制银行利用自身资本进行自营交易（proprietary trading）”，并明确指出“在银行传统借贷业务与高杠杆、对冲、私募等高风险投资活动之间划出明确界线”，以隔绝不同业务间风险的传染①。

第二，对系统重要性银行提出附加资本要求。《巴塞尔协议Ⅲ》（2010）对系统重要性银行提出 1% 的附加资本要求，银监会（2012）也对国内系统重要性银行提出 1% 的附加资本要求。

第三，对系统重要性银行经营指标和业务清单进行监管。古德哈特和佩尔绍德（Goodhart and Persaud，2008）提出对系统重要性银行交易量、经营

① 2010 年 1 月 21 日，美国总统奥巴马宣布将对美国银行业做重大改革，采纳 82 岁的金融老将保罗·沃尔克的建议，因而其方案被称为“沃尔克法则”（Volcker Rule）。

杠杆率等进行监控，建立系统性重要工具清单（systemically important tool list，SITL），对这些工具实行登记、集中交易和中央交易结算。

第四，银行税与相关保险制度。阿查里亚和里查德森（Acharya and Richardson，2009）提议根据系统重要性银行风险贡献征收“银行税”。类似地，克罗恩克（Korinek，2010）认为，征收庇古税（Pigouvian tax）可以有效解决系统重要性银行的负外部效应。

国际货币基金组织（IMF，2010）提出建议，向系统重要性金融机构征收“金融稳定贡献税（financial stability contribution tax，FSC）”，累积税款形成纾困基金，用于支付对系统重要性银行的救助成本。此外，合理有效的保险制度可增强投资者和存款人对金融市场的信心，进而有助于降低系统重要性银行风险发生的概率。卡什亚普（Kashyap，2008）认为，银行购买资本保险比强化银行资本充足要求在危机情况下对银行获得更有效。佩罗第和苏亚雷斯（Perotti and Suarez，2009）则建议银行向监管当局支付流动性保险费用。而阿查里亚和里查德森（Acharya and Richardson，2009）却认为，银行可从保险公司购买保险，以应对危机时可能发生的损失。

1.2.5.2 宏观审慎监管政策与货币政策协调研究

2008 年金融危机前，多数学者并不赞同运用通货紧缩政策应对金融失衡的问题。危机后，这一问题又重新成为学者们的研究焦点，特里谢（Trichet，2009）指出，各国监管部门政策制定和学者研究文献均倾向于赞成货币政策“逆风而上”（headwind）的做法；伯南克（Bernanke，2010）指出，在危机情况下货币政策目标应超越只以物价稳定为目标的范围；阿尔古和德莫特斯（Agur and Demertzis，2010）研究发现，“逆风而上”的货币政策操作将导致市场流动性的紧缩，造成银行流动性短缺。

2008 年金融危机后，货币政策与宏观审慎监管政策的协调问题成为学者研究的热点问题。塞切特（Cecchetti，2009）研究发现，货币政策与银行资本充足率在某种程度上可相互替代，当较多采用货币政策的时候，就可较少运用资本充足率政策，反之亦然；比恩（Bean，2010）认为，宏观审慎政策与货币政策之间并不能互相替代，两者之间应互相协调。

艾伦和莫斯纳（Allen and Mossner，2010）分析了 2008 ~ 2009 年各国央行货币互换（currency swap）对国际流动性供给的影响，认为如果能将发生危机后出现流动性短缺的国家和资金相对盈余的国家联系起来，则可以使危机后金融市场严重失衡的国家通过其他国家的救助，在短期内提高市场的流动性，从而减轻市场流动性风险对宏观审慎监管工具的压力。

与国外相比，国内学者对这一问题的研究要具体得多。李文泓（2009）认为，应建立逆周期机制来缓解银行系统性风险。李妍（2009）则阐述了宏观审慎监管框架下人民银行、财政部和银保监会等部门间的政策协调问题。巴曙松等（2011）对巴塞尔协议Ⅲ的主体框架进行分析，围绕《巴塞尔协议Ⅲ》核心内容，对资本充足要求、流动性监管、逆周期监管等问题进行研究，并分析了《巴塞尔协议Ⅲ》在中国的实施及其影响。

王飞和郑弘（2012）认为，目前系统重要银行的国际监管体系已初步形成，为我国对国内系统重要性银行监管提供了国际标准和有益借鉴。王刚（2012）归纳了危机后欧美国家解决"大而不倒"问题的政策措施，指出国内监管部门应吸取危机教训，加强国内系统重要性银行的监管设计，采取必要措施防范化解金融机构"大而不倒"问题带来的危害。

马诗琪（2013）认为"宏观审慎"监管的三项原则是全局监管、逆周期监管和协调监管。黎四奇（2014）研究认为"宏观审慎"监管是从监管实践总结出来的监管理念，是功能性监管向监管制度的演变，其本身在权力范畴、监管范围和边界等方面，还具有相当的不确定性。巴曙松、樊燕然、朱元倩（2014）对泛欧金融监管框架标准进行了分析，认为我国应对不同规模的金融机构采取差异化管理，协调权责关系落实当局的监督权。张雪兰和何德旭（2014）的研究认为监管逆周期资本是为了增强金融机构对未来潜在风险的吸收能力和损失的恢复能力，附加作用是防止信贷过度。

1.2.5.3 宏观审慎监管机构职能设置

宏观审慎监管政策与货币政策的协调在实践中表现为审慎监管组织框架设置及不同部门的职能分工上，这方面，欧美等国的做法具有一定代表性。其中，美、英均采取在央行框架下统一协调货币政策和宏观审慎监管的模式。《多德—弗兰克华尔街改革与消费者保护法案》，赋予美联储兼具货币政策与宏观审慎监管的双重职能①。此外，该法案还授权组建金融稳定监管委员会（Financial Stability Oversight Council，FSOC），作为美国跨部门的系统性风险监

---

① 2010年7月21日，《多德—弗兰克华尔街改革与消费者保护法》（*Dodd-Frank Wall Street Reform and Consumer Protection Act*）。

测和监管协调机构；英国则于 2012 年取消了金融服务局（Financial Services Authority，FSA），英格兰银行成为唯一的金融监管机构，全面负责金融监管；欧盟于 2010 年 9 月成立欧洲系统性风险委员会（European Systematic Risk Board，ESRB），建立泛欧金融监管体系，负责监测欧盟区域内的系统性金融风险。

1.2.6 相关研究评述

综观国内外相关研究文献可知，理论界关于巴塞尔协议Ⅲ框架下系统重要性银行识别与宏观审慎监管问题的研究以 2008 年金融危机为分界线，危机前后呈现出泾渭分明的特点，这主要表现在以下四个方面。

（1）2008 年金融危机爆发之前，学者们关于国内系统重要性银行及其风险传染问题的研究较迟缓，对系统性风险度量方法的研究存在严重不足，金融危机后，国际社会关于系统性风险识别、系统重要性银行评估方法以及风险传染度量的研究逐渐深入，相关研究方法和理论体系趋于完善。

（2）2008 年金融危机为研究系统重要性银行及其风险传染研究提供极好的参照样本，相应地，对应于宏观审慎监管概念下的系统性风险度量问题也成为研究焦点，对系统重要性银行的监管构成宏观审慎监管的核心任务。相关国际组织及主要国家相继对金融监管体系的缺陷提出改革方案，出台系统重要性银行评估和风险传染度量标准，制定系统重要性银行宏观审慎监管实施方案。国内外学者在这一领域的研究取得大量成果。

（3）2008 年金融危机后，系统重要性银行评估方法主要分为指标法和市场法两类，相对市场法，指标法简捷透明，且能以此动态确定公示系统重要性银行名单。金融稳定委员会、巴塞尔委员会、国际货币基金组织所提评估指标得到中国人民银行、银保监会等部门的认同与实施。市场分析法在实践中的应用还存在较大的困难，实践中各监管当局很少使用。

（4）金融危机后，关于系统性风险及其传染度量的研究日益受到国际社会的广泛关注，国内外学者的研究倾向于分析风险在国内特定金融市场微观主体间的传染。

系统重要性银行风险防范及监管问题具有复杂性和多面性，我国正处于全面深化改革过程中，银行体系改革与发展具有自身鲜明的独特性，国外相关改革经验和研究结论不能简单地照搬照用。如何合理借鉴国际经验，研究开发切合自身实际需求的国内系统重要性银行风险监测工具，并以此构建宏观审慎监管体系是当前银行体系改革需考虑的重要问题。鉴于此，本书以巴塞尔协议Ⅲ框架下国内系统重要性银行识别及监管问题作为研究视角，全面分析国内系统重要性银行风险传染渠道和宏观审慎监管框架构建问题，以期对相关研究有所贡献。

1.3 研究内容及逻辑关系

本书以巴塞尔协议Ⅲ框架、国内系统重要性银行识别、系统性风险传导、风险传染度量以及宏观审慎监管框架构建为研究主线展开研究。

围绕主题，本书分为6章展开论述。

第1章导论部分阐述了本书的研究背景和意义，依循本书的分析思路从四个方面对国内外相关文献进行系统述评，并对本书的研究内容、研究思路与方法进行阐述，对后续研究进行概念和基础约定。

第2章作为本书研究的理论基础，系统分析巴塞尔协议Ⅲ框架与系统性金融风险，阐述巴塞尔协议Ⅲ框架的主要内容，分析金融系统性风险的定义及特征，辨识系统性风险发生过程，研究近年来系统性风险测度的最新方法，为我国金融系统性风险的测度和基于系统性风险的金融监管提供方法上的指导。

第3章以“大而不倒”问题与系统重要性银行评估为研究切入点，主要讨论“大而不倒”问题与系统性风险的关系，研究“大而不倒”与系统重要性银行的逻辑关联，分析系统重要性与系统性风险的理论关联，探讨系统重要性银行识别方法。

第4章紧扣国内系统重要性银行定义，在国际金融监管机构提出的系统重要性银行指标体系的基础上，结合国内银行业的特点及所处环境，引入多变量极值模型（EV）和银行系统重要性指数（SII），对各上市银行的系统重要性进行评估。

第5章从度量系统性风险的国际经验入手，结合金融部门评估规划（FSAP），从宏观经济冲击、银行自身经营以及银行体系风险传染角度构建多层次国内系统重要性银行风险传染度量框架，研究系统重要性银行风险传导问题，为宏观审慎监管的有效实施提供基础理论研究。

第6章在总结前述5章研究内容的基础上，对比分析欧美等国宏观审慎监管改革的进展，结合危机后国内宏观审慎监管发展现状，提出改进和提高国内系统重要性银行宏观审慎监管的思路和政策建议，并对宏观审慎监管后续改革路径做了展望。

本书的内在逻辑关系如图 1.1 所示。

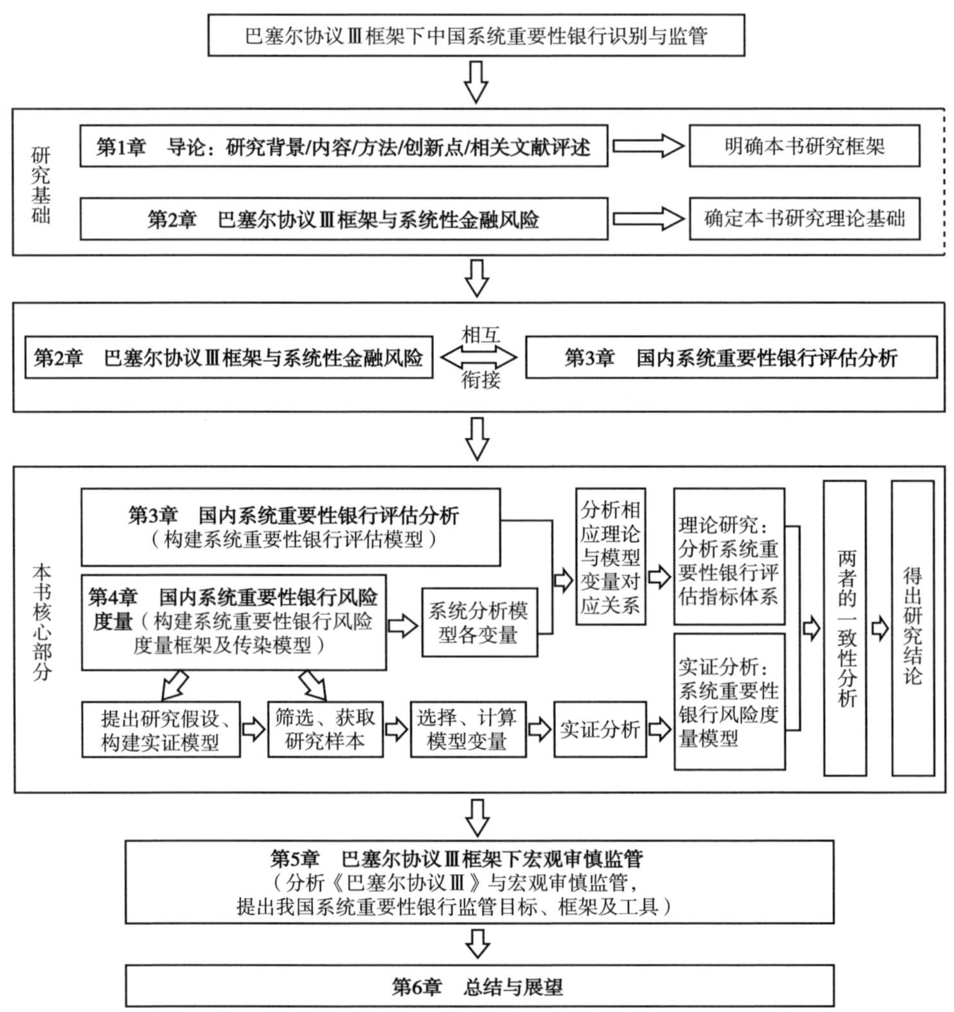

图 1.1　研究内容及其逻辑关系

由图 1.1 可以看出，从总体上说，本书研究主要包括三大部分内容，分别是研究基础、主体研究内容以及研究结论。其中，研究理论基础部分与第 1 章导论及第 2 章对应；主体研究部分与第 3、第 4、第 5 章相对应，第 6 章为总结与展望部分。

1.4 研究创新性

本书研究的创新性主要体现在以下四个方面。

（1）系统重要性银行风险防范及监管问题具有复杂性和多面性，当前我国正处于全面深化改革过程中，作为经济转型国家，国内银行体系改革具有自身独特性，国外的研究理论与分析模型不能简单地照搬照用，为避免“南橘北枳”，本书在借鉴国际金融监管改革最新经验的基础上，将国内系统重要性银行风险传染及监管问题置于国内银行业改革发展背景下进行研究，基于这一研究视角必然会得出对银行系统性风险监管实践更具指导价值的研究成果，这在一定程度上突破了传统的研究模式，使相关研究更具针对性和解决实际问题的切实性。

（2）本书将分析切入点集中于国内系统重要性银行风险传染的分析，从宏观经济冲击、银行经营以及风险传染等角度构建多层次分析框架，弥补了现有研究大多停留于单家银行间风险传染分析方法的不足，为相关研究提供了新的经验证据。

（3）根据系统性风险来源因素，本书分别从实体经济、价格稳定、经济结构以及银行经营等方面选取相应变量，构建宏观压力测试模型。并根据所选变量，结合国内系统重要性银行经营现状及发展趋势，设定五种不同压力的测试情景，并分别给出各种情景下三种程度不同的冲击量，而后运用金融脆弱性指标折线图分析宏观压力测试结果，这一分析方法具有一定的创新性。

（4）本书提出在加强国内系统重要性银行宏观审慎监管的同时，应同样关注和思考其内部控制审计报告、信息披露以及审计预警体系建立等问题，这在一定程度上丰富了相关领域的研究。

1.5 研究思路与方法

1.5.1 研究思路

本书的研究思路是：首先，深入剖析本书研究的理论和现实背景，全面分析银行业系统性风险，从系统性风险理论、风险关联性和风险传染三个角度全面审视银行业系统性风险的一般本质和演进路径。其次，以“大而不倒”问题与系统重要性金融机构为研究切入点，重点讨论“大而不倒”问题与系统性风险及系统重要性的关系，将研究集中于系统重要性银行的识别方法上。再其次，在巴塞尔协议Ⅲ框架以及国际金融监管机构提出的系统重要性银行衡量指标体系的基础上，结合国内银行业的特点及所处环境，对各上市银行的系统重要性进行评估；进而从度量系统性风险的国际经验入手，结合金融部门评估规划，从宏观经济冲击、银行自身经营以及内部风险传染角度，构建多层次系统重要性银行风险传染度量框架，实证研究国内系统重要性银行传导问题，为宏观审慎监管的有效实施提供基础理论研究。最后，根据前述研究结论，归纳分析巴塞尔协议Ⅲ框架下宏观审慎监管改革进展，结合危机后国内宏观审慎监管发展现状，提出改进和提高国内系统重要性银行宏观审慎监管的思路和政策建议，并对后续改革进行展望。具体研究思路如图 1.2 所示。

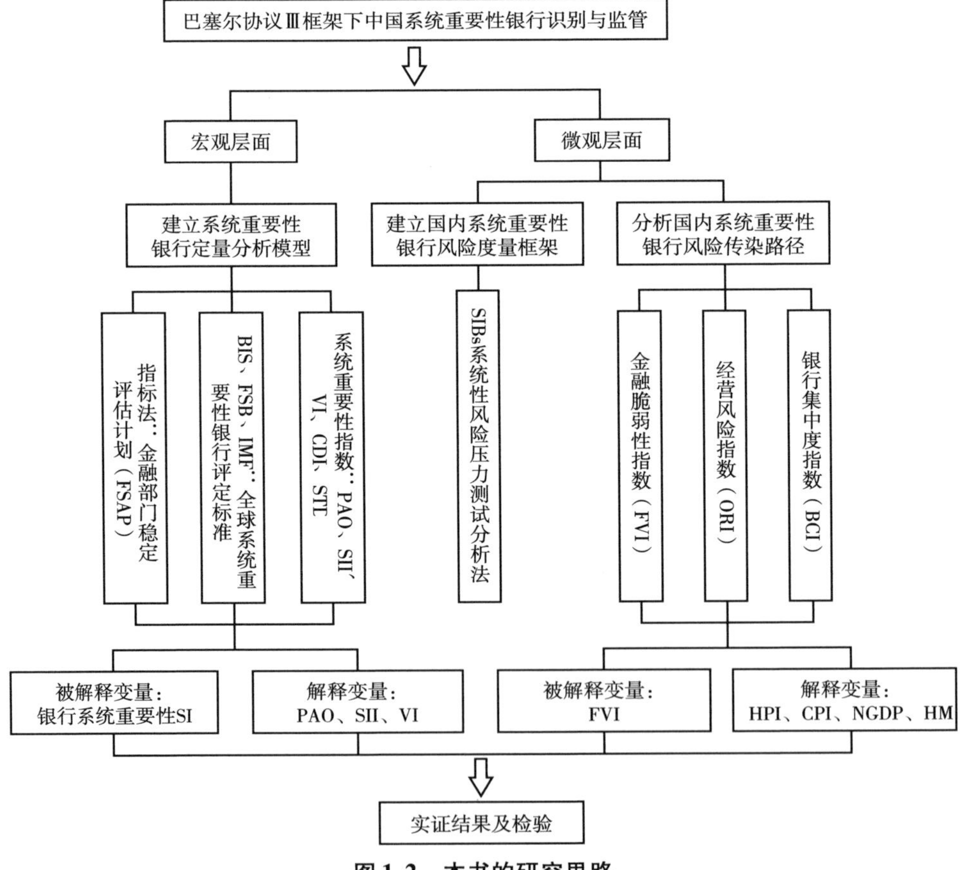

图 1.2　本书的研究思路

1.5.2 研究方法

科学的理论研究必须以先进的方法作为指导。从根本上讲，国内系统重要性风险传染及监管问题的研究不存在任何事前的路线设计，需要我们“摸着石头过河”，要以唯物辩证法作为指导思想，遵循“从现象到本质”“理论源于实践并用以指导实践”的基本研究规律和研究过程，最终得出科学合理的研究结论。本书研究运用的主要方法包括以下三种。

（1）归纳、演绎等逻辑分析方法。本书研究大量使用了这种方法，如将银行系统性风险的测量模型划分为四个方面，将 D-SIBs 的识别方法归纳为两大类型，将 D-SIBs 的衡量指标分解为五个标准等，这些都是归纳法的典型运用；根据研究结论制定宏观审慎监管框架、设计宏观审慎监管工具的过程是典型的演绎过程。此外，本书在理论基础研究、理论和实证结论自洽性分析方面都做了相应的逻辑分析。

（2）实证分析方法。本书运用 D-SIBs 衡量指标、系统重要性指标、金融脆弱指数、宏观压力测试等分析模型，并通过量化推导，寻求指标间的相互关系。本书研究中运用了计量检验方法，实证分析 D-SIBs 的不同识别标准，并从宏观经济冲击、银行自身经营以及内部风险传染角度，构建多层次 D-SIBs 风险传染度量框架，实证研究 D-SIBs 传导问题。分析软件方面，在评估国内银行系统重要性指标及分析国内系统重要性银行风险传染问题时，运用的主要分析工具为 EViews、Matlab。

（3）专家咨询法。本书多次运用专家咨询方法，对研究设计和研究结果进行咨询。

第2章　巴塞尔协议Ⅲ框架与系统性金融风险

"风险"是金融市场中永恒的主题，而系统性风险则是定义系统重要性银行的起点。2008年金融危机中，系统重要性金融机构给金融体系带来的系统性风险问题充分显现，与此同时，危机所表现出的跨国传染特征，也使风险传染问题再次引起人们的关注。总体来看，目前关于系统性风险传染度量的研究受到国际社会的广泛关注，相关研究领域随系统重要性银行业务的发展及宏观审慎监管体制的建立而日趋深入。本章总结了危机后国际金融组织、各国金融监管当局及学者们对系统性风险及其传染问题的分析理论及定量模型，为本书后续研究提供相应的理论支持。

2.1　《巴塞尔协议Ⅲ》

2.1.1　《巴塞尔协议Ⅲ》（Basel Ⅲ）

《巴塞尔协议Ⅲ》中关于宏观审慎的措施主要是在资本框架中引入了留存资本缓冲比率、逆周期缓冲资本以及对系统重要性银行的额外资本要求（见表2.1），此外，增加杠杆率和流动性比率（见表2.2）作为清偿力的辅助监管指标，按照巴塞尔委员会（BCBS）的规定，《巴塞尔协议Ⅲ》将于过渡期内分阶段执行，最晚于2019年1月1日实施①（见表2.3）。

---

① Basel Committee on Banking Supervision, "Basel Ⅲ A global regulatory framework for more resilient banks and banking systems", Dec., 2010.

表 2.1　《巴塞尔协议Ⅲ》的系列文件

发布日期	核心文件	
	中文题目	英文题目
2009 年 7 月 13 日	新资本协议框架完善建议	New capital framework enhancements announced by the Basel Committee
2009 年 9 月 7 日	对全球银行业危机的综合回应	Comprehensive response to theglobal banking crisis
2009 年 12 月 17 日	增强银行业抗风险能力	Strengthening the resilience of the banking sector-consultative document
2009 年 12 月 17 日	流动性风险计量、标准和监测的国际框架	International framework for liquidity risk measurement, standards and monitoring-consultative document
2010 年 5 月 3 日	巴塞尔协议Ⅲ和资本要求的修订	Basel Ⅲ and Revisions to the Capital Requirements Directive
2010 年 6 月 11 日	巴塞尔委员会和制度改革	The Basel Committee and Regulatory Reform
2010 年 6 月 18 日	关于巴塞尔协议Ⅱ市场风险框架调整	Adjustments to the Basel Ⅱ market risk framework announced by the Basel Committee
2010 年 7 月 16 日	逆周期资本缓释的提案	Counter-cyclical capital buffer proposal-consultative document
2010 年 7 月 26 日	监管理事会应巴塞尔委员会针对资本和流动性的一系列改革达成共识	The Group of Governors and Heads of Supervision reach broad agreement on Basel Committee capital and liquidity reform package
2010 年 8 月 18 日	实施更高资本和流动性要求对宏观经济影响的评估	Assessment of the macroeconomic impact of stronger capital and liquidity requirements
2010 年 8 月 19 日	巴塞尔委员会关于确保在无法持续经营时监管资本损失吸收率的建议	Basel Committee proposal to ensure the loss absorbency of regulatory capital at the point of non-viability
2010 年 9 月 3 日	强化金融系统：成本与收益的比较	Strengthening the financial system: comparing costs and benefits
2020 年 9 月 3 日	根本上增强银行监管框架	Fundamentally strengthening the regulatory framework for banks
2010 年 9 月 12 日	监管理事会宣布更高的全球最低资本标准	Group of Governors and Heads of Supervision announces higher global minimum capital standards

续表

发布日期	核心文件	
	中文题目	英文题目
2010 年 9 月 21 日	巴塞尔协议Ⅲ：更安全的金融体系	Basel Ⅲ: towards a safer financial system
2010 年 9 月 22 日	新规则远景	A new regulatory landscape
2010 年 9 月 28 日	采取宏观审慎决策的挑战：各方角色	The challenge of taking macro prudential decisions: who will press with button?
2010 年 10 月 4 日	金融改革“进展报告”	Financial reform: a progress report
2010 年 10 月 19 日	巴塞尔委员会对金融危机的应对：给 G20 的报告	The Basel Committee's response to the financial crisis: report to the G20
2010 年 10 月 19 日	宏观审慎政策：这次有所不同?	Macro prudential policy: could it have been different this time?
2010 年 10 月 26 日	监管最低资本要求和资本缓冲：一个自上而下的方法	Calibrating regulatory minimum capital requirements and capital buffers: a top-down approach
2010 年 11 月 9 日	巴塞尔协议Ⅲ和金融稳定	Basel Ⅲ and Financial Stability
2010 年 11 月 25 日	巴塞尔资本协议框架：一个决定性的突破	The Basel Ⅲ Capital Framework: a decisive breakthrough
2010 年 12 月 16 日	综合的定量测算结果	Results of the national authorities operating thecounter cyclical capital buffer
2010 年 12 月 16 日	各主权国家实施资本缓冲的指引	Guidance for national authorities operating thecounter cyclical capital buffer
2010 年 12 月 16 日	巴塞尔协议Ⅲ：流动性风险计量、标准和监测的国际框架	Basel Ⅲ: International framework for liquidity risk measurement, standards and monitoring
2010 年 12 月 16 日	巴塞尔协议Ⅲ：一个更稳健的银行及银行体系的全球监管框架	Basel Ⅲ: A global regulatory framework for more resilient banks and banking systems
2010 年 12 月 17 日	实施更高资本和流动性要求对宏观经济影响的最终评估报告	Final report on the assessment of the macroeconomic impact of the transition to stronger capital and liquidity requirement
2010 年 12 月 20 日	银行对中央对手方风险暴露的资本化	Capitalization of bank exposures to central counter parties-consultative document

续表

发布日期	核心文件	
	中文题目	英文题目
2011年2月8日	巴塞尔协议Ⅲ：对经济运行和流动的长期影响	Basel Ⅲ Long-term impact on economic performance and fluctuations
2011年2月8日	宏观审慎政策和框架	Macro-prudential policy tools and frameworks
2011年4月20日	巴塞尔协议Ⅲ：流动性框架常见问题	Basel Ⅲ: framework for liquidity-frequently asked questions
2011年11月10日	巴塞尔协议Ⅲ：关于资本常见问题的定义	Basel Ⅲ: definition of capitalfrequently asked questions
2011年11月10日	巴塞尔协议Ⅲ：交易对手风险常见问题	Basel Ⅲ: Counter-party credit risk-Frequently asked questions
2011年12月20日	宏观审慎监督工具框架进展：给G20的报告	Macro-prudential Policy Tools and Frameworks progress report to G20
2012年4月20日	巴塞尔协议Ⅲ：管理一致性评估方案	Basel Ⅲ regulatory consistency assessment programme
2012年5月10日	巴塞尔协议Ⅲ：流动性覆盖率和流动性风险监控工具	Basel Ⅲ: The Liquidity coverage ratio and liquidity risk monitoring tools

资料来源：http://www.bis.org/bcbs/index.htm.

表2.2　巴塞尔协议Ⅲ资本框架的调整

资本要求和留存缓冲（所有数字均为百分百）			
项目	普通股/风险加权资产	核心资本（Tier 1）/风险加权资产	总资本/风险加权资产
最低资本要求	4.5	6.0	8.0
资本留存缓冲	2.5	2.5	2.5
最低资本要求+资本留存缓冲	7.0	8.5	10.5
逆周期资本缓冲	0~2.5	0~2.5	0~2.5
系统重要性银行资本要求	1	1	1

资料来源：Basel Committee on Banking Supervision, "Basel Ⅲ A global regulatory framework for more resilient banks and banking systems", Dec., 2010.

表 2.3　　　　　　　　　　　巴塞尔协议Ⅲ流动性监管指标

项目	流动性覆盖率（LCR）	净稳定资金比例（NSFR）
公式	$\frac{\text{高质量流动性资产存量}}{\text{未来 30 日资金净流出量}} \geqslant 100\%$	$\frac{\text{可获得的稳定融资余额}}{\text{必需的稳定融资金额}} \geqslant 100\%$
监管目标	流动性风险监测	稳定资金来源
分析报表	资产负债表	现金流量表
分析目的	确保机构拥有足够的优质流动性资源来提高应对短期流动性风险的能力	提高银行在较长时期内应对流动性风险的能力，防止其在市场繁荣、流动性充裕时期过度依赖批发性融资

资料来源：巴曙松、朱元倩：《巴塞尔资本协议Ⅲ研究》，北京：中国金融出版社 2011 年版。

表 2.4　　　　　　　　　　巴塞尔协议Ⅲ各项规则分阶段安排　　　　　　　　单位：%

指标	2011 年	2012 年	2013 年	2014 年	2015 年	2016 年	2017 年	2018 年	2019 年
杠杆比率	监管监测期		过渡期为 2013 年 1 月 1 日至 2017 年 1 月 1 日，从 2015 年 1 月 1 日开始披露					纳入第一支柱	
最低普通股充足率			3.5	4.0	4.5	4.5	4.5	4.5	4.5
资本留存缓冲						0.625	1.25	1.875	2.50
最低普通股充足率 + 资本留存缓冲			3.5	4.0	4.5	5.125	5.75	6.375	7.0
核心资本中普通股的扣减项				20	40	60	80	100	100
最低核心资本（一级资本）充足率			4.5	5.5	6.0	6.0	6.0	6.0	6.0
最低总资本充足率			8.0	8.0	8.0	8.0	8.0	8.0	8.0
最低普通股充足率 + 资本留存缓冲			8.0	8.0	8.0	8.625	9.25	9.875	10.5
逆周期资本缓冲						0.625	1.25	1.875	2.5
系统重要性银行附加资本要求						1	1	1	1
总资本充足率			8.0	8.0	8.0	8.625	9.25	9.875	10.5
流动性覆盖比率（LCR）	观察期				引入最低标准				
净稳定融资比率（LCR）	观察期							引入最低标准	

注：核心资本中普通股扣减项包括递延所得税限额、抵押服务权等。

资料来源：Basel Committee on Banking Supervision. Group of Governors and Heads of Supervision Announces Higher Global Minimum Capital Standards. Sep. 12, 2010.

加强银行资本监管已经成为国际共识。《巴塞尔协议Ⅲ》要求将商业银行核心一级资本（普通股和留存收益）的最低要求从原来的2%提高到4.5%，同时新增要求商业银行持有2.5%的资本留存超额资本作为应对将来可能出现困难的缓冲。上述两项加总，使得核心级资本要求达到7%，这反映了国际社会对加强资本监管的共识和决心，也反映了巴塞尔委员会对银行自营交易、衍生品和资产证券化等银行活动提出更高资本要求的态度。

根据新规定，银行需要在2015年底之前达到最低资本比率要求，即不包括资本缓冲在内的普通股占风险加权资产的比率达到4.5%，即资本比率达到6%。而对缓冲资本的落实则宽松一些，银行可以在2016年1月至2019年1月期间分阶段落实。

通过分析《巴塞尔协议Ⅲ》的内容，可以看出其重点要求商业银行通过提高资本充足率和满足流动性覆盖比率（LCR）以达到每家银行面的管理，同时对系统重要性银行（SIBs）计提附加资本要求（additional capital）进行重点监管，从而实现从点到面的结合。《巴塞尔协议Ⅲ》对商业银行稳定健康的发展具有重要作用，新的资本充足率要求使商业银行需要更频繁地在资本市场进行再融资，从而促进银行业与资本市场的良性互动；而流动性覆盖比率（LCR）、净稳定融资比率（LCR）则可促使商业银行将资金投放在收益稳定的长期信贷上，改变银行过去的经营盈利模式，降低其经营风险。

2.1.2 “中国版巴塞尔协议Ⅲ”的实施

2.1.2.1 《商业银行资本管理办法》主要内容

2008年金融危机以来，按照G20确定的改革方向，金融稳定理事会（FSB）和巴塞尔委员会（BCBS）积极完善商业银行宏观审慎监管。2010年11月，G20首尔峰会通过《巴塞尔协议Ⅲ》，确立全球银行业资本监管的统一标准，要求国际清算银行各成员从2013年开始实施，到2019年基本达标。

近年来，我国银行业有序推进改革开放，不断提高资本充足率和拨备水平，风险防控能力持续增强，为我国抵御国际金融危机的负面冲击，实现国民经济平稳健康发展作出了重要贡献。当前，银行业稳步实施新的资本监管标准，强化资本约束机制，不仅符合国际金融监管改革的大趋势，也有助于进一步增强我国银行业抵御风险的能力，促进商业银行转变发展方式、更好地服务实体经济。2012 年 6 月 8 日，中国银监会发布《商业银行资本管理办法（试行）》（以下简称《资本办法》），并于2013 年1 月1 日起实施，《资本办法》在业内被称为“中国版巴塞尔协议Ⅲ”①。

《资本办法》共有 10 章、180 条和 17 个附件，分别对监管资本要求、资本充足率计算、资本定义、信用风险加权资产计量、市场风险加权资产计量、操作风险加权资产计量、商业银行内部资本充足评估程序、资本充足率监督检查和信息披露等进行了规范。

《资本办法》主要体现了以下五个方面要求。

一是建立了统一配套的资本充足率监管体系。《资本办法》参考《巴塞尔Ⅲ》的规定，将资本监管要求分为四个层次：第一层次为最低资本要求，核心一级资本充足率、一级资本充足率和资本充足率分别为 5%、6% 和 8%；第二层次为储备资本要求和逆周期资本要求，储备资本要求为 2.5%，逆周期资本要求为 0～2.5%；第三层次为系统重要性银行附加资本要求，为 1%；第四层次为第二支柱资本要求。《资本办法》实施后，正常时期系统重要性银行和非系统重要性银行的资本充足率要求分别为 11.5% 和 10.5%。多层次的资本监管要求既体现了国际标准的新要求，又与我国商业银行现行的资本充足率监管要求基本保持一致。

二是严格明确了资本定义。《资本办法》根据国际的统一规则，明确了各类资本工具的合格标准，提高了资本工具的损失吸收能力。

三是扩大了资本覆盖风险范围。《资本办法》确定的资本覆盖风险范围包括信用风险、市场风险和操作风险，并明确了资产证券化、场外衍生品等复杂交易性业务的资本监管规则，引导商业银行审慎开展金融创新。

四是强调科学分类，差异监管。《资本办法》根据资本充足率水平将商业银行分为四类，对满足最低资本要求但未达到其他层次资本要求的商业银行进行细分，明确了对各类银行的相应监管措施，提升资本约束的有效性。同时，按照审慎性原则重新设计各类资产的风险权重。下调小微企业贷款和个人贷款的风险权重，引导商业银行扩大小微企业和个人贷款投放，更有效地服务实体经济。下调公共部门实体债权的风险权重，适度上调商业银行同业债权的风险权重。

---

① 根据国务院第 207 次常务会议精神，2012 年 6 月 8 日，中国银监会发布《商业银行资本管理办法（试行）》，并于 2013 年 1 月 1 日起实施。

五是合理安排资本充足率达标过渡期。《资本办法》将于 2013 年 1 月 1 日开始实施，商业银行应在 2018 年底前全面达到《资本办法》规定的监管要求，并鼓励有条件的银行提前达标。同时，《资本办法》设置了资本充足率过渡期内的分年度达标目标。

总体来看，新的资本监管体系既与国际金融监管改革的统一标准保持一致，也体现了促进银行业审慎经营、增强对实体经济服务能力的客观要求。实施新监管标准将对银行业稳健运行和国民经济平稳健康发展发挥积极作用。

2. 1. 2. 2　《资本办法》与《巴塞尔协议Ⅲ》的对比

《资本办法》的制定是基于《巴塞尔协议Ⅲ》的相关规定的，同时植根于国内银行业的实际发展状况，在此基础上研究制定了四个新监管工具。从监管指标的角度来看，《资本办法》和《巴塞尔协议Ⅲ》的对比如表 2. 5 所示。

表 2. 5　《资本办法》和《巴塞尔协议Ⅲ》的对比　单位:%

一级指标	二级指标	“中国版巴塞尔协议Ⅲ”	《巴塞尔协议Ⅲ》	备注
资本充足率	一级核心资本	5	4. 5	2013 年正式施行，并与 2018 年前完成
	一级资本	6	6	
	总资本	8	8	
	留存资本缓冲	2. 5	2. 5	
	逆周期资本	0 ~ 2. 5	0 ~ 2. 5	
	附加资本要求	1	1	
杠杆率	杠杆率	4	3	
拨备率	贷款拨备率	2. 5	2. 5	
	拨备覆盖率	150	150	
流动性	流动性覆盖率	100	100	
	净稳定融资比例	100	100	

资料来源：笔者根据银保监会《资本办法》和《巴塞尔协议Ⅲ》整理。

第一，资本充足率。实践中我国银行业更多依赖于银行核心资本，对附属资本工具运用相对不足，因此，《资本办法》对商业银行一级核心资本充足率的要求比《巴塞尔协议Ⅲ》规定的最低标准高 0. 5%，最低要求为 5%。同时，要求银行一级资本充足率在 6% 及以上，资本充足率不低于 8%。另外，《资本办法》还引入多层次资本监管框架，首先是留存超额资本充足率，设定为 2. 5%，以应对突发事件；其次是从总损失吸收资本中（如普通股）提取逆周期因子，比率设定为 0 ~ 2. 5%；最后是系统重要性银行要另外计提

1%的附加资本。

第二，杠杆率。相比西方国家商业银行，我国商业银行业务以传统信贷业务为主，表外业务所占比例相对较少，总体来看，国内银行杠杆率普遍高于欧美发达国家。相比《巴塞尔协议Ⅲ》要求的杠杆率3%，我国对杠杆率的监管要求为4%。

第三，贷款损失准备和拨备覆盖率。贷款损失准备《资本办法》规定比例与《巴塞尔协议Ⅲ》一致，不低于2.5%，《资本办法》对拨备覆盖率的规定也和《巴塞尔协议Ⅲ》一致，不低于150%。

第四，流动性覆盖率和净稳定融资比例。它们的最低要求都不能低于100%，并且与《巴塞尔协议Ⅲ》规定的比例一致。

2.1.2.3 《资本办法》实施对国内银行业的影响

《资本办法》的推动实施，对国内银行业的资本结构、资本规模、资本质量以及资本监管等诸多方面都带来较大影响，具体可概括为以下五个方面。

第一，银行资本缺口扩大，资本结构需进行调整。《资本办法》实施后，非系统重要性银行的资本充足率要求增加到10.5%，系统重要性银行（SIBs）资本充足率要求提高到11.5%以上，此外加权风险资产指标调整，杠杆率指标、留存资本缓冲和逆周期资本等指标的加入，都会使国内银行面临较大的资本缺口。为满足各层次最低资本监管标准，国内银行需通过减少股利发放增加留存收益、减少次级债发行等方式，提高一级资本充足率，进而导致银行资本结构的调整变化。

第二，信贷增速放缓，影响银行盈利能力。《资本办法》实施后，在新的监管框架下，银行会面临较大的资本需求压力，可用资本数量减少，信贷发放等传统盈利方式将受到限制，从而影响银行的盈利水平。

第三，促进银行经营转型。在《资本办法》新监管框架下，银行经营杠杆率下降，影响银行筹资和贷款发放。商业银行传统经营模式和业务会发生转变，经营方式也会由之前的粗放经营转向更加细化。

第四，扩宽银行资本补充渠道。在《资本办法》新资本要求和利率市场化共同作用下，国内银行业可能会面临一定程度的资金短缺，银行应对金融市场的资源加以更加高效的利用，同时扩展自身潜在的资本来源，此外，还要努力开拓国际市场，学习借鉴跨国银行先进经营模式。

第五，完善银行风险管理体系。《巴塞尔协议Ⅲ》对国际银行业的经营带来深刻影响，《资本办法》实施后，随着先进的风险管理手段和技术的引进应用，国内商业银行会加快从单纯的信用风险管理向全面风险管理的过渡，并建立起现代商业银行的宏微观审慎管理制度。

2.2　金融系统性风险

2.2.1　金融系统性风险定义

20世纪90年代，国际社会开始对金融系统性风险进行研究，国际清算银行、国际货币基金组织和金融稳定委员会相继给出金融系统性风险的含义。为准确理解金融系统性风险的含义，我们有必要先区分以下三个概念。

2.2.1.1　系统性金融事件（systemic financial event）

相比其他经济部门，金融体系内系统性风险溢出和传染效应更高。系统性金融事件可理解为“一家金融机构经营失败或金融市场体系中的某个子市场出现危机而引发连锁反应，造成相关金融机构倒闭或金融市场的崩溃”。该定义包括金融系统性风险的三个重要特征：风险冲击（shocks）、风险传染（contagion）和风险传导机制（propagation mechanism），这三个特征构成系统性金融风险的核心要素（见图2.1）。

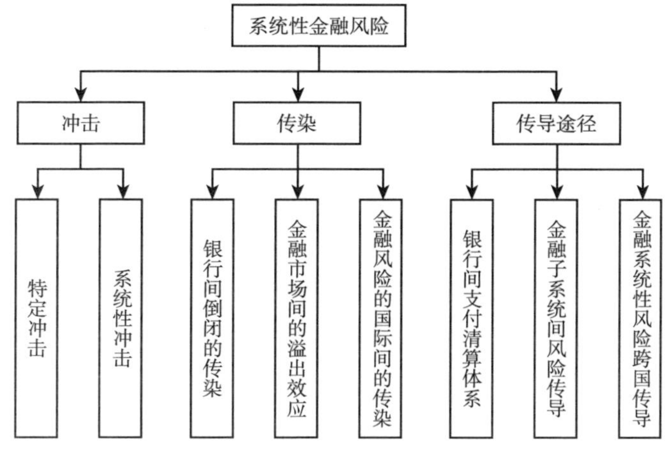

图2.1　系统性金融风险的相关要素

我们通常可以将系统性事件可分为“狭义事件”和“广义事件”两类。“狭义事件”指某个金融机构经营陷入危机，或某金融子市场价格下跌的负面消息，通过风险传导，对其他金融机构或金融市场所造成的冲击。“广义事件”如表2.6中标有“√”符号的区域所示，不仅包括狭义事件，而且包括更广范围内由于系统风险冲击对整个金融体系或市场所造成的不利后果。

系统性金融事件分类如表2.6所示。

表2.6　　系统性金融事件分类

风险冲击类型	单一系统性事件		多重系统性事件	
	弱	强	弱	强
窄范围冲击传导				
★特定风险冲击	√	√风险传染	√	√风险传染导致系统性危机
★有限系统冲击	√	√风险传染	√	√风险传染导致系统性危机
广泛系统冲击传导			√	√系统性危机

资料来源：Olivier & Hartmann（2000）。

系统性金融风险从来源来看，可分为时间维度和空间（横截面）维度，其中，时间维度主要表现为金融机构的顺周期性（procyclicality），针对顺周期性，宏观审慎强调逆周期（countercyclical）监管。

空间维度的宏观审慎监管则强调对某一时点系统性金融风险分布的监管，由于系统重要性金融机构（SIFIs）易引发系统性金融风险，因此，对系统重要性金融机构（SIFIs）业务和共同风险敞口的监管构成宏观审慎监管的关键任务，相应地，对系统重要性金融机构（SIFIs）的识别及其系统性风险度量则是宏观审慎监管的重要基石。

2.2.1.2　系统性金融风险（systemic financial risk）

“冲击”（impact）和“传染”（contagion）是构成系统性金融风险的两个重要因素，“冲击”可分为特定冲击（idiosyncratic impact）和系统性冲击（systematic impact）两类，通常将仅影响某一金融机构或某一金融市场的冲击称为特定冲击，而把对整个金融系统或金融市场造成影响的冲击称为系统性冲击。

2008年金融危机后，学界和金融监管部门更注重强调系统性风险的“共同冲击”。2010年10月，G20财长及央行行长会议发布的《联合公报》中对系统性风险作了以下定义："系统性风险是指由经济周期、国家宏观经济政策调整、外部金融变动冲击等因素引起的一国金融体系发生激烈动荡的可能性，该风险具有隐匿性、积累性和传染性的特征，系统性风险对金融体系和实体经济会造成较强的负外部性冲击，不能通过一般的风险管理手段抵消或削弱系统性风险，只能采取措施防止其积累乃至爆发，但不能从根本上消除该风险。"① 这一定义既强调系统性风险的共同冲击因素，同时也包含了风险生成之后的传染特征。

2.2.1.3　金融危机与金融安全

金融系统性风险是金融危机的潜伏状态，金融危机则是系统性风险积累到一定程度以后的突然集中爆发。通常可以将金融危机划分为货币危机、外债危机、银行业危机和金融系统危机。1998 年 5 月，国际货币基金组织在《世界经济展望》中将金融危机定义为"金融系统运行过程中金融资产价格等金融指标在短期内发生急剧变化，这些金融指标包括货币汇率、短期利率、证券资产价格、房地产价格和金融机构倒闭数目等"②。

系统性风险长期存在于金融体系中，那么系统性金融风险如何演化为金融危机？对这一问题的研究需要从金融危机的演化阶段来分析，我们可以将金融危机演化过程分为以下五个关联阶段：隐患阶段→突变阶段→金融部门传染阶段→非金融部门行为调整阶段→危机爆发阶段。与金融危机相对应的是金融安全（finance security），一般来说，金融安全可以简单地理解为资金融通安全和金融体系稳定。金融风险、金融危机与金融安全三者之间的关系如图 2.2 所示。

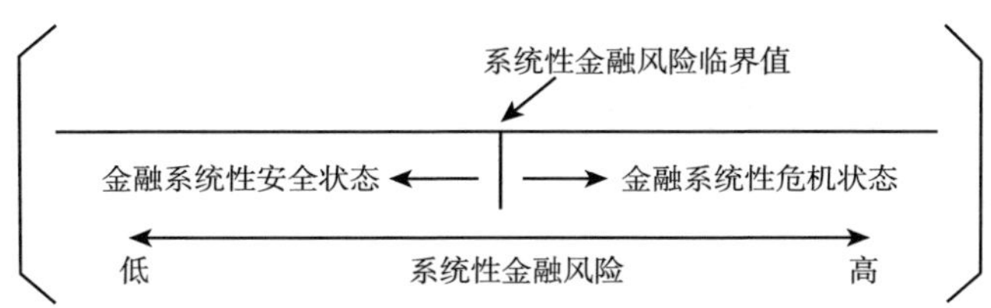

图 2.2　金融安全与金融系统性风险、金融危机关系

---

① 《2010 年 G20 财长及央行行长会议联合公报全文》http://business.sohu.com/20101024/n276329205.shtml.

② IMF, World Economic Outlook, 1998. http://www.imf.org/external/pubs/ft/weo/weo1098/.

2.2.2 金融系统性风险特征分析

金融系统性风险的主要特征包括负外部性、风险传染性、风险收益不对称性、风险累积性以及金融市场投资者信心五个方面。

2.2.2.1 负外部性

负外部性是金融系统性风险的基本特征，一家金融机构经营陷入困境，会通过金融系统业务关联导致风险的溢出传染，使更多金融机构经营出现困难，从而导致金融系统负外部性的累积。实践中，在金融体系崩溃之前，最早出现问题的金融机构并未对风险的溢出传染付出任何代价，但是当金融系统崩溃之后，金融体系中每家金融机构却都将付出代价。因此，防范化解金融系统性风险的一个重要前提就是控制金融机构的风险溢出，降低金融体系风险传染的“多米诺效应”（domino effect）。

2.2.2.2 传染性

传染性是金融系统性风险的最主要特征，传染性是负外部性特征在金融机构间的传递。在金融全球化和自由化背景下，系统性风险的跨国传染性进一步增强，对金融市场与实体经济带来强大的冲击和破坏。防范金融系统性风险首当其冲的是要找准风险源头，采取措施切断风险传染途径。

2.2.2.3 风险累积性

系统性风险的传染性加剧金融风险的累积，以银行体系风险传染为例，从横向来看，第一轮：A 银行经营陷入危机，导致风险外溢影响 B、C、D、E 银行，并最终导致 B 银行破产；第二轮：B 银行破产影响 C、D、E 银行，最终导致 C 银行倒闭；第三轮：C 银行倒闭又影响 D、E、F、G 银行，如此循环下去，每一轮风险传染所造成的银行倒闭，均会产生风险外溢影响其他银行，进而造成风险的日益累积。从整体银行系统角度来看，系统性风险随着受风险影响银行数量的增加而累积，当风险积累到一定程度后便爆发金融危机。

2.2.2.4 风险和收益不对称性

与一般金融风险可能会带来相应收益率的补偿或风险溢价不同，金融系统性风险所带来的只有金融机构损失和金融功能中断，究其原因，是由于：其一，金融系统性风险在金融体系内的传染呈交替态势，通过“多米诺效应”对体系内所有金融机构均造成威胁；其二，系统性风险会通过多种渠道损害实体经济，造成宏观经济运行效率的下降。

2.2.2.5 金融投资者信心

金融市场的平稳运行在很大程度上靠金融市场消费者信心支撑，在金融系统性风险扩散传染过程中，伴随着金融投资者信心的逐渐丧失，金融资产价格暴跌，市场流动性也会出现严重不足。2008 年金融危机后，欧盟 2010 年 9 月出台《泛欧金融监管法案》（*Pan-European Financial Regulatory Reform Bill*），美国 2010 年 10 月颁布《多德—弗兰克华尔街改革与消费者保护法》（*Dodd-Frank Wall Street Reform and Consumer Protection Act*），英国颁布《2010 年金融服务法》（*Financial Service Act* 2010），上述法案中均包括加强对包括存款者在内的金融投资者利益保护的内容，其目的很明确，就是借以增强投资者信心，进而维护金融市场的稳定。

2.3 金融系统性风险传导机制

金融脆弱性（financial vulnerability）、经营顺周期性（procyclicality）、业务网络复杂性以及往来频繁的特点使得金融系统性风险很容易在金融体系产生并迅速传染。我们可以将金融系统性风险的产生与传导视为一个动态过程，在这一过程中，经济或金融负面冲击导致风险生成，然后风险通过各种渠道在金融体系内各机构与市场间以及在金融体系与非金融体系之间不断传导并反馈，并产生连锁效应，最终酿成金融危机。

2.3.1 银行系统性风险生成与传导机制

（1）业务关联性。正是因为银行业务结构存在的较高关联性，当银行体系面临相同或类似的风险因素冲击时，易于形成系统性金融风险，并最终酿成银行系统性危机。2011 年 7 月，金融稳定委员会、国际清算银行联合发布《全球系统性重要银行：评估方法和附加损失吸收要求》中公布的全球系统重要性银行（G-SIBs）五个衡量标准中之一便是关联性（interconnectedness）指标[①]。

（2）风险传染性。比较经典的分析银行内部风险传染的模型是艾伦和盖勒（Allen and Gale，2000）提出的三阶段流动性偏好模型（见图2.3），该模型分析了三种不同银行间市场结构下系统性危机发生可能性，研究认为，完全市场结构下危机发生的可能性相对最小，非完全市场结构下发生危机的可能性较大，而货币中央银行制下则基本不会发生危机。

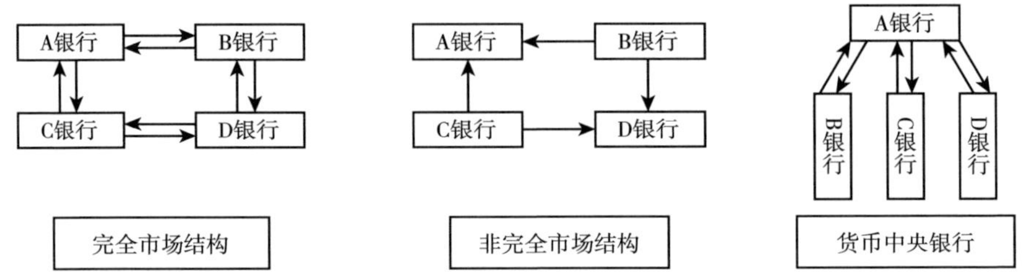

图2.3 艾伦和盖勒的三种银行间市场结构

（3）支付清算系统风险传染。支付清算系统的风险传染是银行系统性风险生成的重要机制，基于银行间大额实时总额清算系统（interbank real time large-value gross settlement systems，RTGS）的风险传染效应是学者研究的重点[②]，所阐述的基于支付清算系统银行风险的传染机制也基本相似，即：银行系统中某一银行发生支付困难，从而对其他银行资金供给造成负面影响，并导致银行间拆借市场资金供应量减少，银行间市场出现资金供求缺口，进而资产状况差的银行产生流动性不足乃至倒闭。最终随着风险在银行间的传染，银行倒闭数量不断增加，进一步造成系统性风险的蔓延，当倒闭的银行数量超过一定标准时，支付清算系统崩溃，系统性银行危机爆发。

2.3.2 金融系统性风险生成机制

从金融系统性风险形成角度来看，全球金融环境变化、金融机构并购、

---

① Basel Committee on Banking Supervision，"Global systemically important banks：Assessment methodology and the additional loss absorbency requirement"，BCBS Meeting，19 Jul，2011.

② 根据国际清算银行（BIS）统计目前全球主要RTGS系统包括CHIPS、CHAPS、TARGET和FXYCS。

金融衍生品高风险以及混业经营是系统性风险生成的主要原因。

2.3.2.1 全球金融环境变化

以1973年3月布雷顿森林体系崩溃为分界点，国际金融市场发生根本性变化。20世纪80年代以后，金融自由化不断推进，金融创新极大发展，新兴市场国家相继开放国内金融市场，全球金融市场进入新不稳定时期，典型标志之一是全球各地金融危机此起彼伏。金融危机爆发的突然性和频繁性，令国际金融组织和相关国家在应对危机时措手不及，对危机的处理手段也捉襟见肘（见表2.7）。

表2.7 20世纪80年代以来全球主要金融危机

时间	金融危机
1983年前后	拉美债务危机
1992~1993年	欧洲货币体系危机
1994~1995年	墨西哥金融危机
1997~1998年	东南亚金融危机
1998~1999年	俄罗斯金融危机
1999~2000年	巴西金融危机
2006~2007年	美国次贷危机
2008~2009年	2008年全球金融危机
2011~2016年	欧洲主权债务危机
2017年	新兴市场国家货币贬值危机

资料来源：笔者整理。

2.3.2.2 金融机构并购

20世纪90年代以来金融并购案频频发生，从表2.8不难看出，20世纪90年代以来，在经济全球化背景下，国际银行业强强并购，产生了像花旗集团（Citigroup）、JP摩根大通集团（JP Morgan Chase）、德意志银行（Deutsche Bank）和日本瑞穗金融集团（Mizuho FG）等金融集团。21世纪后，银行跨国并购所占比重越来越大。2008年9月，美国银行（Bank of America）趁花旗集团积重难返之际收购美林公司（Merrill Lynch）并购案格外引人注目，收购完成后美国银行总资产规模达到约2.7万亿美元，超过JP摩根大通和花旗集团，成为当时美国最大的金融集团。

表 2.8　　　　1996 年以来全球银行业主要并购案例

时间	简要概况	并购金额
1996 年 1 月	美国韦尔斯法戈银行（Wells Fargo Bank）收购美国第一洲际银行公司（First Interstate Bancorp）	123 亿美元
1997 年 6 月	美国银行（Bank of America）收购罗伯逊·斯蒂芬斯公司	50 亿美元
1997 年 8 月	国民银行（National Bank Ltd.）收购巴尼特银行（Barnett Banks Inc.）	155 亿美元
1998 年 3 月	华盛顿储蓄银行（Washington Mutual）收购安曼顿公司	90 亿美元
1998 年 4 月	花旗集团（Citi Group）与旅行者集团（Travelers Group）合并	合并后总资产 7000 亿美元
1998 年 4 月	美国大陆证券公司和格里特里金融公司合并	合并后总资产 76 亿美元
1998 年 4 月	国民银行（National Bank Ltd.）和美国银行（Bank of America）合并	合并后总资产 5700 亿美元
1998 年 12 月	德意志银行（Deutsche Bank）收购美国银行家信托公司	101 亿美元
1999 年 4 月	德意志银行（Deutsche Bank）收购美国信孚银行（Bankers Trust NewYork Corporation）	104 亿美元
1999 年 12 月	汇丰银行（HSBC）收购纽约力宝公司	158 亿美元
2000 年 3 月	德意志银行（Deutsche Bank）收购德累斯顿银行（Dresden Bank）	涉及总资产 12000 亿欧元
2001 年 5 月	新加坡星展银行（Development Bank of Singapore）收购香港道亨银行（Dao Heng Bank）	50 亿美元
2001 年 5 月	花旗集团（Citibank）收购墨西哥国民银行（BANAMEX）	125 亿美元
2001 年 5 月	美国第一联合银行（United Commercial Bank）收购美国瓦霍维亚信托银行（Wachovia Bank）	134 亿美元
2003 年 2 月	汇丰控股（HSBC）收购美国家庭国际银行（Household International Bank）	142 亿美元
2003 年 7 月	美国银行（Bank of America）收购波士顿舰队金融公司	470 亿美元
2004 年 1 月	JP 摩根大通银行（JP Morgan Chase & Co）与第一银行（First Bank）合并	600 亿美元
2004 年 3 月	花旗集团（Citi Group）收购韩国韩美银行（HanmiBank）	27.3 亿美元
2004 年 4 月	汇丰控股（HSBC）收购法国信贷商业银行（Credit Mutuel Confederation）	115 亿美元

续表

时间	简要概况	并购金额
2004 年 5 月	苏格兰皇家银行（Royal Bank of Scotland）收购美国第一资本金融公司（Charter One Financial）	105 亿美元
2004 年 5 月	美国太阳信托银行（SunTrust Banks）收购美国国家商业金融公司（National Commercial Financial Corp）	69.8 亿美元
2004 年 6 月	美国瓦乔维亚银行（Wachovia Corporation）收购南信银行	143 亿美元
2004 年 7 月	西班牙圣坛德中部美洲银行（Banco Santander Central Hispano 收购英国阿比国民银行（Abbey National）	89 亿英镑
2005 年 4 月	渣打银行（Standard Chartered Bank）收购韩国第一银行（Korea First Bank）	33 亿美元
2005 年 6 月	美国银行（Bank of America）收购 MBNA 信用卡公司	350 亿美元
2005 年 6 月	意大利联合信贷银行（UniCredit SpA）收购德国裕宝联合银行（Hypo Vereinsbank）	154 亿美元
2005 年 11 月	东京三菱银行（The Bank of Tokyo-Mitsubishi，Ltd.）与日本联合银行（UFJ）合并	合并后三菱东京联合银行总资产 200 万亿日元
2006 年 2 月	法国巴黎银行（BNP Paribas Euronext）收购意大利国民劳工银行 48% 的股份	90 亿欧元
2006 年 9 月	德意志银行（Deutsche Bank）购买德国商业与储蓄银行（DZ Bank Group）30% 的股份	27.9 亿欧元
2007 年 4 月	苏格兰皇家银行（Royal Bank of Scotland，RBS）、比利时富通集团、西班牙国家银行三家联合收购荷兰银行（ABN Amro）	1010 亿美元
2008 年 3 月	JP 摩根大通银行（JP Morgan Chase）收购贝尔斯登（Bear Stearns）	10 亿美元
2008 年 10 月	JP 摩根大通银行（JP Morgan Chase）收购华盛顿互惠银行（Washington Mutual）	19 亿美元
2008 年 9 月	美国银行（Bank of America）收购美林公司（Merrill Lynch），成为美国最大的金融控股公司	500 亿美元
2008 年 10 月	富国银行（Wells Fargo）收购美联银行（Wachovia）	154 亿美元
2008 年 9 月	劳埃德银行（Lloyds）银行并购英国抵押贷款机构 HBOS	105 亿英镑
2008 年 10 月	三菱日联金融集团（Mitsubishi UFJ）收购摩根士丹利公司（Morgan Stanley）21% 的股份，成为摩根士丹利的最大股东	90 亿美元
2009 年 6 月	法国人民银行（Banque populaire）和储蓄银行（Caisse d'Epargne）合并成立法国 BPCE 银行集团（Groupe BPCE）	合并后总资产近 1.5 万亿美元

资料来源：笔者根据《全球并购交易分析库》资料整理。

表 2. 9 总结了国内银行业跨国并购的情况，可以看出，相比欧美国家银行强强合并，国内银行业跨国并购还处于“大吃小、强并弱”的初级阶段。表 2. 10 总结了截至 2015 年底中国银行与工商银行海外分支机构的覆盖地区。长远来看，随着我国银行实力不断增强，跨国并购将成为国内银行发展壮大的重要途径。

表 2. 9　　　　我国银行业跨国并购情况

并购银行	时间	被收购方	股权比例（%）	交易金额
中国工商银行	1998 年 1 月 27 日	西敏证券亚洲区证券银行业务	60	0. 12 亿美元
	2000 年 4 月 19 日	香港友联银行	53. 24	2. 32 亿美元
	2004 年 1 月 1 日	华比富通银行	100. 0	2. 78 亿美元
	2004 年 12 月 31 日	华商银行	100. 0	0. 96 亿美元
	2006 年 12 月 30 日	印度尼西亚哈利姆银行	90	0. 115 亿美元
	2007 年 8 月 29 日	澳门诚兴银行	79. 93	5. 72 亿美元
	2007 年 9 月 13 日	IEC Investment Limited	40. 00	0. 18 亿美元
	2007 年 10 月 25 日	南非标准银行	20	54. 6 亿美元
	2010 年 4 月	泰国 ACL 银行	97. 72	5. 5 亿美元
	2011 年 8 月	阿根廷标准银行	80	6. 5 亿美元
	2014 年 1 月 29 日	南非标准银行	60	7. 7 亿美元
中国银行	1984 年 9 月 13 日	澳门大丰银行	50	5800 万澳门元
	2001 年 9 月 28 日	南洋商业银行	100	/
	2001 年 9 月 28 日	集友银行	100	/
	2006 年 12 月 15 日	新加坡飞机租赁有限责任公司	100	9. 65 亿美元
	2007 年 11 月 19 日	东亚银行	4. 94	5. 1 亿美元
中国建设银行	1994 年 1 月	香港工商银行	40	/
	1998 年 10 月	香港建新银行	30	/
	2002 年 2 月 23 日	香港建新银行	30	1. 05 亿港币
	2006 年 8 月 24 日	美国银行（亚洲）	100	12. 48 亿美元
	2013 年 11 月 1 日	巴西 BIC 银行	72	3. 8 亿美元
国家开发银行	2007 年 7 月 23 日	巴克莱银行	2. 64	29. 81 亿美元
民生银行	2007 年 10 月 7 日	美国联合银行控股公司	9. 99	3. 17 亿美元
招商银行	2008 年 5 月 30 日	永隆银行	53. 12	46. 4 亿美元

资料来源：笔者根据《全球并购交易分析库》及相关各银行网站公布资料整理。

表 2.10 截至 2015 年底中行与工行海外机构覆盖地区

国家或地区	中行	工行	国家或地区	中行	工行	国家或地区	中行	工行
亚太地区			印度	无	有	波兰	无	筹
马来西亚	有	有	老挝	无	有	美洲地区		
印度尼西亚	有	有	缅甸	无	有	美国	有	有
泰国	有	有	沙特阿拉伯	无	筹	加拿大	有	有
哈萨克斯坦	有	有	科威特	无	筹	开曼群岛	有	无
阿联酋	有	有	欧洲地区			巴拿马	有	无
韩国	有	有	英国	有	有	巴西	有	筹
日本	有	有	卢森堡	有	有	阿根廷	无	收购
新加坡	有	有	俄罗斯	有	有	秘鲁	无	筹
越南	有	有	德国	有	有	非洲地区		
柬埔寨	有	有	法国	有	有	南非	有	有
澳大利亚	有	有	比利时	有	有	赞比亚	有	无
巴林	有	无	荷兰	有	有	注释：		
菲律宾	有	无	意大利	有	有	有 = 有分支机构		
土耳其	有	无	瑞士	有	无	无 = 无分支机构		
卡塔尔	无	有	匈牙利	有	无	筹 = 暂无，筹建中		
巴基斯坦	无	有	西班牙	无	有	收购 = 暂无，收购进行中		

资料来源：笔者根据中行与工行年报整理。

关于银行并购与银行业系统性风险关系的研究，学者们意见各一，赞同方认为银行并购会带来更高的银行经营效率和规模经济效益，尤其是一站式服务（one-stop shopping）会降低客户交易成本；反对方则不认同这种观点，他们认为，大银行之间或银行与非银行金融机构间的合并不一定会对银行经营效率、盈利性等方面带来实质性的改善，并认为银行业并购将加重银行系统性风险问题。事实上，十国集团 2001 年关于金融部门并购的报告中，已得出大型多元化金融集团（heterogeneous financial conglomerates，HFC）的快速增长会加剧系统性金融风险的结论，该研究报告认为，并购后金融机构间的相关性与系统性风险正相关，混业并购使金融机构的业务结构更趋于复杂化，以至于市场监管者和交易参与者更加难以理解其内在的风险，而且随着大型金融集团对衍生品交易、银团贷款及其他复杂业务参与程度的提高，金融机构间风险相关性也将随之增强①。

上述研究意味着，系统性风险源于银行间资产负债表内与表外同类和类似资产的风险暴露，而系统性风险传染性的强弱则与银行所持有的金融资产或非金融部门的头寸暴露直接相关，如果一家银行大量持有与某一部门资产相关联的头寸，那么一旦该部门受到负面冲击，就会造成银行资产的损失，进而可能引发系统性危机。这也就是说，并购在提高金融机构业务多样化程度的同时，也导致并购后金融机构之间相关性随之提高，从而增加了系统风险的传染性和整个金融体系的脆弱性。

2.3.2.3 金融衍生产品交易

随着场外衍生品交易的迅速发展，大型银行对衍生品交易的参与度越来越高。衍生品交易对银行系统性风险带来极大影响，这种影响在以下方面表现尤为明显：衍生品交易降低了金融机构的透明度，加大了风险管理和监管的难度；衍生工具高杠杆率的投机交易提高了市场价格的波动性，增大了银行系统的不稳定性。

相对而言，场外衍生品交易的主要风险为信用违约风险。从清算角度来看，自场外衍生品市场20世纪80年代发展以来，大多数情况下交易是双边清算。据IMF统计，截至2009年末，约45%的OTC利率衍生品被LCH. Clearnet集中清算，但其他OTC衍生品几乎全部是双边清算②。

金融危机期间，随着市场流动性困难的加剧和双边清算市场中交易对手风险的凸显，信用违约掉期（credit default swap，CDS）成为公众瞩目的焦点。2008年金融危机以来，为更好地遏制和减缓系统性危机影响，OTC衍生品市场清算中，中央交易对手（central counterparty，CCP）清算被广泛采用，以减少双边清算产生的合约冗余和信用违约风险，进而降低银行体系中相互关联的复杂性，提高交易的透明度，并减少系统性交易对手风险，目前OTC衍生品市场清算主要中央交易对手如表2.11所示。

① G10，Report on Consolidation in the Financial Sector，Bank for International Settlement：Basle，Switzerland，2001.

② IMF，Global Financial Stability Report，April，2010.

表 2.11　　场外衍生品交易市场中央交易对手

交易平台（所在国家）	合约类型				
	利率掉期	信用违约掉期	外汇	股票	其他*
芝加哥商品交易所（美国）		√			√
BM&Fbovespa（巴西）	√		√	√	√
欧洲期货交易所清算公司（德国）	√	√		√	√
泛欧交易所/LIFFE BClear（英国）				√	√
ICE 加拿大清算公司（加拿大）					√
ICE 欧洲清算公司（英国）		√			√
ICE 信托公司（美国）		√			
LCH. Clearnet（英国）	√				√
LCH. Clearnet（法国）		√			
IDCG 国际衍生品交易所（美国）	√				
INASDAQ 斯德哥尔摩期权交易所（瑞典）					√
NOS 清算所（挪威）					√
新加坡亚洲清算银行（新加坡）	√				√

资料来源：国际货币基金组织《全球金融稳定报告》，2010 年 4 月；中国人民银行《中国人民银行关于建立场外金融衍生产品集中清算机制及开展人民币利率互换集中清算业务有关事宜的通知》，2014 年 2 月 20 日。

注：其他*包括商品、能源、运费和宏观经济指标。

2.3.3　金融系统性风险传染机制

世界银行给出金融传染三个不同层次的定义：（1）广泛定义："contagion"是指风险冲击在国家（地区）间的传导（transmission）；（2）限制定义："contagion"指经济、金融负面冲击的跨国传导或全球范围内的联动；（3）严格定义：危机发生时，一国经济与国际经济整体联动性增强，即被认为是风险传染"contagion"①。基于世界银行的定义，结合本书的主题，在关于系统重要性银行风险传染的研究中，本书按照第三种定义分析金融风险传染。

理论研究认为，系统性风险传染包括以下两个维度：时间维度（time di-

① 世界银行相关网页：http：//www. worldbank. org/economicpolicy/managing.

mension）和空间维度（spatial dimension），具体而言，时间维度分析的是与特定经济运行周期相联系的金融风险传染问题，而空间维度则是研究风险更易在哪些金融市场间以及在哪些国家（地区）之间相互传染。接下来，从系统性风险空间传染角度看，本书将风险传染机制分为横向传染和纵向传染两个方面，其中，横向传染是指系统性风险跨区域甚至是跨国的国际传染，而纵向传染则是指风险在金融市场各子市场间以及在金融市场与实体经济部门间的传染，本书后续研究将重点探讨的正是系统性风险的纵向传染问题。

2.3.3.1 金融系统性风险市场间传染机制

综上所述，借鉴已有的研究结论，对现实生活中系统性风险在金融市场间的传染机制进行分析，主要可通过以下三个方面进行考察。

（1）银行系统与资本市场间的传染机制。分离型与混合型两种不同银行经营模式下，风险在银行体系与资本市场间的传染存在很大差异性。分业经营模式下，由于商行与投行之间，以及银行体系与资本市场之间均存在严格的防火墙（firewall）效应，在此情况下，商行和投行作为银行体系的两个子系统，业务间相互独立、风险关联度低，相互之间的风险传染渠道只有通过实体经济。换言之，只要实体经济的发展没有受到外部风险的严重影响，那么两个子系统之间风险也互不影响。

20 世纪 90 年代以来，随着金融监管日趋放松，混业经营成为国际银行业发展的大势所趋，商行业务和投行业务日趋融合。其中最为典型的事件是，1999 年 11 月 4 日美国国会通过《金融服务现代化法案》，从法律上取消了分业经营的限制。混业经营模式下，银行业务趋于向多样化、集中化和国际化方向发展，尤其是银行可进行证券投资，所带来的结果就是证券市场出现危机，必然导致银行资产发生巨额损失；反之，如果银行经营陷入困境，势必也将影响资本市场的资金安全，进而导致证券市场流动性不足。与此同时，随着金融机构业务国际化的发展，一国（地区）的金融动荡会迅速发展成为区域性乃至全球性金融危机。

（2）银行体系与外汇市场间的传染机制。从理论上讲，一国在金融市场开放、金融混业经营之后，银行体系与外汇市场之间的系统性风险传染相关性会越来越强，换言之，货币危机与银行危机的联系会更加紧密。研究认为，银行风险向外汇市场的传染主要通过汇率机制，产生由内部不均衡到外部不均衡之间的恶性循环，原因在于：受国内银行部门及实体经济恶化的影响，导致外汇市场上本币贬值，而外汇市场上本币贬值，会对银行资产负债表造成直接影响。很显然，如果银行资产以本币标价而负债以外币标价，那么外币相对本币升值将直接造成银行本币负债成本的增加，导致银行因货币错配风险而产生损失。

（3）资本市场与外汇市场间风险传染机制。事实上，如果一国对本国资本账户实行严格管制，那么该国资本市场与外汇市场间风险的传染将主要通过实体经济，具体而言，货币危机会造成该国贸易条件的恶化，进而影响本国实体经济发展，而资本市场则不会受到直接冲击；相应地，该国资本市场风险通过融资效应等渠道影响本国实体经济发展，进而削弱本国企业对外竞争能力，导致国际收支出现逆差，最终在外汇市场上本币贬值。

相反，如果一国开放国内金融市场，那么，外汇市场与资本市场间风险传染将不再主要通过实体经济部门，而是通过影响国际资本流动进而造成风险的传播蔓延。危机导致一国货币大幅度贬值进而引发资本外逃，资本外逃会加剧本币进一步贬值，同时也将导致国内资本市场资金供给大幅下降，造成使资产价格骤然下跌；反之，如果一国资本市场价格大幅下跌，投机者为避免更大的损失，会将资本撤出本国，进而使本国货币加速贬值。此类危机如 1994 ~ 1995 年墨西哥金融危机、1997 ~ 1998 年东南亚金融危机以及 1999 年俄罗斯金融危机。

2. 3. 3. 2　系统性金融风险的跨国传染机制

资本账户开放在促进一国经济增长、技术进步等方面产生正效益的同时，也必然会带来金融体系稳定性下降，金融风险频发等问题。从横向角度来看，20 世纪 90 年代以来，资本账户开放与金融危机传染相关性问题引起学界广泛关注。大量研究表明，在大力推动金融自由化以后，许多国家日益与国际金融市场相依存，这种依存关系随资本账户开放程度的提高而增强，导致国际投机资本跨国快速流动，从而加速金融风险的传染。随着风险跨国联动性的不断增强，系统性风险逐渐表现出在各国间传染蔓延的特点。

上述研究意味着，一国货币升值、国内金融市场价格上涨会吸引跨境投机资本流入，投机资本流入反过来又会进一步促使国内金融市场价格的上升，此外投机资本流入还会造成一国外汇占款增加，国内货币供给增加，从而带来经济、金融运行风险。上述各变量变动与国际投机资本之间的传导机制如下：投机资本大量流入⟶引起金融市场、房地产市场波动⟶资产价格偏离自身实际价值，产生市场泡沫⟶投机资本外逃⟶引起泡沫破灭、资产价格大幅下降导致市场剧烈波动⟶银行不良资产增加⟶最终引发金融危机。

2007～2008年美国次贷危机爆发后迅速蔓延至欧洲，就是金融国际一体化和资本自由流动的产物。1996年12月，我国实行人民币经常项目完全可兑换，1997年亚洲金融危机的爆发，使我国对资本账户开放持更为谨慎的态度，对国际资本流动实行较为严格的管制，迄今仍保持国内银行业相对偏低的国际化程度，因此，相对于欧美各国，2008年金融危机对我国金融层面所构成的直接冲击不甚严重。长期以来我国一直是国际“热钱”关注的目标，自2010年开始，国家外汇管理局编制《中国跨境资金流动监测报告》对流出入我国的“热钱”进行统计监测。

随着我国资本账户的开放，外部金融风险对国内的影响会增强，采取有效措施预防和应对系统性风险的传染尤为重要。从监管角度而言，下一步除了在推进资本账户开放时应遵循一些基本原则，例如，选择适当的内外部环境，稳步有序地开放外，更重要的是要认清金融风险跨国传染的特点，重点从加强国际投机资本流动管理和风险传染预期管理两个方面入手，采取措施减弱风险传染效应。而加快构建我国的金融安全网，完善金融风险传染防御机制无疑是其中最为重要的一个环节。

2.3.4 我国金融系统性风险生成潜在因素

事实上，不同国家在不同时期、不同经济环境下，金融系统性风险的生成会有不同的主导和辅助因素。改革开放40年以来我国国民经济持续快速发展，目前经济发展过程中的一些不均衡问题日益突出，若不及时采取措施加以解决，上述问题将对国内金融业持续健康稳定发展构成直接威胁，并成为诱发系统性风险的潜在因素。

2.3.4.1 系统性风险生成的体制性因素

目前国内银行系统性金融风险生成的体制性因素主要包括以下两个方面。

第一，截至2010年底，建行、中行、工行和农行虽然已先后完成改制和上市工作，但毋庸置疑的是，四家大型银行的整体经营水平与风险管理模式与国际同行相比还存在较大差距，与此同时，国内众多中小金融机构的发展还有待进一步规范完善。

第二，在金融监管方面，分业监管体制效率较低，宏观审慎监管框架及工具尚待进一步构建与完善。此处所提及的四个方面问题，本书会在后续研究中从系统性风险生成传染及宏观审慎监管角度逐一进行详细的分析。

2.3.4.2 银行经营效率尚待提高

虽然近年来国内大型商业银行的资产状况有所改善，但显而易见的是，无论是不良资产的转移还是国家注资，都没有从根本上消除银行经营过程中长期存在的一些体制性顽疾。尤其近几年来，随着国内房地产业的蓬勃发展，商业银行资产与房地产业的参与度越来越深，银行资产质量受房地产业发展景气程度的影响越来越大，而与此同时，众多中小型金融机构在业务模式、经营结构、风险管理模式等方面趋同化倾向也越发明显，导致银行体系严重缺乏创新性和多样化，最终造成银行经营效率长期无明显提升。

2.3.4.3 热钱流入加剧资产泡沫

2005 年 7 月人民币汇率形成机制改革以来，随着人民币对美元的不断升值，诱使大量投机资金通过各种渠道涌入国内，催生包括房地产等在内的资产泡沫。据统计，2005～2012 年，外商直接投资中流入房地产业的比例始终在 10% 以上，2010 年最高曾达 23%①。

过去 30 年中，良好经济发展势头被房地产泡沫所终结的例子不胜枚举，两大例子一个是日本；另一个是美国。殷鉴历历在目，目前国内银行信贷与房地产业已深度相关，据银保监会统计数据，2012 年房地产贷款余额占银行各项贷款余额的比重达 20%②。

我国未来几年的一个重要任务就是防止房地产泡沫不可收拾。近年来，国家多次强调加大对房地产市场的调控，各地也先后出台对房地产市场的限购措施。今后，随着国家对房地产市场调控力度的加大，房地产市场的泡沫会得到进一步控制，由此造成的银行资产风险对银行体系的冲击不容小觑。对这一问题，本书在第 4 章有详细的定量分析说明。

---

① 国家外汇管理局，《2012 年中国跨境资金流动监测报告》。

② 银保监会《2012 年中国银行业运行报告》。

2.3.4.4 地方政府隐性债务

《中国金融稳定报告》(2011)指出“政府部门名义债务余额占 GDP 比重不高,但隐性负债规模较大”①。近年来,各级地方政府投融资平台快速扩张,其资金来源主要是银行信贷,但由于长期以来没有公开相关数据,外界很难准确测算其具体数字。2010 年以后,为加强对地方政府融资平台的管理,防范地方财政融资风险,2010 年 6 月 10 日,国务院印发《关于加强地方政府融资平台公司管理有关问题的通知》,2013 年 8 月,按照国务院《关于做好全国政府性债务审计工作的通知》要求②,审计署启动近 10 年来最大规模的政府债务审计,全面摸底地方政府债务。2013 年 12 月 30 日,审计署发布《全国政府性债务审计结果公告》,公布了截至 2013 年 6 月底,全国各级政府性债务的审计结果。考虑到地方投融资平台不稳定的偿债能力,监管部门必须正视银行系统性风险与各级政府性债务之间的关联性,防范地方政府债务违约对国内银行稳健经营所造成的严重冲击。

2.4 金融系统性风险度量

对金融系统性风险进行准确全面的度量,是防范和化解系统性风险的重要前提,也是宏观审慎管理的关键环节。2008 年金融危机充分暴露出国际社会对于系统性风险研究的不足,危机后,针对之前系统性风险研究存在的局限性,国内外学者和业界人士重点从金融机构业务关联和风险传染角度对系统性风险进行度量。

图 2.4 总结了危机后国际社会提出的系统性风险度量模型,可以看出,系统性风险度量模型主要可分为四类:首先,基于资产负债表数据模型主要有综合指标法、网络分析法;其次,基于证券市场数据模型主要是对传统 VaR 度量模型和 GARCH 模型的改进;再其次,基于债券衍生品市场数据模型,主要是 CoRisk 模型③,用以分析金融机构尾部风险的非线性相关性;最

① 中国人民银行金融稳定分析小组《2011 年中国金融稳定报告》。

② 国务院办公厅《关于做好全国政府性债务审计工作的通知》,2013 年 8 月 6 日。

③ “Co”包含四层含义:条件(conditional)、传染(contagion)、联动(comovemnt)、贡献(contribution),CoVaR 中的“Co”是指条件(conditional)。

后，在基于多市场数据模型方面，学者基于Copula函数提出分析多市场风险非线性相关性的未定权益分析（contingent claims analysis，CCA）模型和危机联合概率（joint probability of distress，JPoD）模型（见图2.4）。

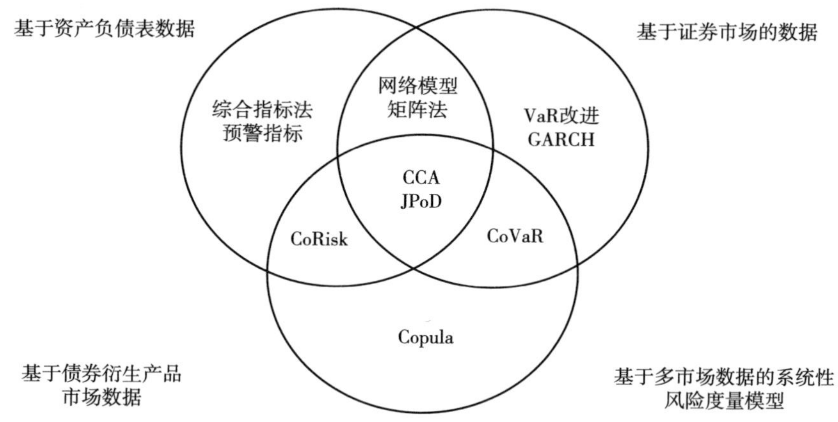

图2.4 系统性风险度量方法体系

资料来源：笔者根据相关文献整理总结。

2.4.1 基于资产负债数据的度量模型

2008年金融危机爆发前，学术界就已经开发出基于资产负债表数据对银行系统性风险度量的方法，主要包括综合指标法和预警指标法。危机后，针对危机所暴露出来的银行间风险高度传染性，国内外学者相继提出网络分析模型，主要运用矩阵法度量银行间风险的传染。与其他三类基于金融市场数据的度量模型相比，该类方法简单明了，对金融市场相对欠发达、数据有限的新兴市场国家（地区）① 而言，这一方法无疑具有较显著的实用价值。

2.4.1.1 综合指标法

综合指标法根据金融体系各子系统的相应指标，确定影响系统性风险的主要指标，再通过对所选指标加总后得到金融压力指数（financial stress in-

① 新兴市场国家（地区）包括阿根廷、秘鲁、波兰、巴西、中国、中国台湾地区、俄罗斯、埃及、菲律宾、韩国、捷克、墨西哥、摩洛哥、马来西亚、南非、泰国、土耳其、匈牙利、新加坡、印度、印度尼西亚、智利。

dex，FSI），金融压力指数涵盖银行、外汇和证券，根据历史数据设定金融风险阈值，然后比较金融压力指数和阈值，如果金融压力指数高于阈值，表明一国金融市场风险较高易引发危机，以此来监测金融市场所处的压力状态。

2.4.1.2 预警指标法

金融系统性风险累积将导致金融危机的爆发，如果能够比较清楚地分析金融危机爆发的各种诱发因素，那么金融系统性风险的大小可通过综合这些因素出现的概率加以度量，将 t 期金融系统性风险用公式表示为：

$$prob(Crisis_{it}=1)=F(X_{it}B)+e \tag{2.1}$$

其中，prob（$Crisis_{it}$）为危机发生的可能性，取值为 1 和 0，危机发生时取 1，否则取 0；X_{it}为金融危机发生的条件因素。比较有代表性的银行系统性风险预警模型包括：

（1）KLR 模型。该模型由卡明斯基（Kaminsky）、雷佐多（Lizondo）和瑞哈特（Reinhart）于 1998 年提出，该模型建立了用于预测危机的指标体系和阈值，因简单实用，在实践中得到广泛运用。

（2）FR 概率模型。弗兰克（Frankel）和罗斯（Rose）于 1996 年构建单位概率（probit/logit）模型，即：

$$P\{Y=1\}=F(X,\beta),P\{Y=0\}=1-F(X,\beta) \tag{2.2}$$

其中，X 为引发金融危机的自变量；β 为自变量的参数；Y 为因变量，Y = 1 表示发生危机，Y = 0 则表示不发生危机。基于数据回归，可得基于参数 β 计算引发危机因素 X 的联合概率，FR 模型将这一概率视为危机爆发的概率。

（3）STV 模型。该模型由托奈尔（Tornell）和维拉斯可（Velasco）于 1996 年提出，主要用于分析诱发金融危机的相关变量，即：

$$CB=\beta_0+\beta_1 HL+\beta_2 XD+\beta_3 HL\times D_1+\beta_4 HL\times D_2+\beta_5 XD\times D_1 + \beta_6 XD\times D_2 \tag{2.3}$$

STV 模型选择的变量包括外汇储备变动率（CB）、汇率贬值程度（HL）、信贷的增长率（XD）以及虚拟变量（D_1、D_2），研究结论是信贷增长变动对危机的影响最大。

（4）DCSD 模型。由国际货币基金组织相关学者提出，该模型综合了以上 KLR 模型和 FR 模型的优点，运用月度数据对未来两年内造成危机发生的变量进行分析，在实践中也得到广泛运用。

（5）2008 年金融危机后，金融系统性风险问题成为学者研究的焦点，危机后产生有关系统性风险预警指标体系新的分析方法，其中，比较有代表性的如度量单个机构对系统性风险的边际贡献，利用每家银行违约导致的期望损失作为单个机构对系统性风险的边际贡献值，然后将每家银行的边际贡献加总便得到整个系统的系统性风险。

2.4.1.3　银行间风险敞口度量方法

目前这一研究方法主要包括 2008 年金融危机前学者提出的矩阵法以及危机后出现的网络模型分析法。

（1）矩阵法。该方法由西蒙维尔斯（Simon Wells，2000）和克里斯汀（Christian，2002）提出，该方法认为，银行间存在信贷风险关联，一家银行倒闭会给其他银行带来直接的流动性冲击，并将最终导致系统性风险的发生。具体分析步骤包括以下两步。

①建立矩阵模型。假设现有银行体系内有 N 家银行，并假设 x_{ij} 为银行 j 持有银行 i 资产占银行总资产的比例，那么，银行体系资产负债表可用以下矩阵表示：

$$\sum_i$$

$$X = \begin{bmatrix} x_{11} \cdots x_{1j} \cdots x_{1N} \\ x_{i1} \cdots x_{ij} \cdots x_{iN} \\ x_{N1} \cdots x_{nj} \cdots x_{NN} \end{bmatrix} \begin{matrix} a_1 \\ a_i \\ a_N \end{matrix} \tag{2.4}$$

$$\sum_i l_1 l_j l_N$$

其中，横向 x_{i1}，…，x_{iN} 为银行 i 对银行 i 至银行 N 的资产占银行业总资产的比重，纵向 x_{1i}，…，x_{Ni} 为银行 i 负债中来自银行 i 至银行 N 的负债占银行总负债的比重，分析可知，$\sum_{j=1}^{N}\sum_{i=1}^{N} x_{ij} = 1$，并定义 $\sum_{j=1}^{N} x_{ij} = a_i$，$\sum_{i=1}^{N} x_{ij} = l_j$，即 a_i 为银行 i 资产占银行体系总资产比重，l_j 为银行 j 负债占银行体系总负债比重。

② 求解矩阵(X,Y) 的最优信息熵：

$H(x,y) = -\sum_j \sum_i P_{ij} \log_2 P_{ij}$，其中，$P_{ij}$ 表示(X,Y) 发生的联合概率。上述矩阵 X 的信息熵表示为：$-\sum_j \sum_i x_{ij} \log_2 x_{ij}$，因此，求解最优信息熵矩阵即求解

$\min\sum_{j}\sum_{i}x_{ij}\ln x_{ij}$，其约束条件为：

$$\sum_{j=1}^{N}x_{ij}=a_i,\sum_{i=1}^{N}x_{ij}=l_j,且\ x_{ij}\geqslant 0 \tag{2.5}$$

由 Lagrange 函数可解得 $x_{ij}=a_il_j$，根据矩阵 X，再构造过度矩阵 X^0，并将变量定义为：$X^0=a_il_j$，$i\neq j$；${x_{ij}}^0=0$，$i=j$，然后利用交叉熵求目标函数最小化如下：

$$\min\sum_{j}\sum_{i}x_{ij}\ln\left(\frac{x_{ij}^*}{x_{ij}^0}\right) \tag{2.6}$$

其中，约束条件：$\sum_{j=1}^{N}x_{ij}=a_i,\sum_{i=1}^{N}x_{ij}=l_j$ 且 $x_{ij}\geqslant 0$

求解式（2.6）得银行间风险敞口矩阵 X^*：

$$X^*=\begin{bmatrix}0\cdots x_{1j}^*\cdots x_{1N}^*\\ x_{i1}^*\cdots 0\cdots x_{iN}^*\\ x_{N1}^*\cdots x_{nj}^*\cdots 0\end{bmatrix} \tag{2.7}$$

矩阵模型操作简单、数据易得，成为应用广泛的银行系统性风险度量工具。同时其缺陷也很明显，该方法测量的仅是银行间存贷业务所产生的风险大小。20 世纪 80 年代以来金融创新的快速发展，银行体系间相互持有资产的形式已不再仅限于存贷，但是，矩阵模型法对由衍生品风险所导致的资产减值而产生的系统性风险测量无能为力。

（2）网络传导分析法（network analysis approach）。2008 年金融危机，一个深刻教训就是要维持整个金融系统的稳定，仅靠关注微观金融主体的安全是远远不够的。金融系统性风险度量及监管的视角，必须基于对一家金融机构与其他金融机构间关联效应的考量。危机后，系统性风险关联的重要性得到国际范围内的广泛关注。艾林（Allen）于 2008 年提出网络传导分析法，这一方法可以让监管者通过跟踪金融关联导致的外溢效应，监测风险传染。

这一方法的主要思想是，以一家或几家银行作为交易中心点，以此作为分析基础，通过分析中心点银行与银行间市场其他银行的交易，模拟总结潜在的风险传染渠道。网络模型分析的首要任务是确定银行交易网络的中心银行，确定后，再模拟测算银行间系统相关性及银行网络的系统性风险。

技术分析思路如下：①基于银行间交易构建网络模型，并将相应银行归类于不同网络结构；②利用银行间双边风险敞口，计算系统性风险所导致的银行破产数量、破产损失；③评估单家银行对银行部门的系统性风险贡献和相对系统重要性程度；④衡量银行体系风险传染。

设银行网络中有N家银行，所有银行资产负债有如下关系：

$$\sum_j x_{ji} + a_i = k_i + b_i + d_i + \sum_j x_{ij} \tag{2.8}$$

其中，x_{ij}表示银行i对银行j发放的贷款；a_i表示银行i资产总和；k_i表示银行i资本总量；b_i表示银行i对银行j的长期负债；d_i表示银行i存款。

为度量风险传染对银行网络安全所造成的“多米诺效应”，设网络中每家银行在风险传染下的违约损失率为λ，由银行h违约所引发的银行体系系统性风险，其传导路径如图2.5所示。

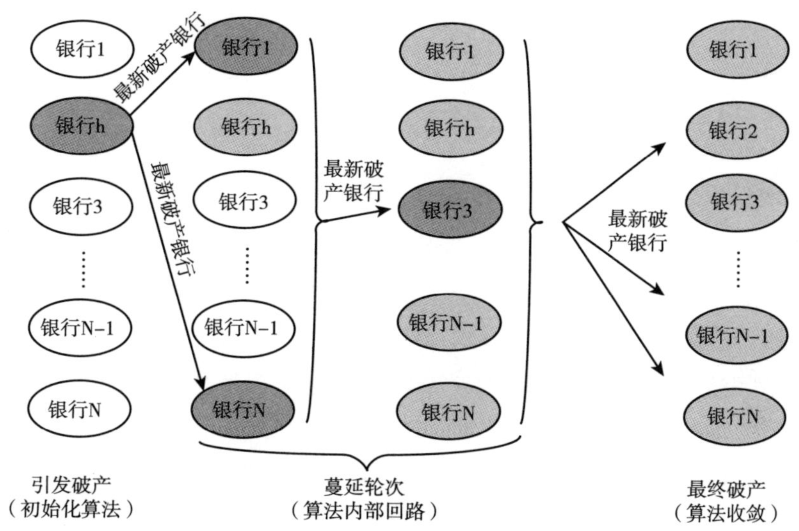

图2.5 银行间风险传染的网络传导

资料来源：IMF（2009）《全球金融稳定报告》。

如图2.5可知，银行h违约风险会对体系内其他银行资产负债造成影响，假设风险传染至i银行，则i银行资产负债将会发生以下变化：

$$\sum_j x_{ji} + a_i - \lambda x_h i = (k_i - \lambda x_{hi}) + b_i + d_i + \sum_j x_{ij} \tag{2.9}$$

违约前后银行i的资产负债变化如表2.12所示。

表 2.12　　违约发生前后银行 i 的资产负债变化

违约发生前资产负债表

$\sum_j x_{ji}$		a_i	
k_i	d_i	b_i	$\sum_j x_{ji}$

违约发生后资产负债表

λx_i	$\sum_j x_{ji}$		a_i	
λx_i	k_i	d_i	b_i	$\sum_j x_{ji}$

由于其他银行不能将与 h 行有关的资产全部转移出去，如银行 i 只能通过资产减价出售转移一定比例（设为 $1-\rho$）与 h 行有关的资产。一国国内货币市场的资金流动性状况决定了该国银行能够在多大程度上重置未预料的银行间资金减少，假设 i 银行出售的资产数量为 $(1+\delta)\rho x_{hi}$，此时 i 银行资产负债表将发生下述变化：

$$\sum_j x_{ji} + a_i - (1+\delta)\rho x_{ih} = (k_i - \delta x_{hi}) + b_i + d_i + \sum_j x_{ij} - \rho x_{ih} \tag{2.10}$$

其中，参数 δ 用于计算货币市场流动性压力的大小，数值越大表明货币市场流动性压力越大。

与矩阵分析法相比，网络传导分析法通过对银行体系风险敞口数据的分析，将系统性风险传染与银行间资产交易联系起来。该分析法主要优点是可以跟踪系统性风险蔓延的路径，计算银行网络中破产银行数量，评判系统性风险大小。

违约发生前后银行 i 的资产负债变化如表 2.13 所示。

表 2.13　　违约发生前后银行 i 的资产负债变化

违约发生前资产负债表

$\sum_j x_{ji}$		a_i	
k_i	d_i	b_i	$\sum_j x_{ji}$

违约发生后资产负债表

$\sum_j x_{ji}$	a_i		$(1+\delta)\ \rho x_{hi}$	
$\delta\rho x_{ih}$	k_i	d_i	b_i	$\sum_j x_{ji}$

图 2.6 描述了一个假想的英国跨国银行间贷款违约其及随后的风险蔓延路径，比利时、爱尔兰、荷兰和瑞士将是第一轮受到风险影响的国家，这五个国家的银行违约将导致德国和瑞典的银行受到第二轮风险传染的影响，在第三轮和最后一轮风险蔓延过程中，法国的银行将成为受害方。

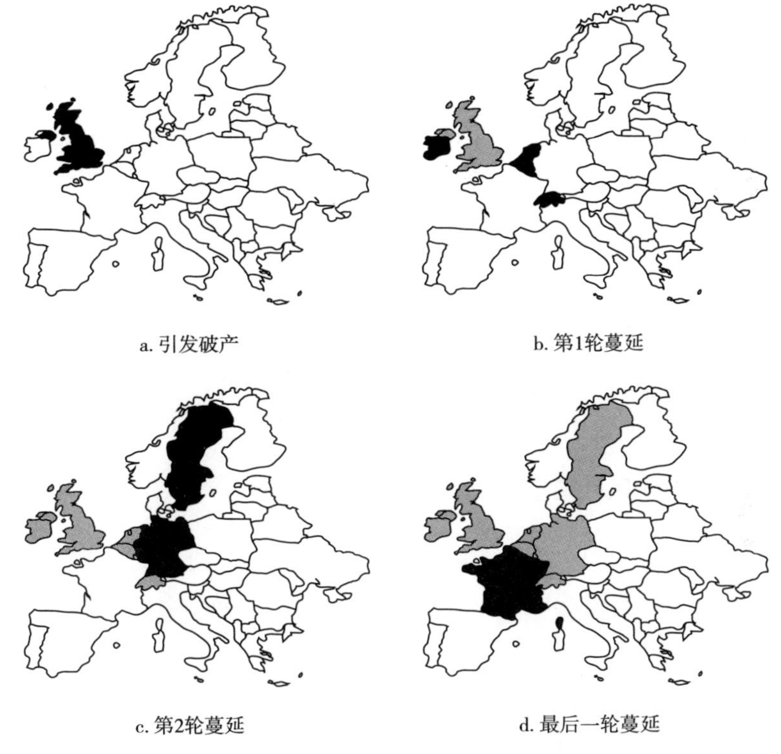

a. 引发破产　b. 第1轮蔓延

c. 第2轮蔓延　d. 最后一轮蔓延

图 2.6　网络传导分析：英国破产引发的蔓延路径

2.4.2　基于证券市场数据的时间序列模型

2008 年金融危机前，学者对证券市场风险的分析，多采用风险价值

（value at risk，VaR）方法进行度量。危机后，度量方法的改进主要包括两个方面：一是对 VaR 定义；二是针对风险波动率及其相关性的计量。

2.4.2.1 VaR 的改进

2008 年金融危机后，学者们对原 VaR 分析方法加以改进，主要内容包括流动性调整 VaR 模型（LVaR）、考虑极端情形、分析尾部风险的极值理论（EVT）、压力条件下风险暴露的 VaR（stressed VaR）法①以及条件风险价值法（CoVaR），其中，CoVaR 分析高风险条件下银行资产组合的损失，并将分析重点集中在风险传染效应上，其计算公式为：

$$P_r(y_{1,t} \leqslant CoVaR_t^{12} \mid y_{2,1-p} = VaR_{t-p}^2) = \alpha \tag{2.11}$$

其中，$CoVaR_t^{12}$ 表示金融资产 y_1 关于 y_2 的条件风险价值；$1-\alpha$ 为置信水平；VaR_{t-p}^2 代表金融资产 y_2 滞后 p 期对应的风险价值。从式（2.11）中可以看出，CoVaR 计算的是银行资产 y_2 在 $t-p$ 期发生极端风险时，银行资产 y_1 所面临的风险水平，其中，由 y_2 带来的溢出强度可以表示为：

$$\%CoVaR_t^{12} = \frac{CoVaR_t^{12} - VaR_t^1}{VaR_t^1} \times 100\% \tag{2.12}$$

其中，VaR_t^1 表示金融资产 y_1 在 t 期不考虑溢出风险时的在险价值。假设 v_1 为整个银行体系，y_2 为某一金融市场，CoVaR 度量的是单一金融市场遭受系统性风险冲击时，金融体系系统性风险的变化情况。

2.4.2.2 共同风险模型法（the co-risk model）

传统上评估金融机构共同风险的分析方法，主要使用的数据包括信用违约掉期利差、KMV 期望违约率、公司债券利差和交易组合在险价值（VaR）。上述变量的共同运动，可以为风险评估提供所需的交易信息。银行间风险的共同运动并非一定为线性模式，对金融机构间共同风险的分析需要用非线性方法。2008 年金融危机后，安得瑞恩（Andrian，2009）运用分位数回归法（quantile regression analysis，QRA）研究这种非线性关系，计算公式为：

$$CDS_i = \alpha_\tau + \sum_i^K \beta_{\tau,i} R_i + \beta_{\tau,j} CDS_j \tag{2.13}$$

① 用以描述 10 天 99% 置信度下根据特定历史时期的数据计算出来的 VaR 值。

其中，因变量为金融机构 i 的信用违约掉期利差，用不同分位数 τ 的市场波动水平因素（R_i）修正后的 CDS_j 函数表示；自变量为市场风险水平 R_i；参数 $\beta_{\tau,j}$为不同分位数水平 τ 下，j 银行对 i 银行的直接或间接信用风险影响。分位数回归分析法可较精确地估计金融机构风险因素的共同运动，因此，在式（2.13）的基础上，可以用分位数回归分析法，计算条件共同风险，即：

$$\text{条件共同风险}(i,j) = 100 \times \left(\frac{\alpha_{95} + \sum_{i}^{K} \beta_{95,i} R_i + \beta_{95,j} CDS_j(95)}{CDS_i(95)} - 1 \right) \tag{2.14}$$

其中，CDS_i（95）和 CDS_j 分别表示与第 95 分位数和与实证样本相对应的机构 i 和 j 的信用违约掉期利差，其中，α_{95}、β_{95}和 $\beta_{95,j}$是第 95 分位数回归分析参数。

2.4.2.3 波动率预测的改进：多元 GARCH 模型

在检验金融机构风险溢出和潜在系统性风险蔓延时，近年来一个重要进展是多元 GRACH（generalized autoregressive conditional heteroskedasticity）模型的引入。

（1）动态条件相关模型（dynamic conditional correlation，DDC），DDC—GARCH 模型。该模型由恩格尔（Engle，2002）提出，研究银行间风险非线性的时变相关关系，更加贴近银行系统性风险的现实，公式为：

$$H_t = D_t \Gamma_t D_t \tag{2.15}$$

其中，D_t 为条件方差组成的对称阵：

$$D_t diag(h^{1/2}{}_{11t}, \cdots, h^{1/2}{}_{NNt}) \tag{2.16}$$

其中，h_{iit}表示为任何形式的一元 GARCH 模型。而 Γ_t 满足：

$$\begin{aligned} \Gamma_t &= (diag(Q_t))^{-1/2} Q_t (diag(Q_t))^{-1/2} \\ &= (diag(q^{-1/2}{}_{11t}, \cdots, q^{-1/2}{}_{NNt})) Q_t (diag(q^{-1/2}{}_{11t}, \cdots, q^{1/2 NNt})) \end{aligned}$$

且 $$Q_t = (1 - \alpha - \beta)\bar{Q} + \alpha u_{t-1} u'_{t-1} + \beta Q_{t-1}(11) \tag{2.17}$$

其中，$u_{it} = \varepsilon_{it} / \sqrt{h_{iit}}$；$\bar{Q}$ 为 u_t 的 $N \times N$ 无条件方差矩阵；α，$\beta \geqslant 0$，且 $\alpha + \beta < 1$。通过引入 Γ_t 将变量间的相互关系拓展为动态时变，模型通过计算得到 Γ_t 相关系数矩阵，据此对风险各变量间的相关性和协同性进行检验。

（2）状态转换 ARCH 模型（switch autoregressive conditional heteroskedasticity，SWARCH）是近年对 ARCH（GARCH）模型的又一改进，该模型由汉密尔顿（Hamilton and Susumel，2004）提出。SWARCH 模型弥补了 ARCH、GARCH 模型难以捕捉证券收益过程中存在的结构动态转换现象的缺陷。该模型的重要贡献在于通过识别系统性风险指标的高频波动状态，对银行体系是否进入危机状态进行预警。

从技术分析角度来看，若随机变量 s_t 方差 r_t 由随机变量 s_t 所控制，则该变量为仅取离散值的状态变量，如果各状态间存在非连续转换，则说明其服从马尔可夫过程（MarKov process）。假设各状态间存在 K 维齐次马尔可夫链（Markov chain），如果状态空间是有限的，那么转移概率分布将满足 $p_{ij} = p(s_t = j \mid s_{t-1} = i)$ 且 $\sum_{j=1}^{k} p_{ij} = 1$，（其中，i = 1，2，…，k），可将 SWARCH 模型用公式表示为：

$$
\begin{aligned}
r_t &= c + \varepsilon_t \\
\varepsilon_t &= \sqrt{g(s_t)}\,\tilde{\varepsilon} \\
\tilde{\varepsilon} &= \sqrt{h_t \tilde{v}_t}, v_t - iid(0,1) \\
h_t &= \alpha_0 \tilde{+} \alpha_1 \tilde{\varepsilon}_{t-1} + \cdots + \alpha_q \tilde{\varepsilon}_{t-q}
\end{aligned}
\tag{2.18}
$$

其中，v_t 表示新息（innovation）过程，$\tilde{\varepsilon}$ 与 v_t 独立，$\forall_u < t$，s_t 与 $\tilde{\varepsilon}_t$ 与 v_t 独立，s_t 的转移概率矩阵为 $p = (p_{ij})$。式中，$\tilde{\varepsilon}_t$ ARCH（q）过程，ε_t 为通过不同状态转换系数 $g(s_t)$ 调整的动态结构变化过程。

2.4.3 多市场数据系统性风险度量模型

20 世纪 90 年代以后，随着金融市场的快速发展和银行混业经营趋势的加强，市场风险及操作风险对银行经营的影响越来越显著。上述风险特征各异，对风险计量方法及监管标准设计提出新的要求。鉴于 Copula 函数可以捕捉变量间非线性和非对称关系的特点，2005 年以来 Copula 函数被逐渐引入测算厚尾、有偏的金融风险分析中。

2008 年金融危机后，研究者提出跨市场相关性模型，这方面研究主要包括未定权益模型（contigent claims analysis，CCA）和危机联合概率模型

(joint probability of distress，JPoD)：

2.4.3.1　未定权益模型（CCA）

2008 年金融危机之后，格瑞（Gray）、默顿（Merton）及其他学者提出 CCA 方法，将其运用于系统性金融风险在不同经济部门间传导的分析中，以及评估单个金融机构对整体系统性风险的贡献度等方面。CCA 方法分析系统性风险，使用的重要指标之一是违约距离（distance-to-default，DD），违约距离为银行资产市场价值和违约障碍间的标准化距离，用来刻画银行资产市场价值偏离违约障碍的标准差数量。违约距离指标值通过分析计算资产波动率、财务杠杆率、信用风险溢价、违约概率、违约距离等风险测度指标得到。

2.4.3.2　危机联合概率模型（JPD）

银行间系统性风险具有时变性和跳跃性的特点，危机期间，各银行资产同时发生缩水，整个银行系统的危机联合概率（joint probability of distress，JPD）会比单一银行的危机概率更大，并呈现非线性增长特点。塞格维纳（Segoviana）和古德哈特（Goodhart）于 2009 年提出 JPD 模型，分析银行间系统性风险传染的非线性特征①。

运用 JPD 模型对系统性风险进行分析，主要遵循以下步骤：第一步，将银行系统视为不同银行的组合；第二步，计算银行组合中的单个银行的危机概率（probability of distress，PD）；第三步，基于危机概率，运用连续信息多元密度最优化（consistent information multivariate density optimizing，CIMDO）方法计算银行体系的多元密度（banking system's multivariate density，BSMD）；第四步，基于多元密度的计算结果，计算银行体系的稳健性测度（banking stability measyres，BSMs）。整个计算过程如图 2.7 所示。

2.4.4　金融系统性风险曲线

综上所述，目前基于金融市场数据的系统性风险定量方法大多使用 VaR、CoVaR、GRACH 以及基于 Copula 函数的 CCA 和 JPoD 等方法，上述分析方法

---

① Segoviano，M，and Goodhart，C，2009，"Banking Stability Measures"，IMF Working Paper，No. WP/09/04.

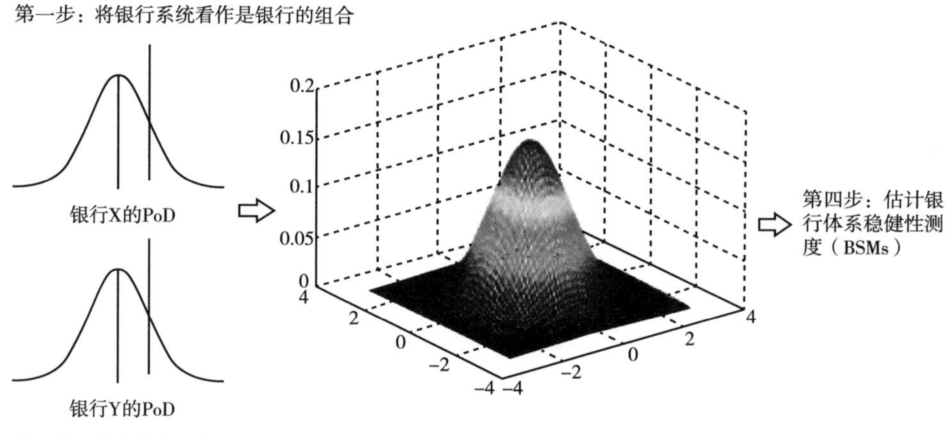

图 2.7 JPoD 模型计算步骤

资料来源：Segoviano，M，and Goodhart，C，2009.

各有其优缺点。但显而易见的是，这几种方法均存在一个共同的分析缺陷，即在度量银行体系风险外溢方面都存在相应的不足。实质上，银行系统作为一个整体，系统中任何一家银行对该体系的“系统性风险”都有自己的“贡献”（contribution），相应地，我们可以将这种贡献视为银行体系风险的外溢性。事实上，危机后学者们研究宏观审慎监管问题，其中就包括从金融网络结构的视角，分析系统性风险的度量，并提出“系统性风险曲线”（systemic risk curve，SRC）这一重要概念。

2.4.4.1 系统性风险传染效应衡量

基于前面对系统性金融风险的理解，由于银行间业务存在关联性，体系内所有银行在风险传染中都将发挥一定作用①。因此，在无共同外部风险冲击的情况下系统风险的大小将主要取决于银行间业务关联程度的大小。具体地，我们将 SIBs 的“外部性”影响区分为以下两种情况。

第一，原始风险冲击源于银行自身违约风险，进而影响银行系统内与之关联的其他银行运行，随着风险在体系内蔓延，最终酿成系统性损失；第二，“风险事件”源于银行体系的其他银行，由于业务关联，导致风险传递蔓延，

① 此处系统性风险不仅包括系统内部的风险传染，还包括系统外部的共同冲击引的系统性风险变化。

造成系统损失。我们将前一种情况称为“直接贡献”（contribution approach，CA），后一种情况为“参与贡献”（participation approach，PA）。

（1）“直接贡献”（CA）的衡量。

理论上，我们可以将银行体系视为一个整体网络结构，银行间业务密切关联，相互间资金流入流出频繁。假设体系内有 n 家银行，银行间资金往来形成 n×n 矩阵 M，t 时刻的矩阵 M_t 为：

$$M_t = \begin{bmatrix} M^t_{1,1} \cdots M^t_{1,j} \cdots M^t_{1,n} \\ \vdots \\ M^t_{i,1} \cdots M^t_{i,j} \cdots M^t_{i,n} \\ \vdots \\ M^t_{n,1} \cdots M^t_{n,j} \cdots M^t_{n,n} \end{bmatrix} \tag{2.19}$$

其中，$M^t_{i,j}$表示时间 t 内从银行 i 流入银行 j 的资金数量；（M，$\vec{p}$，$\vec{c}$）描述银行间资金流动，$\vec{p}$ =（p_1，…，p_n）为资金总流出量，p_i 表示从 i 银行净流出的资金总量，$p_i = \sum_{j=1}^{n} M_{ij}$；$\vec{c}$ =（c_1，…，c_n）为资金存量，c_i 表示银行体系内 i 银行的可用资金头寸；（M，$\vec{p}$，$\vec{c}$）刻画的是银行体系的静态切面，考虑到时间因素，动态银行网络可用$(M^t, \vec{p}^t, \vec{c}^t)_{t=-\infty}^{+\infty}$表示。综上所述，时间 t 银行体系内 i 银行的可用资金头寸可通过式（2.20）计算得出，即：

$$c_i^{t+1} = c_i^t + \sum_{j=1}^{n} \prod{}_{ij}^{t} p_j^t - p_i^t \tag{2.20}$$

受到原始风险传染冲击的影响，当银行体系内出现流动性时，银行 i 违约所造成的银行系统总损失为：

$$CA_{i,t} = \sum_{j=1}^{n} loss_j^i / \sum_{i,j=1}^{n} M_{ij}^t \tag{2.21}$$

其中，$loss_j^i$ 为银行 j 在银行 i 违约条件下的损失；$CA_{i,j}$为银行 i 违约所造成的银行系统总损失率，即为银行 i 对银行系统性风险的“直接贡献”。

（2）“参与贡献”（PA）的衡量。

系统重要性银行对银行体系“外部性”的影响源于其自身违约风险，通过业务关联，导致风险在银行体系内蔓延，最终造成系统性损失。而且由于系统重要性银行的影响，风险冲击在银行系统内传播的速度更快，范围更广，最终造成更大的损失。2008 年金融危机清楚地展示了系统重要性银行在风险传染过程中所发挥的重要作用。

理论研究中，可使用合作博弈中的夏普利值（Shapley value，SV）对系统重要性银行外部性影响进行确认分析①。SV 指标衡量的是包含银行 i 与不包含银行 i 银行系统风险的差别，因此，可以用银行 i 的夏普利值（SV_i）作为其对系统风险“参与贡献”（PA_i）的度量指标。根据 SV 指标的分析思路，假设 N_n^t 为 t 时刻银行系统内由 n 家银行所构成的集合，对 N_n^t 内 n 家银行进行排列，假设 S 为银行 i 之前的银行和银行 i 所构成的银行集合。银行 i 对子系统 S 的风险贡献，等于子系统 S 的系统风险水平 $\vartheta(S)$ 与子系统 S 去掉银行 i 后所得新集合的系统风险水平之差 $\vartheta(S-i)$，即 $\vartheta(S)-\vartheta(S-i)$，银行 i 的 SV 等于 N_n^t 内 n 家银行构成子系统的风险贡献的平均值，即：

$$SV_i^t(N_n^t) = \frac{1}{n}\sum_{ns=1}^{n}\frac{1}{C(ns)}\sum_{\substack{s\supset i \\ |s|=n_i}}\{\vartheta(s)-\vartheta(s-i)\} = PA_i \qquad (2.22)$$

其中，N_n^t 为 t 时刻的金融系统；SV_n^t 为银行 i 的夏普利值，而 $C(ns) = \frac{(n-1)!}{(n-n_s)!\ (n_s-1)!}$，且 $\vartheta(\phi)=0$。

2.4.4.2 系统性风险运行路径

金融系统性风险主要源于以下两个渠道：一是外部共同冲击（external common shock）导致金融系统风险波动与损失；二是金融系统内部风险传染（internal contagion process），引起整个系统风险蔓延并导致系统危机。

图 2.8 描绘了基于时间维度和空间维度的系统性风险生成及传染路径。

如图 2.8 所示，s_t 为 t 时刻的金融系统稳定状态，可以看出 t 时刻金融系统的风险损失率为 0，金融系统处于“稳定状态”；c_t 为与“稳定状态”相对应的“危机状态”，此时，系统风险损失率为 100%。在实践中尽管金融系统在 t 时刻由 s_t 转变为 c_t 的概率很低，但在理论上仍存在这种可能性，我们将其定义为“t 时刻的系统性风险”，用 p_t 表示，即：

$$p_t = p(s_t \to c_t \mid \theta_t) \qquad (2.23)$$

① 夏普利值（Shapley value）是博弈论的重要工具，用以计算单个参与者对整个体系的重要性程度。

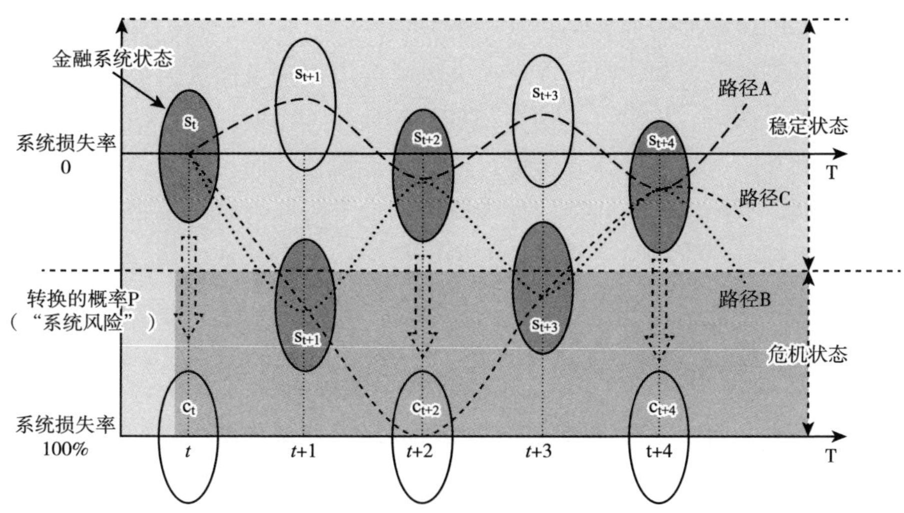

图 2.8　系统运行路径与系统性风险

其中，θ_t 指 t 时刻及 t 以前的市场信息。

金融体系损失水平与系统性风险大小呈正相关关系，用 $loss_t$ 表示系统的损失率，X_t 表示其他因素，可得以下对应关系：

$$p_t = p(s_t \to c_t | \theta_t) = f(loss_t, X_t) \tag{2.24}$$

其中，函数 f(.) 对 $loss_t$ 的偏导数在一定范围内大于零，$loss_t$ 为影响 p_t 的主要因素，而连续变量 $loss_t$ 则为系统风险 p_t 的替代。

2.4.4.3　网络结构条件下系统性风险

系统性风险主要源于外部共同冲击及内部风险传染两个方面，正是由于风险的外部冲击和内部传染两种因素的交叉影响、相互作用，才导致系统性金融风险生成及传染路径呈螺旋式扩张。承接图 2.8 对系统性风险传染轨迹的描述，网络结构下系统性风险的衡量式可表示为：

$$p_t \approx loss_t = G(common - shock_t, contagion - shock_t, X_t) \tag{2.25}$$

如果不考虑外部共同冲击诱因，则系统性风险可表示为：

$$loss_t = g(contagion - shock_t, X_t) \tag{2.26}$$

式（2.25）和式（2.26）中，$common - shock_t$ 与 $contagion - shock_t$ 分别表示外部冲击与内部传染诱因；X_t 表示其他因素；g(.) 为风险传染机制，

用于计算不同风险冲击程度时的风险损失率。

宏观经济运行波动、银行资产损失风险等因素都可能成为银行系统性风险的外部冲击诱因。2008 年金融危机的外部风险冲击就源于房地产价格的下跌，随之而来的风险传染则通过银行体系迅速蔓延，而且随着金融全球化和混业的发展，不同国家不同类型金融机构的业务关联性越来越强，这种情况下，一家机构的经营风险会通过各种渠道传染蔓延至其他机构，而且在风险传染过程中，金融体系整体风险会被不断放大。

2.4.4.4 系统性风险曲线

综上分析，对应于银行体系不同时点的风险传染，所对应的系统性风险损失也不相同。相应地，计算出每一时点风险传染冲击效应，就可得到描绘系统性风险冲击强度与风险损失率之间关系的“系统性风险曲线”（systemic risk curve，SRC）。

由式（2.26）可知，系统性风险曲线方程可表达为：

$$loss_{n,t} = g(contagion - shock_{n,t}) \tag{2.27}$$

其中，

$$contagion - shock_{n,t} \xrightarrow{p_{i,t} - \sum_{j=1}^{n} \prod_{ij} p_j \leq C_i \left| (\prod, \vec{p}, \vec{p}, t, n) \right.} loss_{n,t} \tag{2.28}$$

式（2.28）中，$(\prod, \vec{p}, \vec{c}, t, n)$ 为 t 时刻，由 n 家银行组成的，支付向量为 $\vec{p}$，现金头寸向量为 $\vec{c}$ 的金融网络；$P_{i,t} - \sum_{j=1}^{n} \amalg_{ij} p_j \leqslant c_t$ 为风险内部传染机制。

图 2.9 系统性风险曲线横坐标为风险冲击强度，纵坐标为系统风险损失率，图 2.10 中描述了三种不同冲击路径下的曲线形状（路径 A、路径 B、路径 C）。从中可以清楚地看出，随着风险冲击强度的增加，造成违约金融机构数量不断增加，系统损失率也在不断上升，风险冲击强度与系统损失率两者呈正相关关系。从数量分布看，系统风险损失率介于 0 ~ 100%，系统内全部机构均违约时，系统损失率为 100%，在任意时点不同的金融网络结构对应着不同的系统风险曲线。

如图 2.9 所示，系统风险曲线上每一点均对应不同的风险冲击水平，图 2.10 刻画了系统状态变化的不同路径：路径 A、B、C，其对应的风险分布如

图 2.8 中的概率分布形态，其中，在路径 A 中，银行体系的运行始终处于稳定状态，银行系统面临系统风险损失的概率很低；路径 B 中，银行体系在 t+1 和 t+3 时刻位于危机状态，系统损失率提高，但并未达到完全危机状态；路径 C 中，银行体系在 t+2 处于完全危机状态，风险形态对应如图 2.10 中的路径 C。

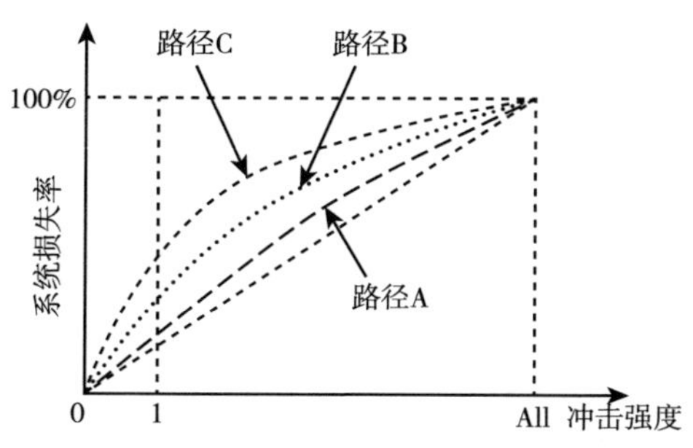

图 2.9　不同冲击路径下系统性风险曲线

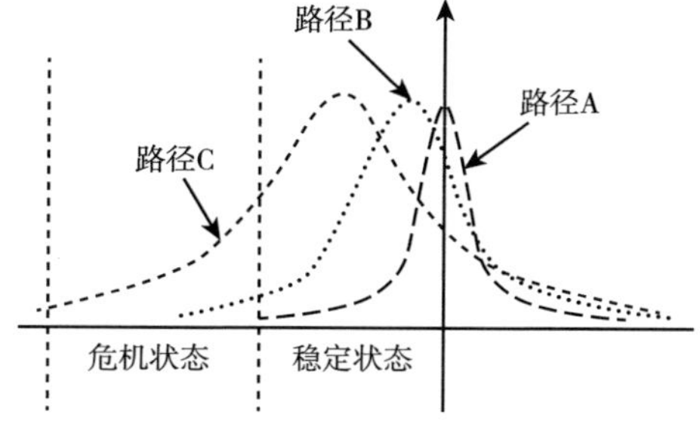

图 2.10　尾部风险分析

由于系统性风险生成扩散与蔓延传染同时存在的“外部冲击”和“内部传染”两种机制，导致单家银行经营稳定的加总并不必然等同于银行体系的总体稳定，从监管角度来看，这也正是微观审慎监管与宏观审慎监管的本质区别，对这一问题的充分认识，是理清微观审慎合规即宏观审慎稳定悖论的切入点。本章对《巴塞尔协议Ⅲ》、系统性风险外部冲击与内部传染问题的分析描述，既是本书研究分析的逻辑起点，也为后续章节关于国内系统重要性银行识别与系统性风险监管问题的研究确定了理论框架。

第3章　国内系统重要性银行评估分析

系统重要性银行经营陷入困境及其所带来的风险冲击是系统性金融风险的重要体现，系统重要性银行识别及监管是金融机构“大而不倒”问题的进一步延伸。系统重要性银行识别及监管问题是“大而不倒”问题在2008年金融危机之后的继续探索。在金融稳定委员会、国际货币基金组织、国际清算银行等国际组织提出的系统重要性银行指标体系的基础上，结合国内银行业的特点及运营环境，运用可行的定量分析方法，对国内上市银行的系统重要性进行分析是本章研究的核心问题。对国内系统重要性银行进行评估是宏观审慎监管所需解决的基础问题。

3.1　金融机构“大而不倒”问题

美国对大型银行及其带来的系统稳定性的质疑由来已久，作为全球最大的金融市场和金融机构“大而不倒”问题的诞生地，探讨美国金融业“大而不倒”问题的起源、发展以及演变，对分析当前系统重要性银行风险传染及监管问题具有十分重要的借鉴意义。

3.1.1　金融机构“大而不倒”问题

历史上看，大萧条之前美国银行业危机频繁发生，比较典型的如1893年、1907年和1921年，这一时期美国政府对于经营陷入危机的银行并未加以救助，而是任由市场竞争，优胜劣汰，结果导致1929～1933年大萧条中，美国国内有接近一半的银行破产①。

---

①　1929～1933年大萧条中，美国银行数量从1929年底的24026家减少到1933年底的14440家。

大萧条后，1933年联邦存款保险公司（FDIC）成立，其目的也主要是保护储户在银行的存款，维护公众信心，而不是救助出现危机的银行。一直到20世纪50年代，美国仍然允许银行在市场竞争中“自由破产”，基本上不进行救援。这一政策在20世纪50～80年代稍有所改变，联邦存款保险公司逐步从保护中小债权人向通过防范银行破产倾斜。

1984年，联邦存款保险公司正式使用“大而不倒”政策对美国第七大银行——大陆伊利诺伊银行进行救助，联邦存款保险公司从该行控股股东手中购买总计10亿美元的优先股，另外由芝加哥联储为其提供总额76亿美元的救助贷款。1984年联邦存款保险公司确定的“大而不倒”政策含义是：大银行倒闭将引发系统性风险，并导致风险在银行体系间的传染，因此，应该救助此类银行不能任由其在市场竞争中“自由破产”，从而保护存款人和债权人的利益，并维护金融稳定。联邦存款保险公司给出的救助大陆伊利诺伊银行的理由是：该银行规模大且涉及其他银行范围广泛，若任其破产，会对债权人造成巨大损失，并且可能导致对其他银行产生严重的负面传染效应，甚至爆发银行系统性风险。①

1987～1990年爆发的储蓄贷款协会危机是大萧条后美国发生的最为严重银行危机，危机期间联邦存款保险公司曾尝试处理濒于倒闭的11家银行，但没有制定统一的救助标准。为防止“大而不倒”政策可能引发的道德风险，同时也为了控制联邦存款保险公司的救助成本，1991年美国国会出台了《联邦存款保险公司促进法案》，该法案赋予联邦存款保险公司处置濒临破产或已破产银行的相应权利，此外，该法案还建立起商业银行特殊处置机制并授权联邦存款保险公司实施该机制。

3.1.2 金融机构“大而不倒”政策修正

1998年8月，美国长期资本管理公司（LTCM）由于投资失误造成近43亿美元的巨额亏损，该公司交易涉及众多交易对手，为避免其破产从而引发系统性风险，9月23日，美联储召集摩根士丹利、美林、高盛、德意志银行、巴克莱银行、兴业银行等15家大型金融集团共同出资37.25亿美元购买

① Hetzel, Robert I, Too Big to Fail: Origins, Consequences, and Outlook, Economic Review, Federal Reserve Bank of Richmond, Nov./Dec., 1991.

长期资本管理公司 90% 的股权，共同接管该公司。美联储开放紧急贴现窗口，为这 15 家机构提供低息贷款。这一做法从实践中拓宽了“大而不倒”政策的适用范围（从银行拓展到非银行金融机构）。

以对长期资本管理公司的救援为标志，美国政府对金融机构救助的关注点开始从“规模大”向具有“系统重要性”方面倾斜，事实上，并非规模小的金融机构就不会引发系统性风险；反之，也并非大型金融机构就一定会导致系统性风险。判断一家机构是否具有“系统重要性”，除考虑规模因素外，还应该重点关注其是否具有业务关联性①。

3.1.3 2008 年金融危机期间“不良资产处置计划”

回顾2008 年金融危机，可发现大型金融机构的破产及其所造成的冲击是危机不断演化升级的重要原因。2008 年 3 月，美国第五大投行贝尔斯登公司在美国财政部和美联储的联合干预下被 JP 摩根大通收购；2008 年 9 月 8 日，两大房地产抵押担保机构——房利美和房地美被国有化；2008 年 9 月 14 日，美林公司被美国银行收购；2008 年 9 月 15 日，华尔街第四大投行雷曼兄弟公司申请破产保护；2008 年 9 月 26 日，JP 摩根大通收购华盛顿互惠银行；2008 年 9 月 16 日，美国国际集团获美国政府紧急出资救助等；危机事件接踵而至，演绎成为大萧条后美国金融史上最为惊心动魄的“金融海啸”，由此造成的风险传染冲击给整个国际金融体系带来严重的系统性危机。

金融危机期间，美联储在运用“大则不倒”政策救助金融机构时也是一波三折：2008 年 3 月，在美国财政部和美联储的干预下，救助贝尔斯登引发争议；2008 年 9 月，任由华尔街第四大投行雷曼公司破产，引爆自 20 世纪 30 年代大萧条以来最严重的金融海啸；2008 年 10 月，作为《2008 年经济紧急稳定法案》的一部分，“不良资产处置计划”（troubled asset relief program fund，TARP）在得到国会通过后，美联储运用“不良资产处置计划”基金对陷入困境的金融机构进行大规模救助，并创建不良资产市场。“不良资产处置计划”根本目的在于遏制金融资产价格下跌和金融机构破产的恶性循环，维持金融市场稳定。

---

① Rajan and Eric Gleacher, Too Systemic to Fail: Consequences, Causes and Potential Remedies, May 6, 2009.

金融危机后，学者对危机期间“大而不倒”救助政策进行了相应的反思总结：一方面，在政策适用范围上，此次金融危机表明，“大而不倒”问题的产生领域更为宽泛，不仅可能发生在传统银行领域，而且有可能出现在业务关联度高、持有复杂金融工具的投行和对冲基金等非银行金融领域；另一方面，危机期间美国财政部和美联储运用“大而不倒”政策对大型金融机构不加限制地进行救助，导致政府面临巨额财政赤字，并由此引发主权债务风险，此外，接受政府救助的多家金融机构却继续向高管支付高额薪酬，此举在触发众怒的同时也充分暴露出“大而不倒”政策引发道德风险的制度缺陷。

综合以上分析，“大而不倒”问题在美国演变历程的主要特点可归纳如下：一是该政策与美国银行业发展结构变化密切相关；二是在实践中该政策的适用范围不断扩大；三是“大而不倒”政策范畴日益丰富，从单纯以规模为依据判断，拓展到关联性、可替代性、业务复杂程度等指标；四是该政策所引发的救助成本高、道德风险大等弊端日益凸显，对“大而不倒”政策进行改革，构建系统重要性银行监管框架已刻不容缓。

3.2　国内商业银行运行现状分析

3.2.1　国内银行业改革进程概述

改革开放以来，国内银行业改革呈现阶段化推进特点，发展历程总体可分为以下三个主要阶段①。

3.2.1.1　1979～1986年，银行结构由完全垄断转为高度垄断

改革开放之前，国内银行业实行“大一统”的银行经营模式。1979年3月，中国银行从中国人民银行独立出来，成为外汇外贸专业银行，并由此拉开国内银行业改革的序幕；随后于1983年1月中国人民建设银行从财政部独

① 我国银行业金融机构包括政策性银行、国有商业银行、股份制商业银行、城市商业银行、农村商业银行、农村合作银行、外资银行、城市信用社、农村信用社、非银行金融机构（信托投资公司、财务公司、金融租赁公司、汽车金融公司、货币经纪公司）、邮政储蓄银行。

立出来，专门从事基建拨改贷和信用贷款；中国农业银行成立于1951年，1979年2月恢复成立后，逐步发展成为在农村经济领域占主导地位的国有专业银行；中国工商银行于1984年1月成立，主要办理工商信贷及储蓄业务。

随着工行、农行、中行、建行四家专业银行的相继成立，从1986年开始，根据“七五”计划提出的“进一步发展社会主义有计划的商品经济并逐步完善市场体系”的指导方针，国内银行业改革进一步深入，各专业行之间的业务界限被逐步打破，从1986年开始进行专业行企业化经营试点。与此相应的是国内银行业结构逐渐从完全垄断演变为高度垄断。

3.2.1.2 1987～2001年，国内银行业结构由高度垄断演变为寡头垄断

1986年7月24日，国务院批准恢复交通银行①，1987年4月1日，交通银行正式对外营业，成为国内首家全国性股份制商业银行。华夏、招商、中信、深发、广发、兴业、浦发、民生等全国性（区域性）股份制商业银行也相继成立。

1993年，国务院提出要“把国家专业银行办成真正的国有商业银行”②，随后，1994年3月国家开发银行（China Development Bank，CDB）成立、1994年11月中国农业发展银行（Agricultural Development Bank of Chinese，ADBC）挂牌成立、1994年中国进出口银行（The Export-Import Bank of China，TEIBC）成立，三家政策性银行的成立标志着商业性银行业务与政策性银行业务的正式分离。

从1994年底开始，城市合作银行在国内各主要城市开始组建，1998年开始统一更名为城市商业银行，2001年，江苏常熟、张家港、江阴三市整合农村信用社，率先成立农村商业银行。1995年7月1日，《商业银行法》颁布实施，明确提出国有商业银行是“自主经营、自担风险、自负盈亏、自我约束”的市场主体③。1996年1月，国内首家民营股份制商行——民生银行在北京成立。从1998年开始，国有商行开始全面实行资产负债比例管理，并加强风险治理。

1999年4月和10月，信达、东方、华融、长城四家资产管理公司（asset management corporation，AMC）相继成立，四家资产管理公司存续期均为

---

① 交通银行始建于1908年，是中国早期四大银行之一，也是中国早期的发钞行之一。

② 国务院：《关于金融体制改革的决定》，1993年12月25日。

③ 自2004年2月1日起实施修改后的《商业银行法》。

10 年，通过央行再贷款和定向发行金融债券的方式，四家资产管理公司累积对口处置工行、农行、中行、建行等总计 1.4 万亿元的巨额不良资产。2004 年为配合国有银行股改，四家资产管理公司第二次大规模处置各商行不良资产，由央行向四家资产管理公司再次提供 5 年期的 6195 亿元再贷款，用于收购中行、工行、建行、农行等银行的可疑类贷款。

2009 年，四家资产管理公司 10 年存续期到期后，其经营模式均先后转为金融控股集团模式，中国信达 2013 年 12 月在香港联交所上市（见表 3.1）。

表 3.1　　资产管理公司成立及商业化转型

名称	成立时间	资产处置	商业化转型
信达	1999 年 4 月 20 日	1999～2001 年收购建行、国开行不良贷款 3946 亿元；2000～2004 年接受财政部、建行委托管理处置的债权资产和债转股资产 1123 亿元	2010 年 6 月 29 日，中国信达资产管理股份有限公司挂牌成立。拥有信达证券、信达澳银基金、中国金谷国际信托、信达金融租赁、幸福人寿、信达财产保险、华建国际投资、信达投资等九家公司。2013 年 12 月 12 日，中国信达（01359）在香港联交所上市
东方	1999 年 10 月 15 日	累计收购银行不良资产 7100 余亿元，回收现金 1350 亿元，对 166 家国有企业实施了政策性债转股，转股金额 253 亿元	已转型为综合金融服务集团，旗下拥有保险、证券、信托、租赁、信用评级和资产管理等多种金融服务业态
长城	1999 年 10 月 18 日	先后收购、管理和处置农行、工行、中行和其他各类商业银行不良资产 7000 余亿元	目前拥有长城金融租赁、长生人寿保险、长城新盛信托、长城融资担保、天津金融资产交易所、长城金桥咨询、长城国富置业、长城环亚国际、长城国融投资、长城宁夏资产 10 家平台公司
华融	1999 年 10 月 19 日	2000 年收购工行 4077 亿元，截至 2006 年末，累计商业化收购不良资产 321 亿元	2012 年 10 月 12 日，中国华融资产管理股份有限公司成立。目前拥有旗下拥有华融湘江银行、华融租赁、华融信托、华融证券、华融期货、华融融德、华融渝富、华融香港国际、华融置业、华融致远、华融汇通 11 家平台公司

注：2011 年 12 月，财政部下发《关于金融资产管理公司商业化转型有关问题的通知》，对资产管理公司整体发展方向、业务范围、公司治理结构和风险管控作出明确规定。

资料来源：笔者根据各公司披露资料整理。

3.2.1.3　2002 年至今，国内银行业结构进一步优化

2001 年 11 月我国加入世界贸易组织（WTO），银行业竞争趋于激烈，国内银行产权改革和市场化进程也逐步加快。2002 年 2 月，全国金融工作会议提出要“改革国有商业银行的产权制度，将具备条件的国有独资商业银行改组为国家控股的股份制商业银行，完善银行的法人治理结构”[1]；2003 年国务院决定先对中行和建行进行改制试点，并由此拉开国有银行产权改革的序幕；2007 年 1 月，第三次全国金融工作会议提出要继续推进国有银行股份制改革[2]；2007 年 3 月 20 日，中国邮政储蓄银行成立，定位于服务社区、服务中小企业、服务“三农”，拥有广泛的分销网络、客户基础和优异的资产质量。

2012 年 2 月 27 日，中国邮政储蓄银行发布公告：经国务院同意，中国邮政储蓄银行有限责任公司于 2012 年 1 月 21 日依法整体变更为中国邮政储蓄银行股份有限公司。依法承继原中国邮政储蓄银行有限责任公司全部资产、负债、机构、业务和人员，依法承担和履行原中国邮政储蓄银行有限责任公司在有关具有法律效力的合同或协议中的权利、义务，以及相应的债权债务关系和法律责任。

截至 2019 年底，建行、中行、工行、农行和邮储银行已先后完成改制和上市工作（见表 3.2）。

表 3.2　　六家大型商业银行改制及上市基本情况

<table>
<tr><th>序号</th><th>银行名称</th><th>改制时间</th><th>上市时间</th><th>上市地点</th><th>股票代码</th></tr>
<tr><td rowspan="2">1</td><td rowspan="2">中国建设银行</td><td rowspan="2">2004 年 9 月 17 日，中国建设银行整体改制为股份有限公司</td><td>2005 年 10 月 27 日</td><td>香港联合交易所</td><td>0939</td></tr>
<tr><td>2007 年 9 月 25 日</td><td>上海证券交易所</td><td>601939</td></tr>
<tr><td rowspan="2">2</td><td rowspan="2">中国银行</td><td rowspan="2">2004 年 8 月 24 日，中国银行整体改制为股份有限公司</td><td>2006 年 6 月 1 日</td><td>香港联合交易所</td><td>3988</td></tr>
<tr><td>2006 年 7 月 5 日</td><td>上海证券交易所</td><td>601988</td></tr>
<tr><td rowspan="2">3</td><td rowspan="2">中国工商银行</td><td rowspan="2">2005 年 10 月 28 日，中国工商银行整体改制为股份有限公司</td><td rowspan="2">2006 年 10 月 27 日</td><td>上海证券交易所</td><td>601398</td></tr>
<tr><td>香港联合交易所</td><td>1398</td></tr>
<tr><td rowspan="2">4</td><td rowspan="2">中国农业银行</td><td rowspan="2">2009 年 1 月 16 日，中国农业银行改制为股份有限公司</td><td>2010 年 7 月 15 日</td><td rowspan="2">上海证券交易所</td><td>601288</td></tr>
<tr><td>2010 年 7 月 16 日</td><td>01288</td></tr>
</table>

① 2002 年 2 月 5 日至 7 日，第二次全国金融工作会议在北京举行。

② 2007 年 1 月 19 日至 20 日，第三次全国金融工作会议在北京举行。

续表

序号	银行名称	改制时间	上市时间	上市地点	股票代码
5	交通银行	1987年4月交通银行组建	2005年6月23日	香港联合交易所	3288
			2007年5月15日	上海证券交易所	601328
6	中国邮政储蓄银行	2007年3月20日成立，2012年1月21日改制为股份有限公司	2016年9月13日	香港联合交易所	1658
			2019年12月10日	上海证券交易所	601658

资料来源：上海证券交易所网站（www. sse. com. cn），香港联合证券交易所网站（www. hkex. com. hk），并经笔者整理。

国有商行产权改革的同时，政策性银行的改革步伐也在加快，其中以国开行商业化运作最具代表性[①]。与此同时，股份制商行和城商行也更加注重加强公司治理和风险防范能力建设，规模较大的城商行实现了跨区发展，并有多家银行上市（见表3.3）。此外，非银行金融机构制度体系也得到不断完善，逐步走上规范可持续发展轨道。

表3.3　　股份制商业银行上市基本情况

性质	名称	所在省份	上市地点	首发上市时间	资产规模（亿元）	总市值（亿元）
A股上市	北京银行	北京	上交所	2007年9月19日	24856	1279
	上海银行	上海	上交所	2016年11月16日	19187	1324
	江苏银行	江苏	上交所	2016年8月02日	18479	745
	南京银行	江苏	上交所	2007年7月19日	11936	637
	宁波银行	浙江	深交所	2007年7月19日	10764	902
	杭州银行	浙江	上交所	2016年10月27日	8569	408
	长沙银行	湖南	上交所	2018年9月26日	4876	322
	贵阳银行	贵州	上交所	2016年8月16日	4774	272
	成都银行	四川	上交所	2018年1月31日	4738	313
	郑州银行	河南	深交所	2018年9月19日	4436	305
	常熟银行	江苏	上交所	2016年9月30日	1633	146
	无锡银行	江苏	上交所	2016年9月23日	1399	104
	江阴银行	江苏	深交所	2016年9月02日	1109	95
	吴江银行	江苏	上交所	2016年11月29日	1042	92
	张家港行	江苏	深交所	2017年1月24日	1010	107

① 2008年12月16日，国家开发银行股份有限公司成立。2010年国家开发银行稳步推进商业化转型，逐渐形成以直接投资、证券、租赁、基层业务、海外业务为主体的银行集团发展战略。

续表

性质	名称	所在省份	上市地点	首发上市时间	资产规模（亿元）	总市值（亿元）
H 股上市	盛京银行	辽宁	港交所	2014 年 12 月 29 日	9580	179
	徽商银行	安徽	港交所	2013 年 11 月 12 日	9552	364
	锦州银行	辽宁	港交所	2015 年 12 月 07 日	7484	499
	天津银行	天津	港交所	2016 年 3 月 30 日	6500	215
	哈尔滨银行	黑龙江	港交所	2014 年 3 月 31 日	5719	172
	中原银行	河南	港交所	2017 年 7 月 19 日	5450	409
	郑州银行	河南	港交所	2015 年 12 月 23 日	4436	209
	重庆银行	重庆	港交所	2013 年 11 月 06 日	4358	124
	江西银行	江西	港交所	2018 年 6 月 26 日	4041	330
	甘肃银行	甘肃	港交所	2018 年 1 月 18 日	3132	181
	青岛银行	山东	港交所	2015 年 12 月 03 日	3022	222
	九江银行	江西	港交所	2018 年 7 月 10 日	2883	226

注：浙商银行于 2016 年 3 月 30 日在香港联交所上市，股票代码“2016. HK”，2019 年 11 月 26 日在上海证券交易所上市，股票代码“601916”。

资料来源：上海证券交易所网站（www. sse. com. cn），深圳证券交易所网站（www. szse. cn），并经笔者整理。

从基础数据来看，27 家地方商业银行中，A 股上市的城商行有 16 家，H 股上市的城商行 10 家，其中，郑州银行和浙商银行是两家“A + H 股”共同上市的城商行。由于大多数银行上市主要是为了募集资金、补充资本，但是港股市场对于内地金融机构的估值偏低、流动性相对较差，所以 A 股仍然是城农商行上市的首选地点。在地域分布上，江苏的上市城农商行数量最多，共有 7 家，浙江位列第二，共有 3 家，河南、辽宁、江西，各共有 2 家，北京、上海、山东、湖南、四川、天津等 11 个省份只有一家地方上市商业银行。

为履行我国加入 WTO 的承诺，在国内银行规范化发展的同时，我国引进外资银行的步伐也明显加快。2006 年 12 月 11 日《外资银行管理条例》正式实施，开始对外资银行开放人民币业务①。2006 年 12 月底，首批包括花旗（Citibank）、渣打（Standard Chartered）、汇丰（HSBC）、东亚（East Asia）、日本瑞穗实业（Mizuho Corporate Bank）、恒生（Hang Seng Bank Limited）、三菱东京日联（Bank of Tokyo-Mitsubishi UFJ）等多家外资银行获准在境内筹建

① 《中华人民共和国外资银行管理条例》，2006 年 11 月 16 日颁布。

法人银行。

2007年4月，汇丰（HSBC）、东亚（East Asia）、渣打（Standard Chartered）、花旗（Citibank）四家外资法人银行相继正式开业。银保监会数据显示，截至2013年底，共有51个国家和地区的银行在华设立42家外资法人机构、92家外国银行分行和187家代表处（见表3.4）①。

表3.4　在华外资银行业金融机构情况（截至2013年底）　单位：家

机构	外国银行	独资银行	合资银行	独资财务公司	合计
法人机构总行		38	3	1	42
法人机构分行及附属机构		267	8		275
外国银行分行	92				92
总计	92	305	11	1	409

资料来源：《中国银行业监督管理委员会2013年年报》。

截至2018年末，共有30个国家和地区的营业性银行业金融机构在上海落地，各类外资银行营业性机构共计228家，较2001年末中国加入WTO初期的52家扩大了四倍，其中外资法人银行达21家，占全国外资法人银行总数的50%以上。

综上所述，这一时期国内银行业结构得到进一步优化。按照银保监会的划分标准，截至2015年底，我国银行业金融机构包括2家政策性银行（中国进出口银行和中国农业发展银行）及国家开发银行、5家大型商业银行（工行、农行、中行、建行、交行）、12家股份制商业银行（光大、华夏、中信、平安、浦发、招商、兴业、广发 、民生、恒丰、浙商、渤海）、161家城市商业银行、382家农村商业银行、163家农村合作银行、1927家农村信用社、1家邮政储蓄银行、4家金融资产管理公司、42家外资法人金融机构、67家信托公司、20家金融租赁公司、16家汽车金融公司、5家货币经纪公司、150家企业集团财务公司、4家消费金融公司、800家村镇银行、14家贷款公司以及49家农村资金互助社。

3.2.2　主要商业银行业务运行量化分析

2015年以来，面对错综复杂的国内外经济金融环境，我国金融行业总体

---

① 中国银行业监督管理委员会：《中国银行业监督管理委员会2013年年报》。

保持稳健运行，各类金融机构资产负债规模继续增长，盈利能力基本稳定，风险抵补能力继续加强，金融市场运行总体平稳。为较全面地分析银行业经营状况，分析行业风险，本书选取 17 家主要商业银行①，从资产、负债、资本、流动性及盈利能力等方面进行量化分析②。

3.2.2.1 资产负债规模

根据银保监会统计数据，截至 2018 年末，银行业金融机构资产总额 268.24 万亿元，同比增长 6.27%，增速比 2017 年下降 2.4 个百分点；负债总额 246.58 万亿元，同比增长 5.89%，增速比 2017 年下降 2.5 个百分点。2017 年以来，随着经济下行压力加大，以及金融监管的加强，银行业金融机构资产负债规模扩张趋缓，如图 3.1、图 3.2 所示。

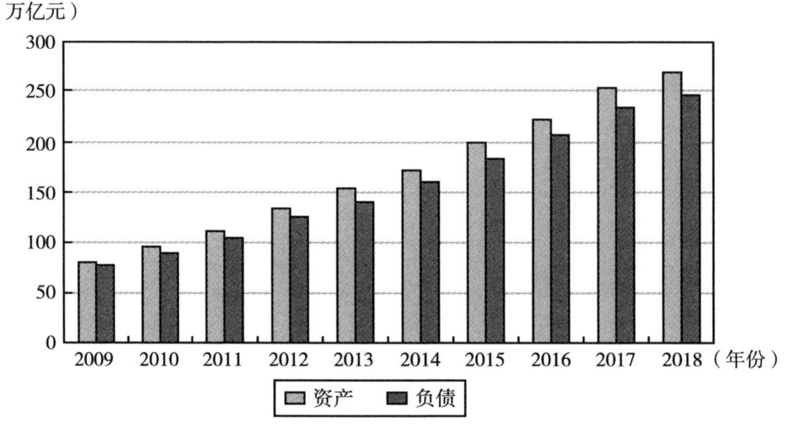

图 3.1 银行业金融机构资产负债情况

资料来源：中国银保监会。

（1）总资产规模与结构。2016 年，13 家上市银行资产总额 72.99 万亿元，同比增长 16.43%，其中，5 家大型商行资产总额 55.88 万亿元，同比增长 13.99%（见表 3.5）。

---

① 包括 5 家大型商业银行（工行、农行、中行、建行、交行）和 12 家股份制商业银行（中信、光大、华夏、广发、平安、招商、浦发、兴业、民生、恒丰、浙商、渤海）。

② 资料来源：中国人民银行、中国银保监会，口径为法人汇总数据。

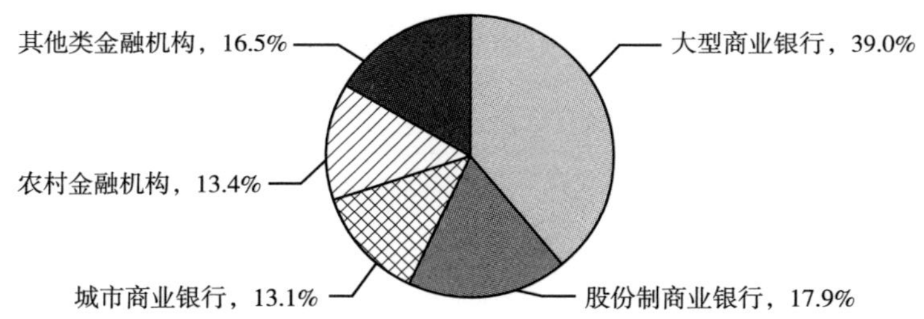

图 3.2　2019 年 11 月银行业金融机构资产份额

资料来源：中国人民银行。

表 3.5　　2016 年上市主要商业银行资产总额及其变化

银行机构	规模（亿元）			增加额（亿元）			增速（%）		
	2016 年	2015 年	2014 年	2016 年	2015 年	变动	2016 年	2015 年	变动
工商银行	154769	134586	117851	20183	16735	3448	15.00	14.20	0.80
农业银行	116776	103374	88826	13402	14548	-1146	12.96	16.38	-3.41
中国银行	118301	104599	87519	13702	17080	-3378	13.10	19.52	-6.42
建设银行	122818	108103	96234	14715	11869	2846	13.61	12.33	1.28
交通银行	46112	39516	33091	6596	6425	171	16.69	19.42	-2.72
国有控股商业银行小计	558776	490178	423521	68598	66657	1941	13.99	15.74	-1.74
招商银行	27950	24025	20679	3925	3346	579	16.34	16.18	0.16
中信银行	27659	20813	17750	6846	3063	3783	32.89	17.26	15.64
光大银行	17333	14840	11977	2493	2863	-370	16.80	23.90	-7.10
民生银行	22291	18273	14264	4054	3973	81	22.23	27.85	-5.62
浦发银行	26847	21914	16227	4933	5687	-754	22.51	25.05	-12.54
兴业银行	24088	18497	13322	5591	5175	416	30.23	38.85	-8.62
华夏银行	12441	10402	8455	2039	1947	92	19.60	23.03	-3.43
平安银行	12582	7276	5878	5306	1398	3908	72.92	23.78	49.14
全国性中小股份制商业银行小计	171191	136004	108552	35187	27452	7735	25.87	25.29	0.58
13 家银行合计	729967	626182	532073	103785	94109	9676	16.43	16.58	-1.16

资料来源：根据各银行年报由笔者自行整理。

截至2016 年末，17 家主要商行资产总额83.57 万亿元，占银行业金融机构资产总额的 62.54%，其中 5 家大型商行资产总额 60.04 万亿元，增长

11.95%；股份制商业银行23.53万亿元，增长28.58%（见表3.6）。

表3.6　　银行业金融机构总资产情况（2007～2016年）　　单位：亿元

机构	2007年	2008年	2009年	2010年	2011年	2012年	2013年	2014年	2015年	2016年
银行业金融机构	276854	315990	374679	439500	531160	631515	795146	953053	1132873	1336224
政策性银行及国家开发银行	21247	24123	29283	34732	42781	56454	69456	76521	93133	112174
大型商业银行	160512	179817	210050	242364	285000	325751	407988	468943	536336	600401
股份制商业银行	29599	36476	44655	54446	72742	88337	118181	149037	183794	235271
城市商业银行	14622	17056	20367	25938	33405	41320	56800	78526	99845	123469
农村商业银行	385	565	3029	5038	6097	9291	18661	27670	42527	62751
农村合作银行	—	—	2750	4654	6460	10033	12791	15002	14025	12835
城市信用社	1468	1787	2033	1831	1312	804	272	22	30	—
农村信用社	26509	30767	31427	34503	43434	52113	54945	63119	72047	79535
非银行金融机构	9100	8272	10162	10594	9717	11802	15504	20896	26067	32299
外资银行	4160	5823	7155	9279	12525	13448	13492	17423	21535	23804
新型农村金融机构和邮政储蓄银行	8894	10850	13787	16122	17687	22163	27045	35101	43456	53511

资料来源：根据各银行年报由笔者自行整理。

（2）存款规模与结构。截至2016年末，银行业金融机构本外币存款余额为94.3万亿元，其中17家主要商行负债总额78.3万亿元，占银行业金融机构负债总额的62.66%。5家大型商行占比44.88%，同比下降2.51%；股份制商行占比17.78%，同比上升1.48%（见表3.7）。

表3.7　　银行业金融机构总负债情况（2007～2016年）　　单位：亿元

机构	2007年	2008年	2009年	2010年	2011年	2012年	2013年	2014年	2015年	2016年
银行业金融机构	265945	303253	358070	417106	500763	593614	750706	894731	1060779	1249515
政策性银行及国家开发银行	20291	23005	27760	33006	39203	52648	65393	72159	88231	106647
大型商业银行	154002	172180	200453	228824	269176	306142	386036	440332	502591	560879
股份制商业银行	28621	35333	43320	52542	69350	83924	112541	140872	173000	222130

续表

机构	2007年	2008年	2009年	2010年	2011年	2012年	2013年	2014年	2015年	2016年
城市商业银行	14123	16473	19540	24723	31152	38651	53123	73703	93203	115395
农村商业银行	380	538	2873	4789	5767	8756	17543	25643	39208	57841
农村合作银行	—	—	2547	4359	6050	9381	11940	13887	12959	11796
城市信用社	1464	1766	2001	1781	1247	757	255	21	24	—
农村信用社	26646	30035	30106	33005	41567	49893	52601	61119	68575	75521
非银行金融机构	7683	7745	9162	9594	7961	9492	12649	17063	21310	26194
外资银行	3751	5329	6530	8532	11353	12028	11818	15569	19535	21249
新型农村金融机构和邮政储蓄银行	8984	10850	13787	16122	17586	21942	26713	34365	42274	51712

资料来源：根据各银行年报由笔者自行整理。

3.2.2.2　资本与资本充足率

截至2018年末，商业银行核心一级资本充足率为11.03%，同比上升0.28个百分点；一级资本充足率为11.58%，同比上升0.24个百分点；资本充足率为14.20%，同比上升0.55个百分点，资本较为充足。核心一级资本净额占资本净额的比重为77.73%，资本质量处于较高水平（见图3.3）。

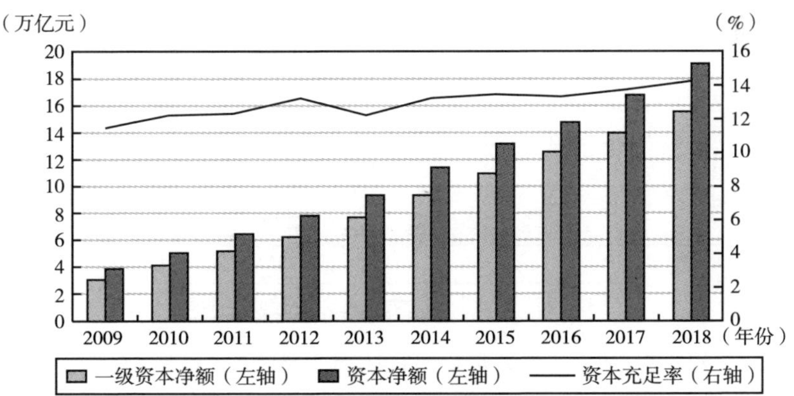

图3.3　商业银行资本充足率及资本构成

资料来源：中国银保监会。

3.2.2.3 流动性分析

根据银保监会统计数据，截至2016年底，银行业金融机构平均流动性比例为47.8%①，同比上升3.07%；存贷款比例为73.5%，同比上升0.74%（见表3.8）。其中，17家主要商行存贷比65.87%，比2015年增加0.61%；流动性比例为44.85%，上升3.05%，整体流动性充足。

表3.8 银行业金融机构流动性比例情况（2011～2016年） 单位:%

机构	2011年	2012年	2013年	2014年	2015年	2016年
银行业金融机构	40.3	49.8	45.7	43.7	44.7	47.8
其中：商业银行	37.7	46.1	42.4	42.2	43.2	45.8

资料来源：根据各银行年报由笔者自行整理。

3.2.2.4 盈利能力分析

利润增长速度有所放缓，非利息收入占比上升。2018年，银行业金融机构实现净利润2.28万亿元，同比增长3.82%，增速下降2.3个百分点。截至2018年末，银行业金融机构资产利润率0.88%，同比下降0.03个百分点，资本利润率11.09%，同比下降0.81个百分点，银行业金融机构盈利能力整体较2017年有所下降。截至2018年末，银行业金融机构净息差2.07%，同比上升0.07个百分点；非利息收入占比24.89%，同比上升0.65个百分点（见图3.4）。

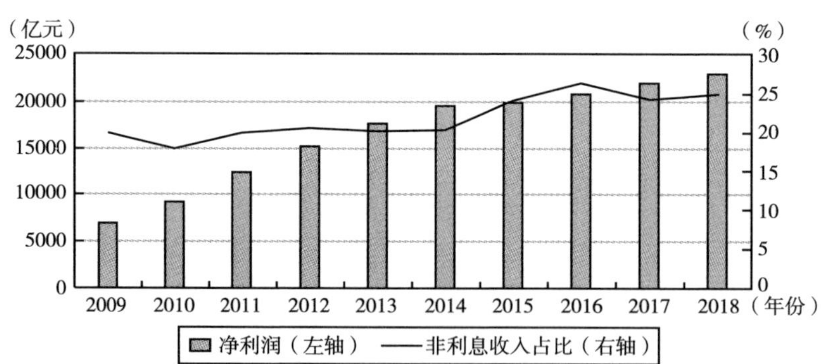

图3.4 银行业金融机构净利润和非利息收入占比变化趋势

资料来源：中国银保监会。

① 流动性比例=流动性资产÷流动性负债×100%

3.3 系统重要性银行理论分析

3.3.1 系统重要性银行定义与分类

考虑到系统重要性银行对整个金融体系的重要影响，国际清算银行、金融稳定委员会、国际货币基金组织等先后出台了系统重要性银行的评估标准，并对其实施更为严格的监管。对系统重要性金融机构（SIFIs）的定义是对其进行宏观审慎监管的前提。国际清算银行（2009）将其定义为“因其经营行为可能给其他金融机构乃至金融体系带来不利影响，且其倒闭存在系统性风险的金融机构，负外部性是其本质特征”①。

2009 年 11 月，金融稳定委员会、国际清算银行、国际货币基金组织联合发布了《系统重要性金融机构、市场与工具评估指引》，将系统重要性金融机构定义为“在金融市场中承担了关键功能，其违约或倒闭将对金融体系稳定性和实体经济运行造成重大负面冲击的金融机构”②。

2010 年金融稳定委员会（FSB）又重新对系统重要性金融机构做了明确定义，将其定义为“因其规模、复杂度与系统相关度，其无序破产将对更广范围内金融体系与经济活动造成严重干扰的金融机构”③。

2011 年国际清算银行将系统重要性银行（systemically important banks，SIBs）定义为“具有负外部性特征，并且由于规模、复杂度与系统相关度在金融市场中承担关键功能，其无序破产可能给金融体系造成包括核心金融功能的中断、金融服务成本急剧增加等在内的系统性风险，进而可能危及金融稳定、损害实体经济的银行”④。

---

① BCBS “Strengthing the Resilience of the Banking Sector: consultative Documnet”, Basel, December, 2009.

② G20, “Guidance to Assess the Systemic Importance of Financial Institutions, Markets and Instruments: Initial Considerations”, Report to G20 Finance Ministers and Governors by IMF, BIS and Financial Stability Board, Oct., 2009.

③ FSB “Reducing the Moral Hazard Posed by Systemicall Important Financial Institutions”, Financial Stability Board Report, 2010.

④ Basel Committee on Banking Supervision, Global systemically important banks: Assessment methodology and the additional loss absorbency requirement, BCBS Meeting, 2011.

2011 年 10 月，金融稳定委员会将系统重要性银行划分为全球系统重要性银行（global systemically important banks，G-SIBs）和国内系统重要性银行（domestic systemically important banks，D-SIBs）两个档次，其中，全球系统重要性银行（G-SIBs）指那些由于具有较大规模、系统重要性，以及全球业务关联度，以至于经营出现问题甚至破产时，将对全球金融体系造成严重冲击，并可能在几个国家（地区）产生严重经济后果的银行。国内系统重要性银行（D-SIBs）则是指“在一国（地区）内规模较大，业务结构较复杂，而且与其他银行业务关联度较高的银行，其经营风险会对国内银行稳定和经济发展造成严重冲击”①。

2011 年 5 月 3 日，银监会发布了《中国银行业实施新监管标准的指导意见》②，提出增强国内系统重要性银行监管有效性的一整套措施。2018 年 11 月 27 日，人民银行与银保监会、证监会联合发布了《关于完善系统重要性金融机构监管的指导意见》（以下简称《指导意见》），对我国系统重要性金融机构的识别、监管和处置作出了总体性的制度安排。

2019 年 11 月，中国人民银行、银保监会就《系统重要性银行评估办法（征求意见稿）》公开征求意见（以下简称《评估办法》），《评估办法》作为《指导意见》的实施细则之一，是我国系统重要性银行认定的依据，也是对系统重要性银行提出附加监管要求、实施宏观审慎管理、建立特别处置机制的前提，符合我国金融监管体制改革的总体方向和要求。

3.3.2 系统重要性银行特征分析

传统来看，系统重要性金融机构具有以下两个显著特征：一是业务规模大；二是相互关联性强。本书从六个方面系统阐述系统重要性金融机构的基本特征。

3.3.2.1 负外部性

巴塞尔银行监督管理委员会认为，系统重要性金融机构的本质特征是

---

① FSB，Global systemically important banks：Assessment methodology and the additional loss absorbency requirement，2011.

② 中国银行业监督管理委员会：《中国银行业实施新监管标准的指导意见》，2011 年 5 月 3 日。

"负外部性"，主要表现为以下方面。

2008年金融危机中，经营陷入困境的并非规模庞大的国际性商业银行，而是在金融市场中交易活跃且与其他机构存在紧密关联的金融机构。系统重要性金融机构所具有的"大而不倒"特点与其自身业务规模庞大、产品种类繁多和其他金融机构业务关联密切等特点直接相关。系统重要性金融机构由于自身规模大、业务关联强，在市场交易中承担较大风险。

3.3.2.2 道德风险

2008年金融危机中，系统重要性金融机构的道德风险问题充分暴露。2010年11月，G20首尔峰会批准了金融稳定委员会提出的旨在降低系统重要性金融机构道德风险的政策框架。这一新框架构建了一个既能保障所有破产金融机构得到清算，同时又不对银行体系稳定造成破坏的方案框架。尽可能避免让纳税人承担银行损失的风险也是这一方案设计的一个重要出发点①。

3.3.2.3 竞争不公平性

由于系统重要性金融机构规模庞大、业务复杂，内在关联性强，在陷入经营困境时政府往往会对其施以援手。据IMF统计，2008年金融危机中，全球145家资产规模超1000亿美元的大银行，所获得救助资金占政府救助资产的90%以上。此外，政府对系统重要性金融机构的各种隐性担保也导致市场竞争性的扭曲，使其在市场竞争中处于不公平的优势地位。

3.3.2.4 评估标准变化性

现实生活中，金融机构的系统重要性随着宏观经济金融环境的变化而变化，评估标准与结果必然也在动态变化。目前，对系统重要性银行的评估每年进行一次，迄今为止，金融稳定委员会、国际清算银行自2011年11月至今已连续公布相应年度的全球系统重要性银行名单。

---

① 2010年10月，FSB发布了《降低系统重要性金融机构道德风险的政策建议及时间表》，初步提出加强系统重要性金融机构监管的总体政策框架和建议。2011年7月，FSB和BCBS分别发布了《系统重要性金融机构有效处置》和《全球系统重要性银行：评估方法和额外吸损要求》两份征求意见稿。2011年11月，经G20戛纳峰会批准，FSB发布了G-SIFIs监管政策框架（含以上两份文件正式发布稿）。

3.3.3 系统重要性银行指标度量方法

3.3.3.1 CAMEL 体系

20 世纪 90 年代前，对单个金融机构风险预警的指标工具是 CAMEL 指标体系，包括资本充足性（capital adequacy）、资产质量（asset quality）、盈利水平（earnings）和流动性（liquidity）指标，通过对所选指标赋予相应权数，加权求和得到同类金融机构的综合得分，对金融机构进行排序，确定出风险状况不佳的银行。1991 年，美国联邦储备委员会对 CAMEL 评级体系进行修订，增加市场风险敏感度（sensitivity of market risk）指标，该指标主要用于考察汇率、利率、商品及股票价格的变化对金融机构收益或资本所产生的不良影响，新预警体系称为“CAMELS Rating”。

3.3.3.2 《全球系统重要性银行：评估方法和额外损失吸收要求》

2011 年 11 月，国际清算银行和金融稳定委员会公布的全球系统重要性银行的衡量标准为：规模（size）、跨国业务（cross-jurisdictional activity）、关联性（interconnectedness）、可替代性（substitutability）和业务复杂程度（complexity）五个方面，五大项计分权重均为 20%，各自项下有 2～3 个子项，每个子项的计分权重也相应等分（见图 3.5）[①]。

国际清算银行和金融稳定委员会分别于 2011 年 11 月 4 日、2012 年 11 月 6 日发布备受全球关注的全球系统重要性银行名单。全球系统重要性银行将受到更为严格的监管，根据巴塞尔协议Ⅲ资本充足率的要求，从 2016 年开始，G-SIBs必须持有比其他银行更多的资本，在 2019 年以前将其核心一级资本率提高至比其他银行最多高出 3.5% 的水平[②]。

用指标法对系统重要性银行进行评估的优点在于操作简便、数据透明，且能据此识别并动态公示 SIFIs 名单，对被列入名单的金融机构形成较大的公众监督压力。相对市场法而言，其缺点是指标度量法不能完全覆盖整个金融体系，

① BIS，Global Systemically Important Banks Assessment Methodology and the Additional Loss Absorbency Requirement，2011. 11. 19.

② BCBS：Basel Ⅲ A global regulatory framework for more resilient banks and banking systems，2011. 7. 19.

特别是缺乏对金融机构间风险关联性的度量，不能动态地测量系统性风险。

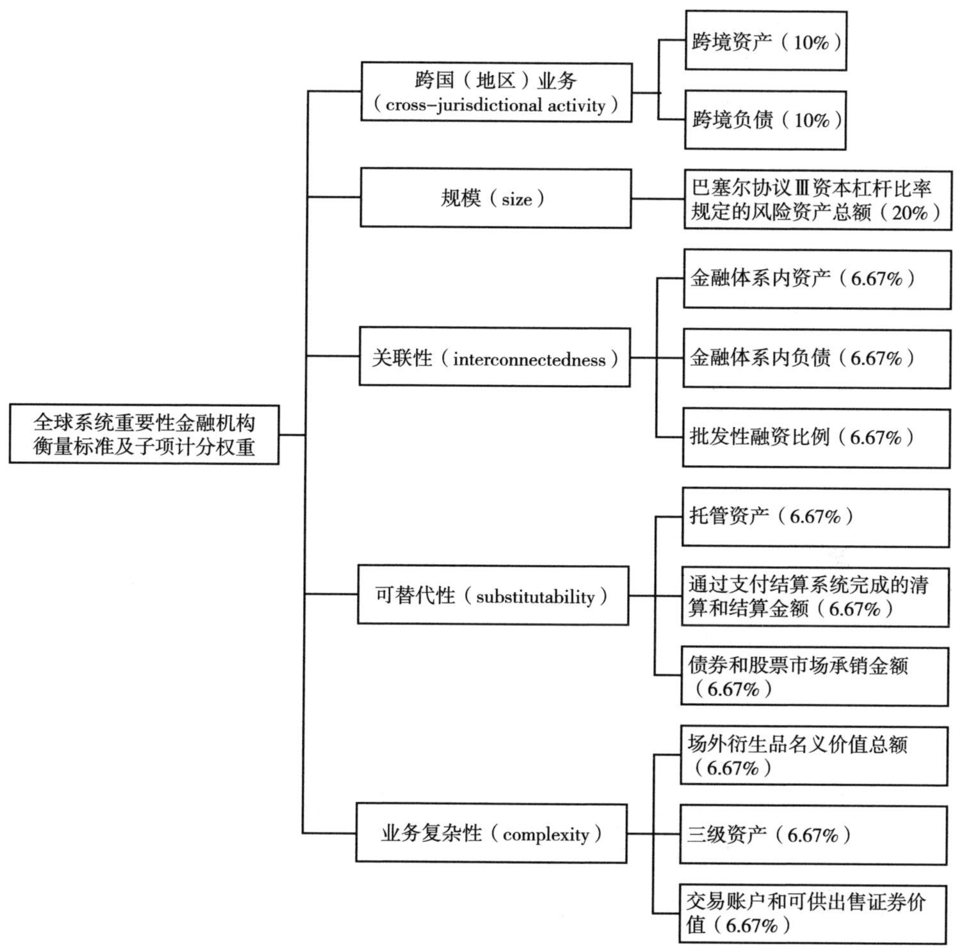

图 3.5　全球系统重要性银行衡量标准及子项计分权重

资料来源：BIS，Global Systemically Important Banks Assessment Methodology and the Additional Loss Absorbency Requirement，2011. 11. 19.

3.4　国内系统重要性银行评估

3.4.1　国内系统重要性银行评估标准

指标分析法是在静态分析银行数据的基础上，明确给出界定系统重要性银行的指标，根据2011年巴塞尔委员会的报告《全球系统重要性银行：评估方法及额外损失吸收要求》[①]，该方法由金融稳定委员会（FSB）、国际清算银行（BIS）和国际货币基金组织（IMF）共同提出，这一方法快捷透明、数据易得、操作简便，目前得到各国金融监管当局的一致认可，在实践中得到广泛应用。

3.4.1.1 《系统重要性金融机构、市场和工具评估指引》[②]

2009年10月，金融稳定委员会（FSB）、国际清算银行（BIS）和国际货币基金组织（IMF）联合发布《系统重要性金融机构、市场和工具评估指引》，提出了衡量系统重要性银行的三个主要标准，分别是规模（size）、相互关联度（interconnectedness）、可替代性（substitubility），这是国际金融监管组织首次对SIFIs进行评估，具体有以下三个方面。

（1）规模。评估系统重要性银行规模指标包括资产负债、市场交易量、表外业务风险敞口、市场份额等，由前分析可知，规模是评估银行系统重要性的重要但非唯一指标。

（2）相互关联度。该指标用以反映银行间的关联性，在分析时主要考虑一个机构的经营状况和风险对其他机构带来的影响。从理论上说，这一指标的提出与系统性风险的传染理论直接相关，在实践中，由于银行间业务的高度关联性，一家银行经营失败会对整个银行体系产生连锁负面影响，而这也是2008年金融危机留给我们的深刻教训之一。

（3）可替代性。理论上讲，该指标考量的是在某家银行经营倒闭后，银行体系内其他银行可以提供与该银行相同或类似服务的程度，该指标从一个侧面反映了社会客户和其他银行对该银行经营的依赖程度。需强调的是，该银行之所以具有系统重要性，其原因并非由于资产负债规模庞大，而是由于其能够为其他银行提供持续、专门的服务关联服务。

3.4.1.2 “基础指标+辅助指标”指标体系

2010年10月，巴塞尔委员会宏观审慎监管工作组公布识别系统重要性

---

① Global Systemically Important Bank Assessment Methodology and the Additional Loss Absorbency Requirement, BCBS, 2011.

② BIS, Guidance to Assess the Systemic Importance of Financial Institutions, Markets and instruments: Initial Considerations, 2009, 10.

银行“基础指标+辅助指标”指标体系：其一是基础指标，包括单家银行资产规模、银行间资产负债额，监管部门根据基础指标确定每家银行系统重要性分值。其二是补充指标，具体包括三类：一是支付清算、托管以及做市业务等可替代性指标；二是批发融资、场外衍生品交易、回购与逆回购等内部关联性指标；三是跨境业务活动指标，主要包括跨境资产占银行总资产比例等，最后由监管部门根据补充指标对基础指标的评分进行调整。

3.4.1.3 《全球系统性重要银行：评估方法和附加损失吸收要求》

2011年7月，金融稳定委员会（FSB）和国际清算银行（BIS）正式发布《全球系统性重要银行：评估方法和附加损失吸收要求》，文件中巴塞尔委员会公布全球系统重要性银行的衡量标准为：规模（size）、跨国业务（cross-jurisdictional activity）、关联性（interconnectedness）、可替代性（substitutability）和业务复杂程度（complexity），以定量指标为基础来评估全球系统重要性银行。每个指标各占20%的权重，各指标项下有2~3个子项，共包括12项具体指标，子项的计分权重也相应等分，上述指标基本涵盖银行表内外活动①。

3.4.1.4 《全球系统重要性银行：更新评估方法和更高损失吸收要求》

2013年7月，国际清算银行发布《全球系统重要性银行：更新评估方法和更高损失吸收要求》②，更高损失吸收要求在2016年1月1日至2016年底与巴塞尔Ⅲ资本保护和反周期缓冲要求相一致，到2019年1月1日完全有效。以此为基础，2011年11月4日，金融稳定委员会（FSB）和国际清算银行（BIS）首次公布29家全球系统重要性银行（G-SIBs）名单，其中美国8家、英国4家、日本3家、法国4家、德国2家、瑞士2家，荷兰、西班牙、意大利、瑞典、比利时、中国各1家。2012年11月6日，金融稳定委员会（FSB）和国际清算银行（BIS）再次公布新的G-SIBs名单，新名单剔除了英国的劳埃德银行集团、德国商业银行和比利时德夏银行，增加了渣打银行和西班牙对外银行，中国银行再次入选全球系统重要性银行（G-SIBs）；2013

① Basel Committee on Banking Supervision, “Global systemically important banks: Assessment methodology and the additional loss absorbency requirement”, BCBS Meeting, 19 Jul, 2011.

② Basel Committee on Banking Supervision, “Global systemically important banks: updated assessment methodology and the higher loss absorbency requirement”, BCBS Meeting, 19 Jul, 2013.

年11月11日，金融稳定委员会（FSB）和国际清算银行（BIS）公布新的全球系统重要性银行（G-SIBs）名单，新名单增加中国工商银行作为G-SIBs（见表3.9）。

表3.9　　　　2011年、2012年、2013年G-SIBs名单

国家	2011年	2012年	2013年
中国	中国银行（Bank of China）	中国银行（Bank of China）	中国银行（Bank of China）、中国工商银行（Industrial and Commercial Bank of China Limited）
美国	美国银行（Bank of America）、纽约梅隆银行（Bank of NewYork Mellon）、花旗银行（Citibank）、高盛集团（Goldman Sachs）、摩根大通（JP Morgan Chase）、摩根士丹利（Morgan Stanley）、道富银行（State Street）、富国银行（Wells Fargo）	美国银行（Bank of America）、纽约梅隆银行（Bank of NewYork Mellon）、花旗银行（Citibank）、高盛集团（Goldman Sachs）、摩根大通（JP Morgan Chase）、摩根士丹利（Morgan Stanley）、道富银行（State Street）、富国银行（Wells Fargo）	美国银行（Bank of America）、纽约梅隆银行（Bank of NewYork Mellon）、花旗银行（Citibank）、高盛集团（Goldman Sachs）、摩根大通（JP Morgan Chase）、摩根士丹利（Morgan Stanley）、道富银行（State Street）、富国银行（Wells Fargo）
英国	苏格兰皇家银行（Royal Bank of Scotland）、劳埃德银行集团（Lloyds Bank）、巴克莱银行（Barclays）、汇丰控股（HSBC）	苏格兰皇家银行（Royal Bank of Scotland）、巴克莱银行（Barclays）、汇丰控股（HSBC）、渣打银行（SCB）	苏格兰皇家银行（Royal Bank of Scotland）、巴克莱银行（Barclays）、汇丰控股（HSBC）、渣打银行（SCB）
法国	法国巴黎银行（BNP Paribas）、农业信贷银行（Group Crédit Agricole）、法国BPCE银行集团（Groupe BPCE）、法国兴业银行（Société Générale）	法国巴黎银行（BNP Paribas）、农业信贷银行（Group Crédit Agricole）、法国BPCE银行集团（Groupe BPCE）、法国兴业银行（Société Générale）	法国巴黎银行（BNP Paribas）、农业信贷银行（Group Crédit Agricole）、法国BPCE银行集团（Groupe BPCE）、法国兴业银行（Société Générale）
德国	德意志银行（Deutsche Bank）、德国商业银行（Commerz bank）	德意志银行（Deutsche Bank）	德意志银行（Deutsche Bank）
意大利	裕信银行（Unicredit Group）	裕信银行（Unicredit Group）	裕信银行（Unicredit Group）
瑞士	瑞士银行（UBS）、瑞士信贷集团（Credit Suisse）	瑞士银行（UBS）、瑞士信贷集团（Credit Suisse）	瑞士银行（UBS）、瑞士信贷集团（Credit Suisse）
荷兰	荷兰国际集团（ING Bank）	荷兰国际集团（ING Bank）	荷兰国际集团（ING Bank）

续表

国家	2011 年	2012 年	2013 年
瑞典	北欧联合银行（Nordea）	北欧联合银行（Nordea）	北欧联合银行（Nordea）
日本	三菱日联金融集团（Mitsubishi UFJ FG）、瑞穗金融集团（Mizuho FG）、三井住友金融集团（Sumitomo Mitsui FG）	三菱日联金融集团（Mitsubishi UFJ FG）、瑞穗金融集团（Mizuho FG）、三井住友金融集团（Sumitomo Mitsui FG）	三菱日联金融集团（Mitsubishi UFJ FG）、瑞穗金融集团（Mizuho FG）、三井住友金融集团（Sumitomo Mitsui FG）
西班牙	桑坦德银行（Banco Santander）	桑坦德银行（Banco Santander）、对外银行（BBVA）	桑坦德银行（Banco Santander）、对外银行（BBVA）
比利时	德夏银行（Dexia）		

资料来源：

1. FSB, BIS. Guidance to Assess the Systemic Importance of Financial Institutions, Markets and Instruments: Initial Considerations [R]. Basel Report to G20 Finance Ministers and Governors, 2012 (12): 25 - 30.

2. FSB. BIS. 2013 update of group of global systemically important banks (G-SIBs), 11 November, 2013.

基于以上分析，可以看出金融稳定委员会（FSB）、国际清算银行（BIS）对全球系统重要性银行（G-SIBs）的评估是动态评估，2017 年 11 月，FSB、BIS 又对全球系统重要性银行（G-SIBs）的评估方法进行修改。

3.4.1.5 《巴塞尔协议Ⅲ》对全球系统重要性银行（G-SIBs）的资本要求

巴塞尔协议Ⅲ资本监管框架如表 3.10 所示。

表 3.10　　巴塞尔协议Ⅲ资本监管框架　　单位：%

资本要求	普通股/风险加权资产	核心资本/风险加权资产	总资本/风险加权资产
最低资本	4.5	6.0	8.0
资本留存缓冲要求	2.5	2.5	2.5
最低资本 + 缓冲资本	7.0	8.5	10.5
逆周期缓冲资本区间	0 ~ 2.5	0 ~ 2.5	0 ~ 2.5
系统重要性银行资本要求	1	1	1

资料来源：BCBS. Basel Ⅲ: A global regulatory framework for more resilient banks and banking system. Bank for International Settlement, 2010. 12. 16.

为降低《巴塞尔协议Ⅲ》对银行贷款供给能力以及宏观经济的影响，《巴塞尔协议Ⅲ》制定了从 2013 ~ 2019 年较长的过渡期。

3.4.1.6 中国人民银行、银保监会发布的系统重要性银行的评估指标

2011 年 5 月 3 日，银监会发布《中国银行业实施新监管标准的指导意见》，明确对国内系统重要性银行（D-SIBs）的资本充足率标准，对国内系统重要性银行的附加资本要求暂定为 1%，并提出增强国内系统重要性银行监管有效性的一整套措施 。2011 年末，银监会发布《关于国内系统重要性银行划分标准的征求意见稿》，确定评估国内系统重要性银行的四个指标：规模、可替代性、关联性和复杂性，上述指标各赋予 25% 的权重[①]。

2019 年 11 月 27 日，人民银行和银保监会联合发布《系统重要性银行评估办法（征求意见稿）》，人民银行、银保监会根据参评银行的规模、关联度、可替代性和复杂性等一级指标，评估其系统重要性程度和变化情况[②]。具体指标及相当权重如下。

（1）规模。评估参评银行规模时，采用调整后的表内外资产余额作为定量指标。

调整后的表内外资产余额是指作为杠杆率分母调整后的表内资产余额和调整后的表外项目余额之和，按照《商业银行杠杆率管理办法》规定的口径计算。该指标权重为 25% 。

（2）关联度。评估参评银行关联度时，采用下列定量指标。

①金融机构间资产，指银行与其他金融机构交易形成的资产余额。该指标权重为 8.33% 。

②金融机构间负债，指银行与其他金融机构交易形成的负债余额。该指标权重为 8.33% 。

③发行证券和其他融资工具，指银行通过金融市场发行的股票、债券和其他融资工具余额。该指标权重为 8.33% 。关联度类指标总权重为 25% 。

（3）可替代性。评估参评银行可替代性时，采用下列定量指标。

①通过支付系统或代理行结算的支付额，指银行作为支付系统成员，通过国内外大额支付系统或代理行结算的上一年度支付总额，包括为本银行清算的支付总额和本银行代理其他金融机构进行清算的支付总额。该指标权重

① 中国银行监督管理委员会：《关于国内系统重要性银行划分标准的征求意见稿》，2011 年 12 月 6 日。

② 中国人民银行和银保监会联合发布：《系统重要性银行评估办法（征求意见稿）》，2019 年 11 月 27 日。

为6.25%。

②托管资产，指上年末银行托管的资产余额。该指标权重为6.25%。

③代理代销业务，指银行作为承销商或代理机构，承销债券，代理代销信托计划、资管计划、保险产品、基金、贵金属等业务的年内发生额。该指标权重为6.25%。

④境内营业机构数量，指银行在境内设立的持牌营业机构总数。该指标权重为6.25%。可替代性类指标总权重为25%。

（4）复杂性。评估参评银行复杂性时，采用下列定量指标。

①衍生产品，指银行持有的金融衍生产品的名义本金余额。该指标权重为5%。

②交易类和可供出售证券，指银行为交易持有、以公允价值计量且其变动计入当期损益的证券余额和可供出售证券余额之和。该指标权重为5%。

③非银行附属机构资产，指银行控股或实际控制的境内外非银行金融机构的资产总额。该指标权重为5%。

④理财业务，指银行发行的非保本理财产品余额。该指标权重为5%。

⑤境外债权债务，指银行境外债权和境外债务之和，其中境外债权指银行持有的对其他国家或地区政府、中央银行、公共部门实体、金融机构、非金融机构和个人的直接境外债权扣除转移回境内的风险敞口之后的最终境外债权；境外债务指银行对其他国家或地区政府、中央银行、公共部门实体、金融机构、非金融机构和个人的债务。该指标权重为5%。复杂性类指标总权重为25%。

3.4.2　国内系统重要性银行指标法评估

2011年7月，金融稳定委会（FSB）、巴塞尔委员会（BCBS）联合发布《全球系统重要性银行：评估方法和附加损失吸收要求》[①]，通过分析规模（size）、关联性（interconnectedness）、可替代性（substitutability）、复杂性（complexity）和国际业务（cross-jurisdictional activity）等五项指标，对系统重要性银行进行评估，并以此公布全球系统重要性银行（G-SIBs）名单。

---

① Basel Committee on Banking Supervision，"Global systemically important banks assessment methodology and the additional loss absorbency requirement"，BCBS Meeting，2011（7）.

2011 年 12 月，银监会发布《关于国内系统重要性银行划分标准的征求意见稿》，确定评估国内系统重要性银行的四个指标，分别是规模、可替代性、关联性和复杂性（剔除了全球系统重要性银行评估方法中的国际业务指标），上述指标各赋予 25% 的权重①。

2019 年 11 月 27 日，中国人民银行和银保监会联合发布《系统重要性银行评估办法（征求意见稿）》，人民银行、银保监会根据参评银行的规模、关联度、可替代性和复杂性等四个一级指标，评估国内银行系统重要性程度和变化情况。

本节将根据金融稳定委会（FSB）、巴塞尔委员会（BCBS）发布的《全球系统重要性银行：评估方法和附加损失吸收要求》，以及中国人民银行和银保监会发布的《系统重要性银行评估办法（征求意见稿）》提出的评估指标，结合国内学者的研究，使用可得到的国内银行业数据，建立识别国内系统重要性银行（D-SIBs）的评估指标，以期对相关研究做有益的补充。

3.4.2.1 指标选择与样本数据

根据国内外同类文献的研究经验，本书设置 4 个一级指标②：规模、关联性、可替代性、复杂性，18 个二级指标，表 3.11 中 18 个二级指标全面衡量了样本银行的系统重要性。本书选取 2012 ~ 2017 年上市银行相关数据，以此为基础测算我国 16 家上市银行的系统重要性③。

3.4.2.2 系统重要性指标的熵值衡量

（1）原始样本矩阵的构建及标准化。熵值法是一种宏观赋值法，熵是度量信息系统无序程度的一个变量。金融稳定委会（FSB）、巴塞尔委员会（BCBS）对全球系统重要性银行（G-SIBs）各个指标的评估，采取权重均等化的做法，但这与商业银行经营现实存在一定偏差，商业银行经营中的各项指标，对其系统重要性的影响不可能完全一致。因而需要引入一个客观上能够

---

① 中国银行监督管理委员会．关于国内系统重要性银行划分标准的征求意见稿［EB/OL］．(2011－12－06)．http：//www.gov.cn/gzdt/2011－12/06/content_1857041.htm.

② 由于测量对象是国内系统重要性银行，因此跨境业务指标在此舍弃。

③ 包括 5 家大型商业银行（工商银行、农业银行、中国银行、建设银行、交通银行）和 11 家股份制商业银行（中信银行、光大银行、华夏银行、平安银行、招商银行、上海浦东发展银行、兴业银行、民生银行、北京银行、南京银行、宁波银行），农业银行和光大银行 2010 年上市，2010 年以前的有关数据缺乏。

表 3.11　　国内系统重要性银行评估样本指标体系

序号	指标类型	指标内容
1	规模	银行总资产
		银行总负债
		总收入
2	关联度	拆出资金
		拆入资金
		存放同业及其他金融机构款项（资产）
		存放同业及其他金融机构款项（负债）
		可出售金融资产
		吸收同业存款
		发放同业存款
3	可替代性	交易性金融资产
		交易性金融负债
		手续费及佣金收入
		利息净收入
4	复杂性	买入返售金融资产
		卖出回购金融资产
		衍生金融资产
		衍生金融负债

资料来源：笔者自行整理。

将权重差异分散化的分析指标体系。熵值法用于对国内银行系统重要性的衡量，可减少主观判断对评估过程的干扰，更能客观地计算各评价指标对国内银行系统重要性的贡献度。

在评价过程中，定义 E 为具有 m 个评价指标（$0<m<16$）、n 个样本银行（$0<n<16$）的样本矩阵，即 $E=(e_{ij})_{m\times n}(i=1,2,\cdots,m;j=1,2,\cdots,n)$。由于表 3.11 中指标类型及量纲不尽相同，需要对原始样本矩阵进行标准化处理。

对于评价指标中的极小型（负效应型）指标和极大型（正效应型）指标，可用极差变换法标准化处理。

极小型指标的标准化处理为：

$$y_{ij}=\frac{\max(e_{ij})-e_{ij}}{\max\limits_{i}(e_{ij})-\min\limits_{i}(e_{ij})}(i=1,2,\cdots,m;j=1,2,\cdots,n) \tag{3.1}$$

极大型指标的标准化处理为：

$$y_{ij}=\frac{e_{ij}-\min(e_{ij})}{\max\limits_{i}(e_{ij})-\min\limits_{i}(e_{ij})}(i=1,2,\cdots,m;j=1,2,\cdots,n) \tag{3.2}$$

标准化后可得样本矩阵：

$$Y=(y_{ij})_{m\times n}(i=1,2,\cdots,m;j=1,2,\cdots,n) \tag{3.3}$$

（2）熵值法模型设计。国内系统重要性银行评价指标众多，为合理确定各指标权重，本书采用熵值法计算各指标初始权重。

由 $Y=(y_{ij})_{m\times n}(i=1,2,\cdots,m;j=1,2,\cdots,n)$ 计算可得，

设第 i 个样本银行第 j 个指标占此指标值的比重为：

$$\eta_{ij}=\frac{y_{ij}}{\sum_{i=1}^{m}y_{ij}}(i=1,2,\cdots,m;j=1,2,\cdots,n) \tag{3.4}$$

根据熵的定义，所有样本银行第 j 个指标的熵值为：

$$E_j=-k\sum_{i=1}^{n}\eta_{ij}\ln\eta_{ij}(j=1,2,\cdots,n) \tag{3.5}$$

其中，$k=\frac{1}{\ln m}$ 是系统熵系数，并规定 $\eta_{ij}=0$ 时，$\eta_{ij}\ln\eta_{ij}=0$。

设各评价指标的权重向量为 $W^*=(w_1^*,w_2^*,\cdots,w_n^*)$，则第 j 项指标的熵权为：

$$W_j^*=(1-E_j)/\sum_{j=1}^{n}(1-S_i)(j=1,2,\cdots,n) \tag{3.6}$$

由式（3.5）和式（3.6）可得到第 j 家银行的系统重要性指数 R_i，即：

$$R_i=\sum_{j=1}^{n}w_j^*\cdot\eta_{ij}(i=1,\cdots,m) \tag{3.7}$$

式（3.7）的计算结果即为熵值衡量的系统重要性指标，在此基础上可选定得分阈值，作为进入系统重要性银行的标准。

这种测量方法也存在一个缺陷：熵权模型采用占比性的评价方法，其中，η_{ij} 对系统重要性指数计算影响较大。而 $\eta_{ij}=\frac{y_{ij}}{\sum_{i=1}^{m}y_{ij}}(i=1,2,\cdots,m;j=1,2,\cdots,n)$ 与银行规模直接相关，规模大分值高，但忽略了样本银行间的风险传染性测量，因而需要进行相关风险传染性的修正评估。

3.4.2.3 国内系统重要性银行评价的实证研究

（1）数据及标准化处理。本书选取我国 16 家上市银行 2012～2017 年的

相关数据，对国内银行系统重要性进行评估，评价指标原始数据来自商业银行各年年报。根据评价指标和有关数据，可得评价样本矩阵 $E_{16\times18}$，按照式（3.1）、式（3.2）进行标准化处理后，可进一步得到 $Y_{16\times18}$。

（2）国内银行系统重要性指标的熵权重。根据熵值法模型和式（3.3）、式（3.5），运用2012～2017年平均规模数据可得各二级指标的熵权重（见表3.12）。

表3.12 国内银行系统重要性评估指标的熵权重计算结果

j 项	一级指标	二级指标	权重（w_j^*）						平均权重（$\overline{w_j^*}$）
			2012年	2013年	2014年	2015年	2016年	2017年	
1	规模	银行总资产	0.1501	0.1503	0.1506	0.1503	0.1506	0.1508	0.9836
2		银行总负债	0.1497	0.1461	0.1498	0.1497	0.1499	0.1496	0.8163
3		总收入	0.0722	0.0729	0.0733	0.0816	0.0834	0.0856	0.0787
4	关联性	拆出资金	0.0712	0.0693	0.0699	0.0714	0.0728	0.0748	0.0728
5		拆入资金	0.0778	0.0776	0.0689	0.0742	0.0751	0.0771	0.0723
6		存放同业款项（资产）	0.0243	0.0258	0.0489	0.0626	0.0648	0.0656	0.0494
7		存放同业款项（负债）	0.0538	0.0523	0.0546	0.0551	0.0568	0.0565	0.0532
8		可出售金融资产	0.0392	0.0321	0.0376	0.0396	0.0393	0.0398	0.0391
9		吸收同业存款	0.0520	0.0535	0.0536	0.0517	0.0528	0.0537	0.0538
10		发放同业贷款	0.0452	0.0463	0.0457	0.0475	0.0482	0.0483	0.0483
11	可替代性	手续费及佣金收入	0.0658	0.0667	0.0678	0.0682	0.0682	0.0687	0.0676
12		利息净收入	0.0521	0.0507	0.0515	0.0522	0.0531	0.0536	0.0522
13		交易性金融资产	0.0616	0.0459	0.0657	0.0651	0.0676	0.0692	0.0656
14		交易性金融负债	0.1025	0.1069	0.1078	0.1254	0.0665	0.1191	0.1051
15	复杂性	衍生金融资产	0.0828	0.0888	0.0776	0.0767	0.0835	0.0857	0.0826
16		衍生金融负债	0.0693	0.0767	0.0707	0.0719	0.0736	0.0736	0.0731
17		买入返售金融资产	0.0199	0.0275	0.0366	0.0393	0.0396	0.0397	0.0338
18		卖出回购金融资产	0.0351	0.0488	0.0425	0.0436	0.0457	0.0477	0.0439

资料来源：笔者根据实证结果整理。

由表3.12可以看出，2012～2017年国内系统重要性银行各评估指标的熵权重计算结果，其中规模、关联度、可替代性和复杂性权重分别为1.8786、0.3889、0.2905和0.2334，因此，在国内银行系统重要性评估中规模指标所占权重远大于其他三个指标，是评估指标中最重要的一项，关联度指标权重排第二位，对系统重要性银行的评估也起着重要影响作用，拆入资金和拆出资金是关联性指标中最重要的两项。“衍生金融资产”和“衍生金融负债”在复杂性指标中所占权重较高，这说明衍生金融产品的市场规模对银行系统重要性评估也有着重要影响，随着国内银行衍生金融产品交易品种的增多和交易数量的增加，高风险、高杠杆率的金融衍生品对银行带来的风险需要引起银行监管部门的警惕。

（3）国内银行系统重要性评估。截至 2017 年底，我国银行业金融机构本外币资产合计 252 万亿元，同比增长 8.7%。其中各项贷款 129 万亿元，同比增长 12.4%；银行业总负债 233 万亿元，同比增长 8.4%。其中，各项存款 157 万亿元，占比大概将近 70%。①

五家大型商业银行、股份制商业银行占银行业金融机构资产的份额为 44.9%、17.6%，占银行业金融机构负债的份额为 44.88%、17.78%。因此，可将五家大型商业银行和股份制商业银行视为一个关联性强的整体网络系统，根据熵值法模型和式（3.3）~式（3.5），对 16 家上市银行计算 2013 ~ 2017 年的系统重要性指数 r_i，并据其大小进行排名，结果如表 3.13 所示。

表 3.13　国内系统重要性银行（D-SIBs）评估结果

序号	银行	2013 年			2014 年			2015 年			2016 年			2017 年		
		r_i	排名	SIBs	r_i	排名	SIBs	r_i	排名	SIBs	r_i	排名	SIBs	r_i	排名	SIBs
1	中国银行	0.2863	1	√	0.2868	1	√	0.2853	1	√	0.2867	1	√	0.2878	1	√
2	工商银行	0.2056	2	√	0.2551	2	√	0.2652	2	√	0.2635	2	√	0.2695	2	√
3	农业银行	0.1268	4	√	0.1556	4	√	0.1552	4	√	0.1572	4	√	0.1677	4	√
4	建设银行	0.1551	3	√	0.1652	3	√	0.1671	3	√	0.1668	3	√	0.1767	3	√
5	交通银行	0.0789	5	√	0.0877	5	√	0.0867	5	√	0.0857	5	√	0.0878	5	√
6	华夏银行	0.0116			0.0153			0.0175			0.0182			0.0190		

① 银保监会：2017 年末银行业资产总额 252 万亿元，https://finance.ifeng.com/a/20180209/15980655_0.shtml.

续表

序号	银行	2013 年			2014 年			2015 年			2016 年			2017 年		
		r_i	排名	SIBs	r_i	排名	SIBs	r_i	排名	SIBs	r_i	排名	SIBs	r_i	排名	SIBs
7	中信银行	0.0223			0.0231			0.0257			0.0252			0.0252		
8	光大银行	0.0262			0.0267			0.0282			0.0271			0.0268		
9	招商银行	0.0325			0.0436			0.0521			0.0473			0.0473		
10	平安银行	0.0083			0.0087			0.0087			0.0069			0.0085		
11	民生银行	0.0262			0.0265			0.0262			0.0259			0.0272		
12	浦发银行	0.0177			0.0197			0.0171			0.0189			0.0190		
13	兴业银行	0.0236			0.0225			0.0282			0.0252			0.0278		
14	北京银行	0.0082			0.0087			0.0093			0.0097			0.0097		
15	南京银行	0.0035			0.0051			0.0038			0.0037			0.0056		
16	宁波银行	0.0021			0.0020			0.0019			0.0018			0.0032		

注：表中数据根据 2013～2017 年各上市银行年报有关数据计算得到；标有“√”的银行为系统重要性银行。

由表 3.13 可以看出，2013～2017 年，中行、工行、建行、农行和交行五家大型商业银行均为国内系统重要性银行。从 16 家上市银行系统重要性来看，中行、工行、建行和农行是处于第一梯队的银行，交行名列第五，其得分与前四大行相比差距较大，但与四大行之外的银行相比又明显偏高，说明其处于国内系统重要性银行的第二梯队，其他银行则为非系统重要性银行。因此，我们可以将 16 家银行分为两类：第一类为国内系统重要性银行（D-SIBs），即五大国有控股商业银行；第二类为非国内系统重要性银行，即 11 家上市股份制商业银行。

第4章　国内系统重要性银行风险度量

本书第3章对国内系统重要性银行的识别问题进行了理论分析和实证检验，结果表明国内五家大型商业银行为现阶段国内系统重要性银行。本章着重分析衍生金融工具与系统性风险监测的国际经验，基于国内系统重要性银行现实经营情况，构建国内系统重要性银行风险传染的度量框架。

4.1　系统性风险度量模型

4.1.1　银行系统性风险度量模型

2008年金融危机后国内外学者对系统重要性银行风险传染量化分析的研究主要集中在银行体系及金融市场的危机传染分析中。国际货币基金组织（IMF）在2009年《全球金融稳定报告》（Global Financial Stability Report）中归纳了系统重要性银行风险传染的评估方法。笔者自行归纳绘制了当前银行系统性风险测量模型（见图4.1）。

4.1.1.1　银行资产负债表和银行间支付渠道模型

2008年金融危机前，基于银行资产负债表数据进行系统性风险的度量，包括综合指标法和早期预警技术，危机后主要运用双边敞口矩阵，通过网络分析法度量通过银行间市场渠道和支付系统渠道进行的银行间风险传染。与基于市场数据的度量模型相比，该类方法较为简单实用，具有重要实用意义（见表4.1）。

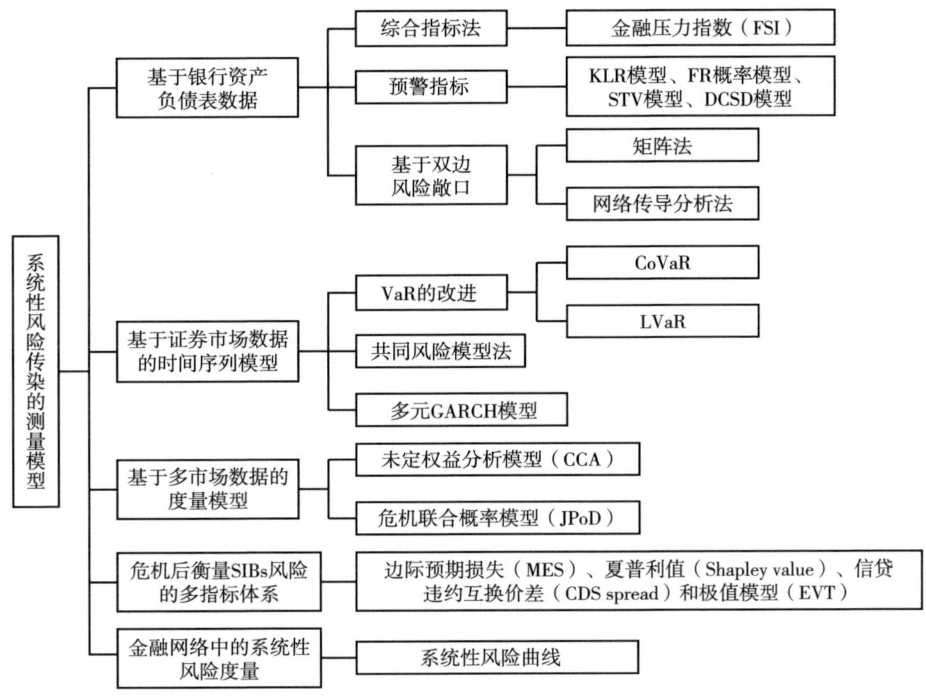

图 4.1　系统性风险度量模型

表 4.1　　银行间系统性风险度量方法比较

分组	方法名称	主要思想	学者	分析方法
银行间市场渠道	矩阵法	基于一家银行倒闭产生多米诺骨牌效应，导致其他银行也倒闭，分析银行系统性风险传染	勒纳（2008）	熵最优法
	网络分析法	银行间市场中心行与其他多家银行之间存在潜在风险传染，根据银行间市场的网络形状，构造网络分析模型，测算系统性风险的传染	杰纳特和穆勒（2008）	网络模拟法
	三阶段模型	支付系统中存在类似 CHIPS* 的 ASO 协议*，单家银行出现支付困难，对系统内其他银行产生直接负面影响，导致银行间信贷市场资金供应产生缺口，资产质量差的银行会倒闭，导致风险在银行系统内蔓延	戴蒙德（1983） 皮特（2005）	模拟法

资料来源：A new approach to assessing risks to financial stability [R]. Bank of England Financial Stability Paper，No. 2，2005.

4.1.1.2 金融市场数据模型

2008 年金融危机后，对金融市场数据的分析主要是针对市场风险展开，采用 VaR 方法。这一方法有两条主线：一是对传统 VaR 度量方法的改进，学者们采用 CoVaR 法量化分析银行间风险传染及溢出效应，分析系统性银行风险；二是引入多元 GARCH 模型，这一模型弥补了原有的 ARCH（GARCH）族模型在研究银行风险收益中难以捕捉结构动态转换现象的缺陷。

4.1.1.3 多指标体系

2008 年金融危机后，国外学者从不同角度对系统性风险度量进行了研究，已有研究方法主要包括边际预期损失（marginal expected shortfall, MES）、夏普利值（Shapley value）、信贷违约互换价差（CDS spread）和极值模型（extreme value theory）。

在实践中由于银行系统性风险范围广泛、来源多样、形式多变，将上述方法应用于国内银行系统性风险度量，所面临的主要问题是数据收集困难和技术方法应用障碍，对系统性风险准确把握和度量带来诸多困难。2008 年金融危机后，国际货币基金组织（IMF）提出宏观审慎指标（macro-prudential indicators, MPI），用以监测银行系统性风险。MPI 包括两组指标：一组是反映银行稳健性的微观审慎指标，该指标主要基于衡量 CAMELS 框架①；另一组指标是和银行稳健性密切相关的宏观经济变量。

4.1.2 金融部门评估规划框架（FSAP）

1999 年 5 月，国际货币基金组织（IMF）和世界银行联合启动金融部门评估规划（financial sector assessment programme, FSAP）以加强对成员金融脆弱性的评估。目前，金融部门评估规划（FSAP）已成为被国际货币基金组织（IMF）各成员广泛接受的金融稳定评估框架，各成员定期向国际货币基金组织报告，并接受其监督和指导。

2001 年 6 月，国际货币基金组织（IMF）提出金融稳健性指标（financial

---

① CAMELS 包括资本充足（capital adequacy）、资产质量（asset quality）、管理质量（management quality）、盈利（earnings）、流动资金（liquidity）、对市场风险的敏感度（sensitivity to market risk）六个评级因素。

soundness indicators，FSIs）框架，向国际社会征求意见。2003 年 12 月，金融稳健性指标成为 IMF 各成员广为接受的评价体系。金融稳健性指标包括核心指标集和鼓励指标集，既包括经济增长、通货膨胀、利率等宏观指标，也包括资本充足率、盈利性、资产质量等微观指标（见表 4.2、表 4.3）。2011 年 9 月，国际货币基金组织（IMF）发布《全球金融稳定报告》，将金融稳健性指标增加七个宏观审慎监管预警指标（见表 4.4）。

表 4.2　　金融稳健性指标（核心指标集）

核心指标集		注释
资本充足率	监管资本/风险加权资产	资本的广义衡量，包括次级债务、未实现的资本收益等
	一级资本/风险加权资产	质量最高的资本，如股东权益等占风险资产的比率
资产质量	不良贷款/全部贷款总额	表明银行贷款的质量情况
	（不良贷款 - 准备金）/资本	表明相对于资本，需要补充准备金的潜在规模
	贷款部门分布/全部贷款总额	识别对特定部门贷款集中的暴露
收益和利润	资产收益/资本收益	评估相对于资本或贷款和资产组合，收益冲销损失的范围
	利差收入/总收入	表明净利息收入和重要性和其吸纳损失的范围
	非利息收入/总收入	非利息收入占总收入的比例
流动性	流动资产/总资产 流动资产/短期负债	评估整个部门在无法从市场上筹集资金或遇到存款挤提时流动性情况
外汇风险暴露	外汇净头寸/资本	衡量外币风险

表 4.3　　金融稳健性指标（鼓励指标集）

主体	指标	公式	注释
存款机构	资本充足率	资本/全部资产	衡量资本充足率
	资产质量	地区贷款/全部贷款	识别银行体系对特定国家贷款集中度风险
	衍生品风险暴露	衍生品资产总额/资本	计算衍生产品风险暴露
	衍生品风险暴露	衍生品负债总额/资本	计算衍生产品风险暴露
	资产质量	大额风险资产/ 资本	识别对大额借款人风险暴露

续表

主体	指标	公式	注释
存款机构	收益与盈利性	交易收入/总收入	衡量对交易收入的依赖性
		人员费用/非利息支出	计算非利息费用降低盈利的程度
		存贷款利差	银行业竞争水平及盈利
	流动性	同业拆借利差	关于同业拆借市场上交易对手风险的指标
		客户存款/全部贷款	评估客户存款稳定性
	外汇风险	外汇贷款/全部贷款	衡量贷款组合汇率风险
		外汇负债/全部贷款	衡量贷款组合汇率风险
	权益市场风险	股本净头寸/资本	衡量股权资本占总资本比例
市场流动性	流动性	证券市场平均买卖价差	衡量证券市场流动性
		证券市场日平均交易量	衡量证券市场流动性
非银行金融机构	规模	资产/金融机构总资产	衡量在金融体系规模和重要性
	规模	资产/GDP	衡量在金融体系规模和重要性
公司部门	杠杆率	总债务/权益资本	衡量公司财务杠杆率
	盈利性	净收入/平均资本	计算净收入与资本比率
	债务偿还	收入/本金和利息的支出	计算收入支付本金和利息能力
	外汇风险	外汇风险暴露/股本	计算公司汇率变动风险
居民	杠杆率	家庭债务/GDP	计算居民债务占 GDP 比率
	债务偿还能力	居民还本付息额/可支配收入	反映居民债务偿还能力
房地产市场	房地产价格	房地产价格	衡量房地产市场总体价格水平
	房地产风险	住房房地产贷款/全部贷款	衡量银行对住宅房地产贷款风险暴露
	房地产风险	商业房地产贷款/全部贷款	衡量银行对商业房地产贷款风险暴露

资料来源：IMF：Analytical Tools of the FSAP，2003. 2.

表 4.4　　金融稳健性指标（宏观审慎监管预警指标集）

预警指标	注释
银行信贷/GDP	危机前 1 ~2 年年均增长率大于 3%
银行存款/贷款	危机前大于 120%
银行外债/国内存款	危机前 1 ~2 年增加 32% ~38%
私人部门外债	危机前 1 ~2 年增加 10% ~25%

续表

预警指标	注释
实际有效汇率（REER）	危机生成过程中迅速上升
银行信贷增长	固定汇率实施国危机期间高于平时
房地产价格	危机前 1 ~2 年平均上升 10% ~12%

资料来源：IMF，Global Financial Stability Report，2011.

中国的金融部门评估规划（FSAP）于 2009 年 8 月正式启动，2009 ~ 2011 年，我国完成首次“金融部门评估规划”，2011 年 11 月 15 日，国际货币基金组织（IMF）发布《中国金融体系稳定性评估报告》①。根据国际货币基金组织对系统重要性经济体每 5 年开展一次更新评估的要求，2015 年 10 月，国际货币基金组织和世界银行启动对我国的“金融部门评估规划”更新评估。人民银行以及银保监会、证监会、财政部、发改委、法制办、外汇局等相关部门抽调精干力量，与评估团密切配合，顺利完成了“金融部门评估规划”更新评估。

2017 年 12 月 7 日，国际货币基金组织和世界银行公布了中国“金融部门评估规划”更新评估核心成果报告——《中国金融体系稳定评估报告》《中国金融部门评估报告》《关于中国遵守〈有效银行监管核心原则〉详细评估报告》《关于中国遵守〈证券监管目标与原则〉详细评估报告》《关于中国遵守〈保险核心原则〉详细评估报告》。②

金融部门评估规划（FSAP）采用三种工具：金融稳健指标（FSIs）、压力测试（stress testing）以用标准与准则（standards and codes）评估，其中，压力测试是对金融稳健分析指标的有效补充。

4.1.2.1 金融稳健指标（FSIs）

（1）指标构成。

根据宏观审慎监管原则，运用金融稳健性指标，可从三个层面对系统性风险进行评估（见图 4.2），通过对系统重要银行和实体部门各项指标的分析，为金融危机提供预警和防范依据。

① IMF：People’s Republic of China Financial System Stability Assessment November 2011 IMF Country Report No. 11 321，2011. 11. 14.

② https：//www. imf. org/en/Publications/CR/Issues/2017/12/07/people-republic-of-china-financial-system-stability-assessment –45445.

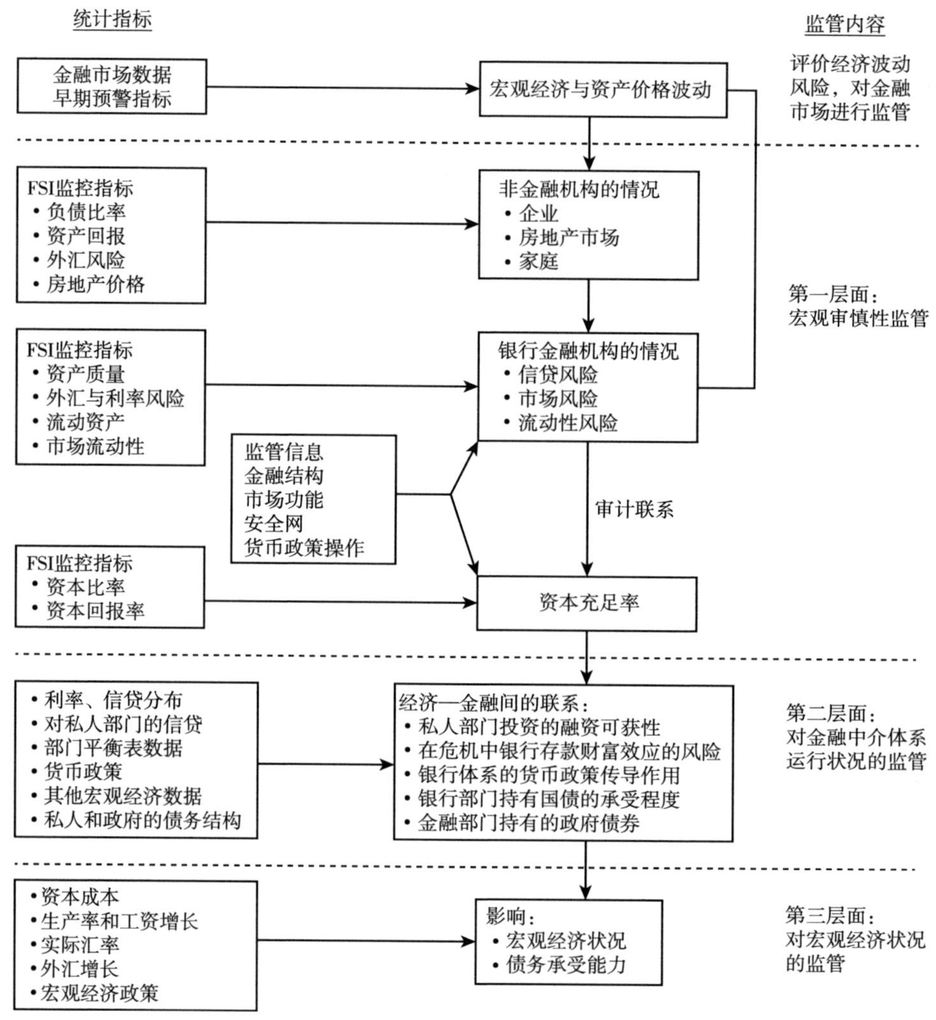

图 4.2 系统性金融风险评估分析框架

如图 4.3 所示，金融系统稳定性分析框架中对系统性风险的度量方法主要包括宏观压力测试模型、宏观审慎指标分析和早期预警分析等工具，在以下分析中，本书将对宏观压力测试模型的具体内容展开研究。

（2）国际货币基金组织（IMF）《中国金融部门评估报告》主要内容。如前面所述 2017 年 12 月 7 日，国际货币基金组织和世界银行公布了中国“金融部门评估规划”更新评估核心成果报告。在中国“金融部门评估规划”更新评估成果报告中，国际货币基金组织和世界银行充分肯定了中国近年来经济和金融体系改革发展的成果。报告指出，自 2011 年首次“金融部门评估

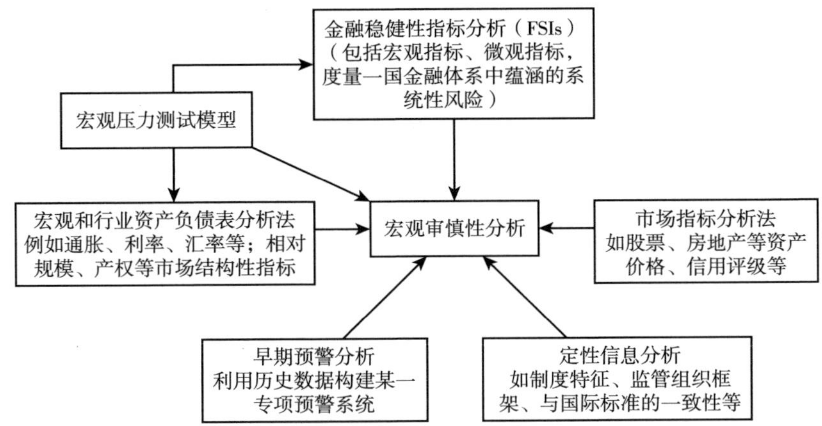

图4.3 金融系统稳定性分析框架

规划”（FSAP）以来，中国经济一直保持令人瞩目的快速增长。金融体系为经济增长和降低贫困率提供了有力支持，金融业特别是资本市场不断深化发展，金融服务可得性和质量不断提升，普惠金融取得重大进展。

表4.5总结了2015～2017年中国银行业资产规模增长情况，可以看出国内大型商业银行、股份制商业银行、城市商业银行以及其他类金融机构的资产规模均有较大幅度增长。

表4.5 2015～2017年中国银行业资产规模增长情况

机构类型	2017年			2016年			2015年		
	规模（亿元）	占比（%）	增幅（%）	规模（亿元）	占比（%）	增幅（%）	规模（亿元）	占比（%）	增幅（%）
大型商业银行	928145	36.77	7.18	865982	37.29	10.79	781630	39.21	10.07
股份制商业银行	449620	17.81	3.42	434732	18.72	17.53	369880	18.55	17.87
城市商业银行	317217	12.57	12.34	282378	12.16	24.50	226802	11.38	25.41
其他类金融机构	829059	32.85	12.12	739440	31.84	20.21	615142	30.86	18.62
合计	2524040	100.00	8.68	2322532	100.00	16.51	1993454	100.00	15.67

资料来源：笔者根据公开资料整理。

管理部门持续推进金融改革，在宏观审慎政策框架、建立存款保险制度、落实巴塞尔协议Ⅲ框架等方面取得显著成效。报告认为我国金融监管高度符合国际标准。

《中国金融部门评估报告》认为，尽管中国金融体系面临着一定的潜在风险，但中国政府高度重视并已采取有力措施防控风险、完善微观审慎监管，并通过设立国务院金融稳定发展委员会加强宏观审慎管理和系统性金融风险防范。报告建议中国加强金融集团监管，从前瞻性角度进一步加强银行资本监管，确保相似产品受到一致性监管，加强数据收集、信息共享和系统性风险监测，强化危机管理框架，增加金融市场基础设施韧性，提升金融科技的监管框架，继续构建更具普惠性的金融部门，健全多层次资本市场体系。

总体来看，《中国金融部门评估报告》对我国金融体系的评价是客观、中肯的，所提建议对我国深化金融改革具有一定的借鉴意义。党的十九大和第五次全国金融工作会议从顶层部署了金融改革及风险化解任务，金融管理部门正在积极落实。

下一步，中国政府相关部门将结合金融体系实际情况，在贯彻落实党的十九大和第五次全国金融工作会议精神过程中借鉴、吸收“金融部门评估规划”合理建议，巩固成绩，改进不足，继续推动金融业深化改革、健康发展，切实防控风险，加强与国际组织的合作与交流，为维护全球金融体系稳定作出更大贡献。

4.1.2.2 宏观压力测试（macro stress-testing）模型

（1）压力测试。20 世纪 90 年代以来，单家金融机构的压力测试方法得到广泛应用。1996 年 1 月，巴塞尔委员会（BCBS）发布《资本协议关于市场风险的补充规定》报告，首次强调压力测试对银行市场风险管理的重要性①；2001 年，巴塞尔银行全球金融系统委员会将压力测试定义为：“一系列用来评估金融机构或金融体系在遇到潜在但可能的宏观经济冲击时发生异常损失的模型，其目的是通过评估金融机构或金融体系在遭遇上述冲击时使风险更加透明”②；2004 年 10 月，巴塞尔委员会（BCBS）在《新巴塞尔资本协议》中指出，采用内部评级法的银行必须运用压力测试法评定自身资本充足率③。

2007 年 12 月，银监会发布的《商业银行压力测试指引》中将压力测试定义为：“一种以定量分析为主的风险分析方法，通过测算银行在遇到假定

① BCBS, Amendment to the capital accord to incorporate market risks, 1996.

② CGFS, CGFS releases report of the Task Force on a census of stress tests, 2001.

③ BCBS, Basel II: International Convergence of Capital Measurement and Capital Standards: a Revised Framework, 2004.

的小概率事件等极端不利情况下可能发生的损失，分析这些损失对银行盈利能力和资本金带来的负面影响，进而对单家银行、银行集团和银行体系的脆弱性作出评估和判断，并采取必要措施”①。

压力测试主要包括历史情景分析法和假设情景分析法、敏感性分析、最大损失分析法与极值理论分析法四种方法，在实践中前两种方法应用最为广泛。

（2）宏观压力测试。国际货币基金组织（IMF）和世界银行于 1999 年 5 月启动金融部门评估规划（FSAP），将宏观压力测试作为衡量金融系统稳定性的重要工具。在 FSAP 项目的协助下，各国监管当局相继开发适合自己的宏观压力测试系统，宏观压力测试模型自此得到迅速推广。

（3）宏观压力测试步骤。宏观压力测试一般包括以下四个步骤（见图 4.4）②：

①确定需要测试的金融机构或资产组合的范围。在一些有代表性的宏观压力测试模型中，金融体系被模拟成一个具有类似风险敞口的资产组合，而有些宏观压力测试将对象限定在 SIFIs 范围内。

②压力情景的设定及强度选择。一般选择发生波动概率较大的宏观因素作为冲击变量，可考虑单一冲击或多重冲击，冲击强度选择要有据可依，过强或过弱的压力测试结果没有指导意义。

③量化分析宏观压力情景对银行系统的冲击，可利用金融稳定性指标或采

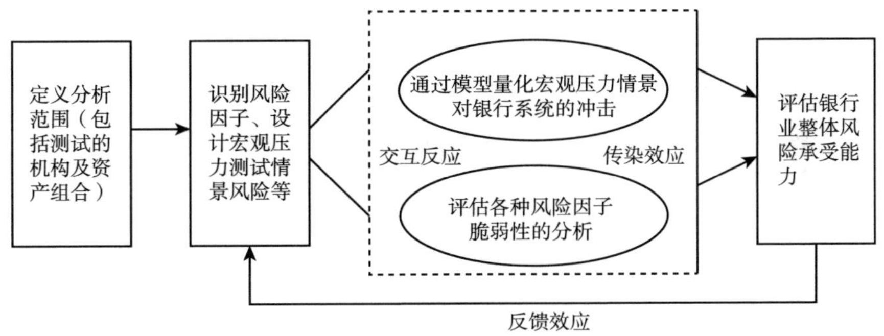

图 4.4　宏观压力测试实施步骤

① 中国银保监会关于印发《商业银行压力测试指引》的通知：http：//www. cbrc. gov. cn/gov-View_3AB1A388581841BEA669B139AB838CC8. html.

② Macro Sorge，“stress-testing Financial Systems：An Overview of Current Methodologies”. BIS Working Paper，No. 165，2004.

用计量模型进行分析，同时需考虑各种风险传递渠道的相关性，整体估计冲击造成的影响。

④根据测试结果评估银行体系风险承受能力，并进一步考虑冲击后银行体系对实体经济的反馈效应。

（4）国内银行业压力测试①。为健全系统性金融风险监测预警体系，提高金融稳定评估科学性，发挥压力测试在宏观审慎管理和防范系统性金融风险方面的重要作用，2019 年上半年，人民银行选取了 1171 家银行开展压力测试，测试内容包括偿付能力压力测试和流动性风险压力测试。截至 2018 年 12 月，1171 家参试银行资产规模合计占银行业金融机构资产规模的 70. 3%。

压力测试使用 2018 年末数据。其中，偿付能力压力测试包括宏观情景压力测试、敏感性压力测试，分别考察宏观经济下行、整体及重点领域风险状况恶化对银行资本充足水平的不利影响。流动性风险压力测试考察政策因素、宏观经济因素、突发因素等多种流动性风险压力因素对银行各到期期限的现金流缺口的影响。

宏观情景压力测试结果显示，30 家参试银行整体资本充足水平较高，总体运行稳健。在轻度和重度冲击下，30 家参试银行整体核心一级资本充足率从 10. 95% 分别下降至 10. 16% 和 8. 34%，一级资本充足率从 11. 66% 分别下降至 10. 83% 和 9. 04%，资本充足率从 14. 43% 分别下降至 13. 47% 和 11. 78%。表明 30 家参试银行对宏观经济冲击的缓释能力较强（见图 4. 5）。

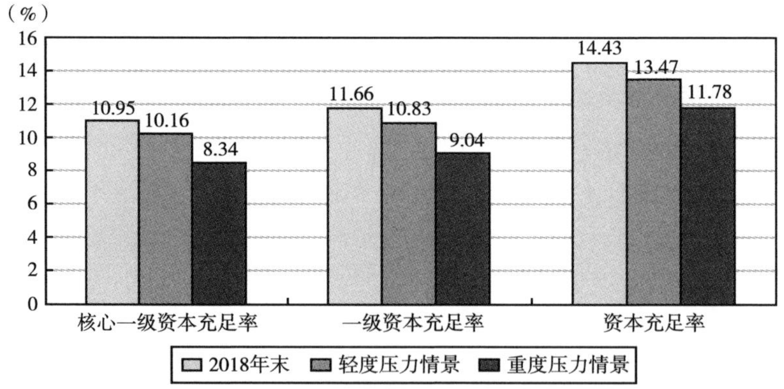

图 4. 5　宏观情景压力测试整体情况

资料来源：《2019 中国金融稳定报告》。

① 《2019 中国金融稳定报告》。

偿付能力敏感性压力测试结果显示，客户集中度、地方政府债务、房地产贷款、表外业务等领域风险值得关注。在客户集中度风险的重度冲击下，1171 家参试银行整体资本充足率从 14.24% 下降至 11.51%，下降 2.73 个百分点。在地方政府债务风险的重度冲击下，参试银行整体资本充足率下降至 12.74%，下降 1.5 个百分点。在房地产贷款风险的重度冲击下，参试银行整体资本充足率下降至 12.85%，下降 1.39 个百分点。在表外业务风险的重度冲击下，参试银行整体资本充足率下降至 13.16%，下降 1.08 个百分点（见图 4.6）。

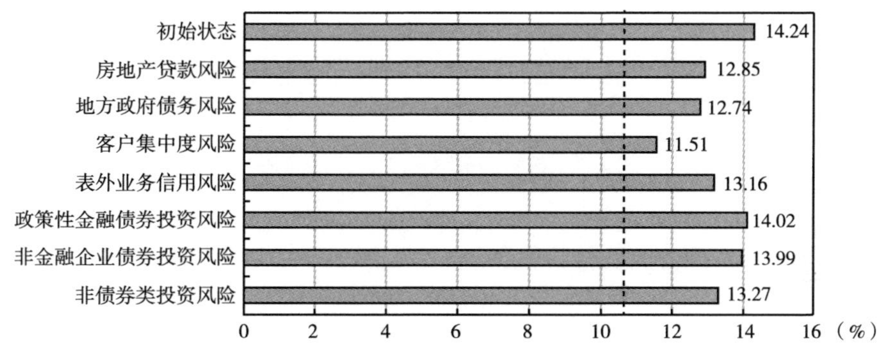

图 4.6　重点领域敏感性压力测试结果

资料来源：《2019 中国金融稳定报告》。

事实上，根据评估团按国际通行做法开展的银行业压力测试，在极端情景假设下，占参试银行总资产 65% 以上银行的核心一级资本充足率仍能保持在 7% 以上，我国金融体系表现出较强的风险抵御能力。关于银行业的资产质量，近年来我国银行业加大不良贷款核销和处置力度，是不良贷款率保持在较低水平的重要原因。2017 年以来，包括国企在内的企业利润大幅回升，许多地方政府债务也对应未来有现金收益的资产，不良贷款率被低估的余地不大。

4.1.3　国内系统重要性银行风险度量

4.1.3.1　系统性风险冲击路径

本书认为目前银行系统性风险来自外部负面和内部脆弱性冲击两个方面，

系统性风险度量框架的构建与分析主要围绕这两类冲击和银行间风险传染层面展开。

如图 4.7 所示，系统性风险主要源于两个维度：第一，宏观经济负面冲击，其具体表现形式和冲击路径多种多样，可通过观察宏观经济指标和银行资产负债表数据来度量；第二，银行自身经营脆弱性造成银行经营亏损甚至倒闭，单家银行的风险由于业务关联、相互依存度或杠杆率等而被放大，进而发展成为银行业的系统性风险，这一类冲击可通过分析银行经营指标以及银行业务风险加以度量。

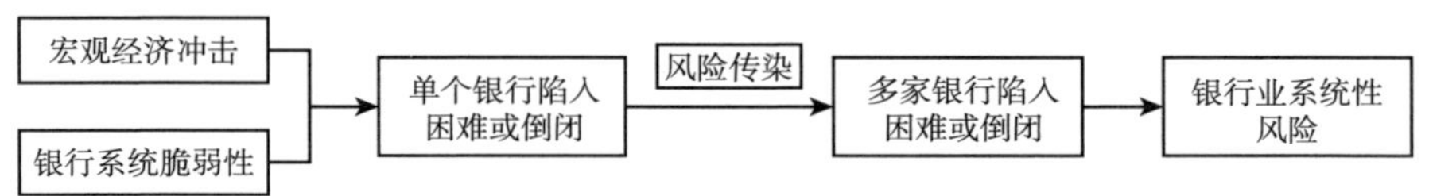

图 4.7　银行业系统性风险生成机制

4.1.3.2　系统性风险传染框架

系统性风险生成与传染，与冲击后风险的扩散传染渠道密切相关，银行经营杠杆率 L、依存度 I、业务市场结构 S、业务同质性 H 和系统关联度 E 是系统性风险生成、扩散传染的主要影响因素。借鉴评估金融体系脆弱性的 B－L－I－S－H－E－R 模型，系统性风险传染主要受以下因素影响，分别是资产负债（balance sheet）、经营杠杆率（leverage）、依存度（interdependence）、业务市场结构（structure）、业务同质性（homogeneity）、系统关联度（external linkages）和风险监测和纠错机制（regulation and correction）①。

系统重要性银行结构化特征不仅决定自身效益的高低，同时也影响系统性风险生成传染，其关系可通过“效益—稳定”曲线 L 表示（见图 4.8）。L 曲线向外突出，说明放松管制增加单家银行效益会导致系统稳定性的下降，反之亦然。A1 表示某银行由其（B－L－I－S－H－E）结构性特点决定的在 *L* 曲线所处的位置，Y 表示银行稳定性最低要求，在 Y 左侧区域银行系统不稳定，易产生系统性危机。A1、A2、A3 代表银行效益与银行系统稳定不同组合，它们之间存在此消彼长的关系，在 A3 点，银行效益很好，但银行系

① 刘春航，金融体系体系脆弱性评估：BLISHER 框架的构建与应用，2011 年 1 月。

统极不稳定，产生系统性危机。因此，要实现效益和银行系统稳定之间的平衡，需要监管部门有效使用审慎监管工具，加强风险管理，使效益和稳定在更高层面达到均衡（L1 右移至 L2，A2 移至 A′）。

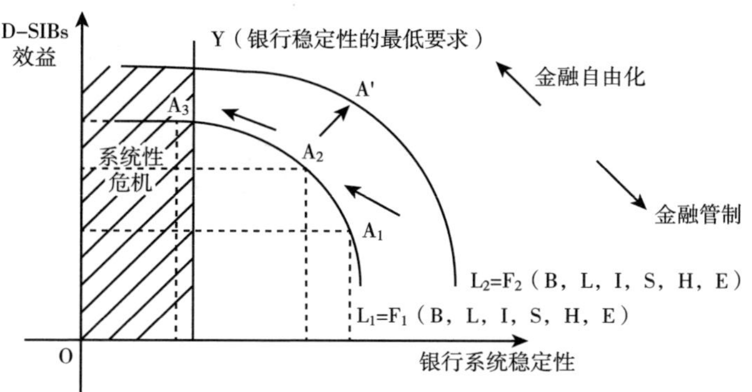

图 4.8　系统重要性银行“效益—稳定”曲线

综上分析，本书给出系统性风险度量框架（见图 4.9）：第一是金融脆弱性指数（financial vulnerability index，FVI），该指数衡量的是宏观经济波动对系统性风险造成的负面冲击，衡量外部风险；第二是银行经营风险指数（operational risk index，ORI），该指标度量由于单家银行经营陷入困境而导致的系统性风险大小；第三是银行集中度指数（banking concentration index，BCI），该指数通过衡量银行市场集中度，分析银行体系系统性风险扩散。

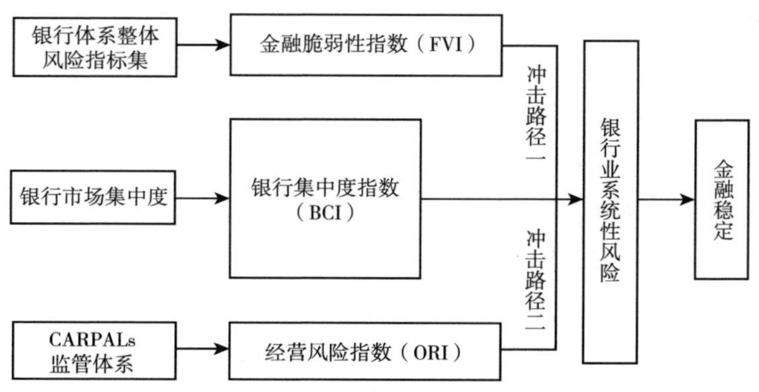

图 4.9　系统性风险度量框架

4.2 系统性风险度量实证分析

本书认为，目前我国银行体系存在着宏观环境、体制结构及银行自身经营等多方面安全隐患，这些隐患所产生的各种风险，通过在银行体系内的不断积聚和扩散，最终可能酿成银行业系统性风险。定量分析银行体系风险积累程度，以及风险产生的各种诱发因素，并对风险未来发展趋势进行研判，是有效防范国内系统重要银行风险生成传染的重要前提。

4.2.1 风险传染度量方法

2008 年金融危机后，国内学者关于系统性风险度量问题进行了广泛研究，但总体而言，多数研究主要停留于特定市场微观主体间的风险传染建模分析，并没有将银行业视为一个整体进行系统分析。

本书认为，选择确定系统性风险度量方法首先要结合我国宏观经济和银行体系的特点，同时也要考虑相关数据的可得性和实用性。国家主导的银行体系使国内银行风险生成及传染机制具有不同于国外的特征，国内银行资产、盈利等数据也含有政策性因素，在实证分析时需要考虑政策方面的风险因子。国内在这方面的研究尚需进一步深入，尤其是对宏观经济负面冲击如何影响银行系统稳定性，银行经营顺周期性又如何使风险进一步扩大，再通过各种渠道反作用于实体经济部门，循环反复，形成银行体系与实体经济的叠加风险传染问题，对这一问题的研究具有重要的现实意义。

本书采用金融脆弱性指数（FVI）作为系统性风险的代理变量，该指标能够较好地拟合不同时期系统性风险的变化情况。在此基础上，结合银行风险生成潜在因素的定性分析，建立金融脆弱性指数与宏观经济因素之间的压力测试模型，量化分析经济波动与银行业系统性风险之间的变动关系，然后通过假设情景法构造不同的宏观压力测试情景，预测系统性风险的未来变化趋势。

4.2.2 金融脆弱性指数（FVI）

根据银保监会公布的统计数据，截至 2017 年末，金融机构总资产 87.17 万亿元，同比增长7.1%，总负债80.03万亿元，同比增长6.9%；股份制商业银行总资产44.23万亿元，同比增长3.1%，总负债41.18万亿元，同比增长2.4%；城市商业银行总资产31.72万亿元，同比增长12.3%，总负债29.53万亿元，同比增长11.9%；农村金融机构总资产32.82万亿元，同比增长9.8%，总负债30.40万亿元，同比增长9.7%；其他类金融机构总资产49.82万亿元，同比增长13.8%，总负债45.21万亿元，同比增长13.8%。[①]

国内金融业面临的最大风险主要集中于银行体系，尤其以五大银行的风险最为突出。当前随着经济转型和宏观调控的加强，房地产领域巨额银行信贷的回收风险和地方政府融资平台债务偿还风险，都会对银行风险的生成传染会造成极大影响。

本书将系统性风险的研究范围集中于以五大银行为主体的国内银行体系。以下从四个方面分析系统性风险整体状况（见表4.6）。

表4.6　银行整体风险状况指标集

风险种类	相关指标
信用风险	贷款余额同比增长率（CI）、中长期贷款占贷款余额比例（LT）
流动性风险	贷款余额与储蓄存款余额比率（CD）
传染风险	银行间债权同比增长率（IAI）
外部风险	银行国外资产同比增长率（FAI）

（1）信用风险。长期以来，不良贷款率是衡量信用风险的首选指标，考虑到国内系统重要性银行不良贷款率的下降在很大程度上是由于政府对其不良贷款剥离的结果，这一指标不能真实反映银行业信用风险的大小。因此，本书用贷款余额同比增长率（credit increase rate to loan balance ratio，CI）测量银行业信用风险状况，同时，由于中长期贷款占贷款余额比例（long term loan，LT）可反映银行贷款投向的期限集中度，我们也将该指标作为计算信用风险的变量。

（2）流动性风险。本书用贷款余额与储蓄存款余额的比率（credito to deposit ratio，CD）衡量流动性风险。

（3）传染风险。本书用银行间债权同比增长率（interbank asset increase rate，IAI）度量银行间资产关联度，IAI上升，说明资产关联度提高，风险传

① http：//www.cbrc.gov.cn/chinese.

染性增强。

(4) 外部风险。本书用银行国外资产同比增长率 (foreign asset increase rate, FAI) 衡量外部风险，银行所持国外资产越多，国外经济波动导致的银行风险损失就越大。

表4.7 中数据源于 BANKSCOPE 银行财务数据库、中国银保监会年报、上市银行年报及中国金融年鉴等，时间跨度从2012 年第1 季度至2017 年第4 季度。表4.8 给出上述指标的统计特征。

表4.7　　　　相关指标的描述性统计量

指标名称	均值（%）	标准差	样本数（件）
贷款余额同比增长率（CI）	16.3563	6.3278	24
中长期贷款占贷款余额比例（LT）	39.7935	12.6932	24
贷款余额与储蓄存款余额比率（CD）	150.5752	6.5776	24
银行间债权同比增长率（IAI）	35.1516	10.0056	24
银行国外资产同比增长率（FAI）	18.3361	18.8372	24

资料来源：笔者计算得出。

在此基础上，采用主成分分析法构建金融脆弱性指数（FVI），该指标可较准确地反映银行整体风险的变化历程。表4.8 为主成分分析结果。

表4.8　　　　主成分分析结果

主成分	特征根	贡献率	累积贡献率
C1	2.4758	0.4957	0.4957
C2	1.3317	0.2633	0.7590
C3	0.6557	0.1289	0.8879
C4	0.3595	0.0678	0.9557
C5	0.2262	0.0463	1.002

资料来源：笔者计算得出。

从表4.7 可看出，C1 贡献率为49.57%，C2 贡献率为26.33%，两者累计贡献率为75.90%，可以较好地反映5 个指标所蕴含的信息量。

4.2.3　解释变量

尽管金融脆弱性指数（FVI）可以较好地反映近年来银行系统性风险状

况，但该指标只能描述风险变动趋势，不能分析系统性风险变化的内在宏观因素。为解决这一问题，本书建立金融脆弱性指数（FVI）与宏观经济变量的压力测试模型，运用压力测试分析系统性风险变化。本书将压力测试模型备选解释变量分为三个层次，共包括五类指标（见图 4.10、表 4.9）。

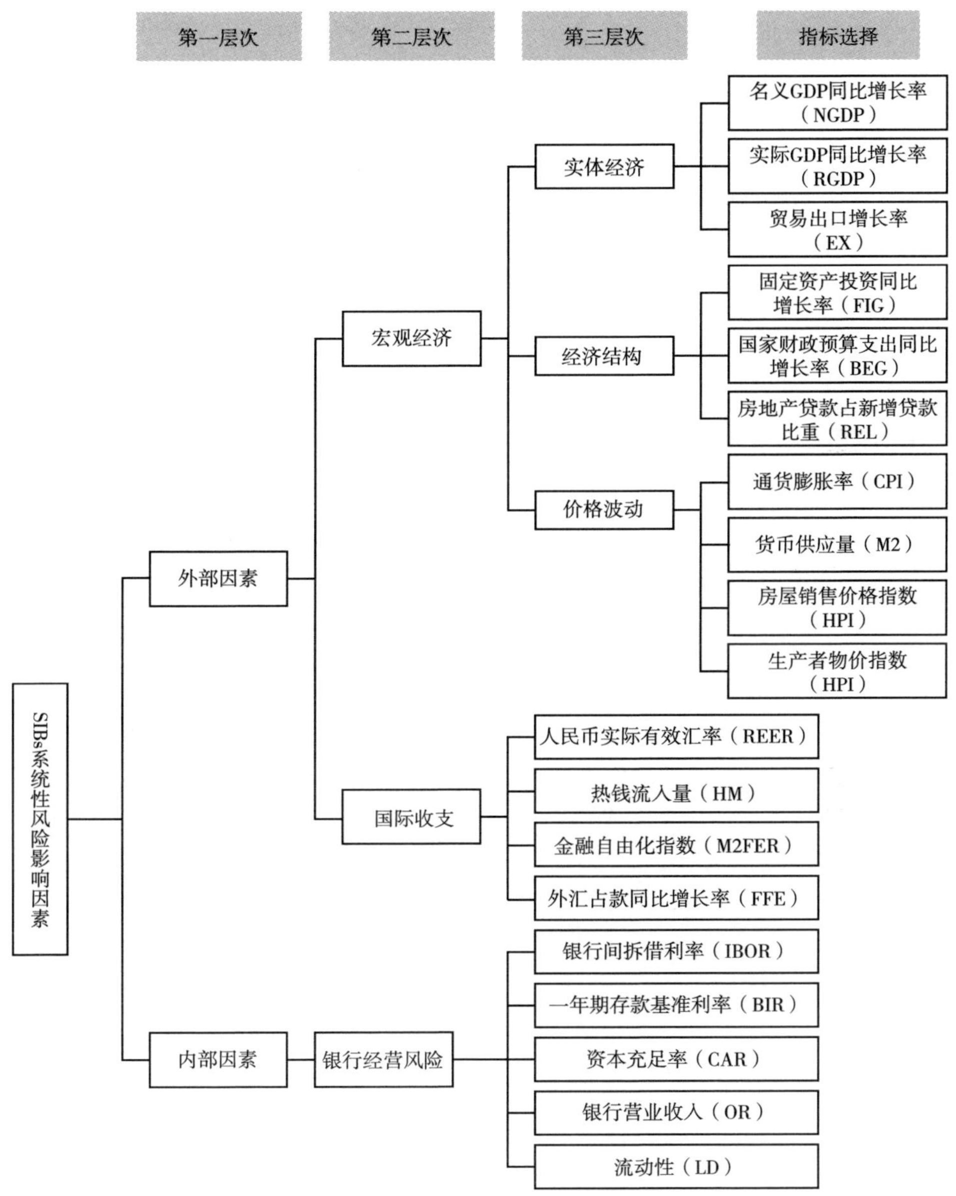

图 4.10　系统性风险来源因素

表 4.9　　　　模型解释变量

指标分类	指标选择	定量指标	数据选择
实体经济	经济增长	名义 GDP 同比增长率（norminal GDP）	波动幅度
	经济增长	实际 GDP 同比增长率（real GDP）	波动幅度
	贸易出口	贸易出口增长率（export growth rate，EX）	波动幅度
经济结构	固定资产投资	固定资产投资同比增长率（fixed investment growth rate，FIG）	波动幅度
	财政预算	国家财政预算支出同比增长率（state budget expenditure growth rate，BEG）	波动幅度
	房地产贷款占新增贷款比率	房地产贷款占新增贷款比率（real estate loans to new loans，REL）	波动幅度
银行经营	资本充足率	资本/风险加权资产（capital adequacy ration，CAR）	指标数值
	基准利率	一年期存款基准利率（benchmark interest rate，BIR）	指标数值
	银行营业收入	主营业务收入 + 非主营业务收入（operation receipt，OR）	指标数值
	流动性	银行贷款总额/存款总额（loan-to-deposit ratio，LD）	波动幅度
	银行间拆借利率	银行间拆借利率（inter-bank offered rate，IBOR）	指标数值
价格波动	通货膨胀	消费者物价指数（CPI）	指标数值
	通货膨胀	生产者物价指数（PPI）	指标数值
	货币供应	货币供应量（M2）	指标数值
	房屋销售价格	房屋销售价格（housing sales price index，HPI）	指标数值
国际收支	人民币实际有效汇率	人民币实际有效汇率（rMB real effective exchange rate，REER）	指标数值
	投机资本流入	国际投机资本流入（hot money，HM）	指标数值
	外汇占款	外汇占款同比增长率（funds outstanding for foreign exchange，FFE）	指标数值
	金融自由化程度	金融自由化指数（M2FER）（M2/ foreign exchange reserve）	波动幅度

注：1. 表中数据原始可从国家统计局国家数据、中国银保监会年报、国家外汇管理局统计数据获得。

2. 投机资本流入 = 国家外汇储备余额 - 贸易差额 - 外商直接投资额

3. 金融自由化指数 = 货币供应量/外汇储备

4.2.3.1 三个层次

第一层次包括外部风险和内部风险两个层面，第二层次中外部风险包括宏观经济和国际收支因素，内部风险包含银行经营因素，第三层次中宏观经济风险分为实体经济、经济结构、价格波动三个部分，分别包括名义和实际GDP同比增长率、进出口贸易增长率；通货膨胀率、货币供应量、房屋销售价格指数、生产者物价指数、固定资产投资同比增长率、财政预算支出同比增长率、房地产贷款占新增贷款增长率等指标；而国际收支则包括人民币实际有效汇率、热钱流入量、金融自由化指数、外汇占款同比增长率等指标；银行经营因素包括一年期存款基准利率、一年期存款实际利率、利率管制因素、银行间拆借利率等因素。

4.2.3.2 五类指标

（1）实体经济方面，本书选取NGDP、RGDP和EX三个变量，GDP是反映宏观经济形势最直接的指标，EX用于反映我国对外贸易增长水平。

（2）价格稳定方面，主要考察CPI、PPI、M2和HPI四个变量，M2长期以来是我国货币政策的中介目标，HPI作为考察变量，与近年来银行住房贷款增长迅速有关，次贷危机的教训告诉我们，必须高度警觉房地产价格波动与银行风险的内在联系。

（3）经济结构方面，主要考虑FIG、BEG、REL三个指标，上述指标对银行信贷有重要影响，其中，BEG指标反映政府在投资规模上的变动，该指标可反映地方隐性债务这一因素。

（4）银行经营方面，主要分析CAR、BIR、OR、LD和IBOR等变量，上述指标涵盖《巴塞尔协议Ⅲ》要求的资本充足率、流动性监管两大指标，BIR、IBOR等利率指标直接影响社会资源配置，是系统性风险重要影响因素。

（5）国际收支方面，本书选取FEER、HM、FFE和M2FER四个指标分析国际收支因素对系统性风险的影响，其中，FEER指标综合反映人民币对外价值和相对购买力，HM、FFE和M2FER三个变量分析跨境投机资本流动规模，分析投机资本流入对银行体系脆弱性的影响。

4.2.4 压力测试实证检验分析

在分析压力测试模型备选解释变量基础上，本书使用EViews8.0进行模型构建分析，依据实证结果对解释变量进行筛选，建立金融脆弱性指数（FVI）和宏观解释变量间的宏观压力测试模型。本书选取 2012 年 1 季度至 2017 年 4 季度共 24 个季度数据建模分析，表 4.10 为各变量单位根检验结果。

表 4.10　　　　各变量单位根检验结果

变量	ADF 检验值	临界值	检验结果
FVI	-2.7556	-2.6157 *	平稳
NGDP	-2.7278	-2.5175 *	平稳
RGDP	-1.5011	-3.6257	不平稳
DRGDP	-4.8117	-3.6362 ***	平稳
EX	-3.2115	-2.8575 **	平稳
CPI	-4.4676	-3.5523 ***	平稳
M2	-2.8536	-2.8571 **	平稳
HPI	-5.3215	-3.5536 ***	平稳
PPI	-4.5062	-3.5539 ***	平稳
FIG	-3.0828	-2.8572 ***	平稳
BEG	-2.6558	-3.5679	不平稳
DBEG	-5.8356	-3.5535 ***	平稳
REL	-5.4752	-3.5637 ***	平稳
LD	-3.5302	-2.8618 **	平稳
BIR	-1.6496	-3.5566	不平稳
DBIR	-4.8668	-3.5650 ***	平稳
OR	-4.4253	-3.5727 ***	平稳
CAR	-0.0215	-3.7577	不平稳
DCAR	-4.8916	-3.7650 ***	平稳
IBOR	-2.6578	-3.7579	不平稳
DIBOR	-6.5466	-3.7653 ***	平稳
REER	-0.9255	-3.7574	不平稳
DREER	-4.5933	-3.7815 ***	平稳
HM	-3.9551	-3.7578 ***	平稳
M2FER	-2.9687	-2.7296 *	平稳
FFE	-0.3966	-3.7887	不平稳
DFFE	-4.7553	-3.7782 ***	平稳

注：变量名前加“D”表示一阶差分，*** 、** 和 * 分别表示显著性水平为 1% 、5% 和 10% 。

基于以上分析，建立金融脆弱指标（FVI）与宏观解释变量间的动态回归模型，即：

$$y_t = \alpha_0 + \sum_{i=1}^{m} \alpha_i y_{t-i} + \sum_{j=1}^{p} \sum_{i=0}^{n} \beta_{ji} x_{jt-i} + u_t \tag{4.1}$$

其中，u_t 为独立同分布时间序列，均值为 0，方差为 σ^2；m 和 n 分别为 y_t 和 x_{ij} 的最大滞后期；p 表示解释变量数。

（1）滞后期 m 的选择。由金融脆弱指标（FVI）序列自相关图和偏自相关图（见图 4.11）可知，偏自相关函数在滞后一阶处于 95% 置信区间以外，在滞后二阶位于 95% 置信区间内，用金融脆弱指标（FVI）滞后 1 ~ 4 阶变量与 FVI 进行自回归分析，发现当只含有一阶滞后变量时，方程系数显著，且 AIC 标准和 SC 标准值最小，综上分析，滞后期 m = 1。

自相关函数	偏自相关函数	序号	AC	PAC	Q – Stat	Prob
		1	0.523	0.523	10.156	0.001
		2	0.085	–0.260	10.431	0.005
		3	–0.079	0.002	10.677	0.014
		4	–0.047	0.039	10.766	0.029
		5	0.039	0.047	10.831	0.055
		6	0.135	0.106	11.630	0.071
		7	0.181	0.077	13.109	0.069
		8	0.066	–0.090	13.312	0.102
		9	–0.042	–0.003	13.399	0.145
		10	–0.118	–0.085	14.108	0.168
		11	–0.075	0.032	14.408	0.211
		12	–0.069	0.106	14.672	0.260
		13	–0.126	–0.125	15.598	0.272
		14	–0.181	–0.102	17.614	0.225
		15	–0.141	0.011	18.902	0.218
		16	–0.071	0.012	19.242	0.256
		17	0.000	0.052	19.242	0.315
		18	0.000	–0.044	19.242	0.377
		19	0.000	0.069	19.242	0.441
		20	0.000	0.033	19.242	0.506

图 4.11　FVI 序列自相关图和偏相关图

（2）备选解释变量筛选。考虑到宏观经济变量对系统性风险的滞后性为 1 年，本书将各备选变量及其 1 ~ 4 阶滞后变量，与金融脆弱指标（FVI）的一阶滞后变量进行多元线性回归，建立动态回归模型，拟合结果如表 4.11 所示。最终本书选取 NGDP、CPI、BEG、CAR、HM 和 HPI 六个变量作为建模变量。

表 4.11　　FVI、备选解释变量动态回归模型拟合结果

备选变量（X）	解释变量							Ad－R^2
	截距	FVI(－1)	X	X(－1)	X(－2)	X(－3)	X(－4)	
NGDP	1.85	0.66	－0.06	—	0.16	－0.15	—	0.45
DRGDP	0.89	0.48	—	—	0.26	—	—	0.35
EX	1.67	0.57	—	－0.03	0.02	—	－0.02	0.33
CPI	1.15	0.62	0.14	－0.13	—	—	—	0.37
M2	—	0.38	0.03	—	—	—	0.06	0.32
HPI	—	0.57	—	—	0.02	—	—	0.29
PPI	1.24	0.57	—	－0.13	0.23	－0.17	—	0.30
FIG	1.87	0.55	—	—	—	－0.01	—	0.23
DBEG	0.80	0.72	—	0.09	—	—	－0.05	0.59
REL	—	—	—	—	—	—	—	—
LD	—	0.61	—	0.06	—	—	—	0.38
DNR	—	0.87	—	－0.29	—	—	—	0.12
OR	—	—	—	—	—	—	—	—
DCAR	1.38	0.53	0.51	0.17	—	—	—	0.51
DIBOR	1.08	0.65	0.52	—	—	—	—	0.38
DREER	—	—	—	—	—	—	—	—
HM	1.16	0.51	0.007	—	—	0.007	—	0.38
M2FER	—	0.78	—	0.36	—	—	—	0.25
DFFE	1.08	0.55	—	—	0.04	—	—	0.27

（3）拟合 FVI 与宏观解释变量动态回归模型。拟合过程中，依据 t 统计量和 P 值大小增加和剔除模型中的解释变量，直到所有系数在 10% 显著水平下通过显著性检验（见表 4.12）。

表 4.12　　模型拟合结果及相关检验统计量

解释变量	系统估计值	t 统计量	P 值
截距（C）	15.92405	3.855436	0.0015
NGDP	－0.075756	－3.294621	0.0051

续表

解释变量	系统估计值	t 统计量	P 值
NGDP（-3）	-0.149186	-3.291641	0.0047
NGDP（-4）	-0.055328	-1.962278	0.07657
HPI	-0.085376	-2.631613	0.0221
CPI（-1）	0.238633	4.293521	0.0006
DBEG（-1）	0.085313	7.127715	0.0000
DBEG（-2）	0.100855	5.597426	0.0000
DBEG（-3）	0.079327	5.865155	0.0000
DCAR	-0.261631	-3.358875	0.0036
HM（-1）	0.000382	2.311579	0.0352
其他统计量	$R^2=0.86$	修正 $R^2=0.84$	DW = 2.38
	AIC = 0.85	SC = 1.35	$\sigma=0.321222$

经过上述分析，根据表 4.11 的拟合结果及相关检验统计量，我们得到金融脆弱指标（FVI）与相关宏观经济因素的关联性，并将其作为宏观压力测试模型，即：

$$\begin{aligned}FVI = 15.924 &- 0.076NGDP_t - 0.149NGDP_{t-3} - 0.055NGDP_{t-4}\\&+ 0.239CPI_{t-1} - 0.085HPI + 0.087DBEG_{t-1} + 0.101DBEG_{t-2}\\&+ 0.079DBEG_{t-3} - 0.262DCAR + 0.0004HM_{t-1} + u_t\end{aligned}\quad(4.2)$$

（4）分析结论。通过分析式（4.2）的结构，可得出以下结论。

第一，宏观经济稳健发展可有效改善系统重要性银行的整体风险状况。

银行系统性风险主要影响因素包括名义 GDP 同比增长率（NGDP）、消费者价格指数（CPI）、房屋销售价格（HPI）、财政预算（DBEG）、资本充足率（DCAR）和热钱流动规模（HM）。其中，资本充足率（CAR）一直是银行监管的重要指标，2008 年金融危机后，《巴塞尔协议Ⅲ》对银行资本充足提出更高要求。从国内来看，2013 年 1 月 1 日起施行《商业银行资本管理办法（试行）》，与《巴塞尔协议Ⅲ》相比，银保监会提出了更高的资本充足率要求。

第二，房屋销售价格（HPI）综合反映房价波动。

当前房地产市场的逆周期调节进一步强化。针对部分热点城市房价过快上涨问题，2016 年 2 月 1 日，人民银行和银监会联合发布《关于调整个人住房贷款政策有关问题的通知》，对实施“限购”的城市，一套房贷款最低首付比例为30%以上，二套房基本在50%以上，个别城市达到70%或80%。要求商业银行严格执行差别化住房信贷政策，加强审贷管理，杜绝价格恶性竞争和“首付贷”等违规行为。同时做好房地产领域流入资金的管控和清理整治。对信托、理财、债券、资管计划、保险资金等投向房地产领域资金予以清理规范，严控各类资金过度流入，打击资金违规流入，引导资金更多流向实体经济。

由于国内房地产业和银行业密切关联，由于限购而导致房价下跌，将对银行资产产生显著负面影响，加剧国内系统重要性银行（D-SIBs）整体脆弱程度。将HPI作为影响D-SIBs脆弱性的重要因素之一，既符合国情，也对现阶段房地产业的风险衡量也具有重要指导意义。

第三，财政预算支出增长率（BEG）反映政府隐性债务问题。

作为FVI解释变量之一，BEG系数符号为正，主要有两个原因，一是财政支出规模过快增长，提高银行整体脆弱性；二是该指数在一定程度上反映了政府隐性债务问题对系统性风险的重要影响。

为全面准确掌握地方政府债务问题，2013年8月，按照国务院《关于做好全国政府性债务审计工作的通知》要求，审计署启动政府债务审计，全面摸底地方政府债务，2013年12月30日发布《全国政府性债务审计结果公告》(以下简称《公告》)。《公告》数据显示“截至2013年6月底，全国各级政府负有偿还责任的债务206988.65亿元，负有担保责任的债务29256.49亿元，可能承担一定救助责任的债务66504.56亿元，三项合计30.27497万亿元。与2012年底相比，全国政府负有偿还责任的债务上升8.57%，其中，地方部分上升13.06%至108859.17亿元，中央部分上升3.98%至98129.48亿元”①(见表4.13)。

表4.13　　全国政府性债务规模情况　　单位：亿元

年度	政府层级	政府负有偿还责任的债务	政府或有债务	
			负有担保责任的债务	可能承担一定救助责任的债务
2012年底	中央	94376.72	2835.71	21621.16
	地方	96281.87	24871.29	37705.16
	合计	190658.59	27707.00	59326.32

① 审计署：《全国政府性债务审计结果公告》，2013年12月30日。

续表

年度	政府层级	政府负有偿还责任的债务	政府或有债务	
			负有担保责任的债务	可能承担一定救助责任的债务
2013 年 6 月底	中央	98129. 48	2600. 72	23110. 84
	地方	108859. 17	26655. 77	43393. 72
	合计	206988. 65	29256. 49	66504. 56

资料来源：审计署《全国政府性债务审计结果公告》，2013 年 12 月 30 日。

从地方政府债务举借主体构成来看，融资平台公司、政府部门和机构以及经费补助事业单位是地方政府债务主要举借主体，举借额分别为 40755. 54 亿元、30913. 38 亿元、17761. 87 亿元（见表 4. 14）。

表 4. 14　　2013 年 6 月底地方政府债务举借主体情况　　单位：亿元

举债主体类别	政府负有偿还责任的债务	政府或有债务	
		负有担保责任的债务	可能承担一定救助责任的债务
融资平台公司	40755. 54	8832. 51	20116. 37
政府部门和机构	30913. 38	9684. 20	0. 00
经费补助事业单位	17761. 87	1031. 71	5157. 10
国有独资或控股企业	11562. 54	5754. 14	14039. 26
自收自支事业单位	3462. 91	377. 92	2184. 63
其他单位	3162. 64	831. 42	0. 00
公用事业单位	1240. 29	143. 87	1896. 36
合计	108859. 17	26655. 77	43393. 72

资料来源：审计署《全国政府性债务审计结果公告》，2013 年 12 月 30 日。

《公告》数据显示“地方政府债务对土地出让收入依赖度较高。截至 2012 年底，11 个省级、316 个市级、1396 个县级政府承诺以土地出让收入偿还的债务余额 34865. 24 亿元，占省市县三级政府负有偿还责任债务余额 93642. 66 亿元的 37. 23%”①。

① 审计署：《全国政府性债务审计结果公告》，2013 年 12 月 30 日。

考虑到我国区域经济发展不均衡、政府债务增长快以及与银行资产负债关联密切的现状，尽管截至2012年底全国政府债务总负债率为39.43%（低于国际60%的控制标准），我们对政府债务风险以及由此引发D-SIBs系统性风险绝不能掉以轻心。必须采取切实可行措施，防范地方政府债务引发系统性银行风险，是我国宏观审慎监管重要的内容之一。

第四，CPI、HM对银行系统性风险有正向影响。

CPI对D-SIBs金融脆弱性具有显著影响。目前，我国面临较大的通胀压力，央行所采取的稳健货币政策，抑制通胀的同时，也降低了银行体系整体风险。HM对D-SIBs金融脆弱性的影响也符合经济学逻辑，2008年金融危机所表现出的风险强烈跨国传染特征，使人们越发关注热钱的跨境流动问题。

4.2.5 宏观压力测试过程、结果及分析

4.2.5.1 压力测试情景设定

针对式（4.2）所选变量，结合D-SIBs现状及发展趋势，本书设定五个压力测试情景，并分别给出各种情景下三种程度不同的冲击量（到2015年第4季度时相应的宏观变量值）。

情景1：名义GDP（NGDP）同比增速下降。宏观经济衰退会给银行体系带来直接冲击，在当前我国经济增速放缓的背景下，本书将经济衰退作为压力测试情景之一。2003年以来，我国名义GDP同比增速最低为6.1%（见表4.15），将其作为宏观冲击的极端情景，再假设宏观冲击的严重情景和温和情景分别为8.10%和10.10%。

情景2：通胀率急剧上升。近年来劳动力成本上涨、国内货币存量增加以及国外通胀输入等诸多因素对国内物价上涨带来很大压力（见表4.16），但未来国内通胀形势仍不容乐观。本书考察通胀率快速提高对国内系统性风险的冲击程度。从表4.16可知，从2003年1季度至2013年2季度，国内CPI标准差为2.4%，2013年2季度CPI均值为2.4%，据以上数据，本书设定CPI冲击的温和、严重、极端情景分别为4.8%、7.2%和9.6%。

表 4.15　　中国历年季度 GDP 增长率一览（2003～2013 年）　　单位：%

年份	一季度	二季度	三季度	四季度
2003	10.80	9.70	10.10	10.00
2004	10.40	10.90	10.50	10.10
2005	10.50	10.50	10.40	10.40
2006	10.40	11.00	10.80	10.70
2007	13.00	13.40	13.40	13.00
2008	10.60	10.10	9.00	6.80
2009	6.10	7.90	8.90	10.70
2010	11.90	10.30	9.60	9.80
2011	9.70	9.50	9.10	8.90
2012	8.10	7.60	7.40	7.90
2013	7.70	7.50	7.80	

资料来源：根据国家统计局网站，由笔者整理制表。

表 4.16　　2003 年以来月度 CPI 同比涨幅

年份	1 月	2 月	3 月	4 月	5 月	6 月	7 月	8 月	9 月	10 月	11 月	12 月
2003	0.4	0.2	0.9	1.0	0.7	0.3	0.5	0.9	1.1	1.8	3.0	3.2
2004	3.2	2.1	3.0	3.8	4.4	5.0	5.3	5.3	5.2	4.3	2.8	2.4
2005	1.9	3.9	2.7	1.8	1.8	1.6	1.8	1.3	0.9	1.2	1.6	2.2
2006	1.9	0.9	0.8	1.2	1.4	1.5	1.0	1.3	1.5	1.4	1.9	2.8
2007	2.2	2.7	3.3	3.0	3.4	4.4	5.6	6.5	6.2	6.5	0.9	6.5
2008	7.1	8.7	8.3	8.5	7.7	7.1	6.3	4.9	4.6	4.0	2.4	1.2
2009	1.0	-1.6	-1.2	-1.5	-1.4	-1.7	-1.8	-1.2	-0.8	-0.5	0.6	1.9
2010	1.5	2.7	2.4	2.8	3.1	2.9	3.3	3.5	3.6	4.4	5.1	4.6
2011	4.9	4.9	5.4	5.3	5.5	6.4	6.5	6.2	6.1	5.5	4.2	4.1
2012	4.5	3.2	3.6	3.3	3.0	2.2	1.8	2.0	1.9	1.7	2.0	2.5
2013	2.0	3.2	2.1	2.4	2.1	2.7	2.7	2.6	3.1	3.2	3.0	2.5

资料来源：根据国家统计局网站，由笔者整理制表。

情景 3：房价下跌。2008 年金融危机揭示了房地产价格暴跌对金融市场造成的剧烈震荡，目前国内银行业和房地产业高度关联，随着国家宏观调控力度的加大，房地产业面临着资金短缺和房价下跌的风险，房价下跌将对 D-SIBs 产生显著负面影响，诱发金融系统性风险。HPI 反映全国范围内平均房价的变化趋势，根据2004年以来全国HPI指数值（见表4.17），本书假设房价下跌的温和、严重和极端情景对应的HPI分别为90、85和80。

表4.17　　　　2004～2013年以来HPI指数值

时间	指数	时间	指数	时间	指数	时间	指数	时间	指数
2004年1月	106.59	2005年1月	103.12	2006年1月	100.76	2007年1月	102.42	2008年1月	106.11
2004年2月	107.66	2005年2月	102.71	2006年2月	101.05	2007年2月	101.78	2008年2月	105.55
2004年3月	106.20	2005年3月	102.43	2006年3月	101.46	2007年3月	101.22	2008年3月	104.72
2004年4月	105.77	2005年4月	102.26	2006年4月	101.61	2007年4月	102.65	2008年4月	104.07
2004年5月	105.92	2005年5月	102.17	2006年5月	101.87	2007年5月	103.32	2008年5月	103.34
2004年6月	105.18	2005年6月	101.97	2006年6月	102.93	2007年6月	103.63	2008年6月	103.08
2004年7月	105.25	2005年7月	101.97	2006年7月	103.51	2007年7月	104.00	2008年7月	102.36
2004年8月	105.16	2005年8月	101.76	2006年8月	103.31	2007年8月	104.48	2008年8月	101.78
2004年9月	104.83	2005年9月	101.42	2006年9月	103.14	2007年9月	104.99	2008年9月	101.15
2004年10月	104.87	2005年10月	101.02	2006年10月	103.40	2007年10月	105.74	2008年10月	99.68
2004年11月	105.09	2005年11月	100.69	2006年11月	103.92	2007年11月	106.59	2008年11月	98.46
2004年12月	105.32	2005年12月	100.61	2006年12月	102.76	2007年12月	106.45	2008年12月	96.46
时间	指数	时间	指数	时间	指数	时间	指数	时间	指数
2009年1月	94.69	2010年1月	105.39	2011年1月	102.85	2012年1月	97.76	2013年1月	97.83
2009年2月	94.86	2010年2月	105.47	2011年2月	102.90	2012年2月	97.89	2013年2月	97.92
2009年3月	94.74	2010年3月	105.89	2011年3月	102.98	2012年3月	96.92	2013年3月	97.35
2009年4月	94.76	2010年4月	105.66	2011年4月	103.19	2012年4月	95.62	2013年4月	96.88
2009年5月	95.94	2010年5月	205.07	2011年5月	103.20	2012年6月	94.90	2013年5月	97.26
2009年6月	96.55	2010年6月	105.06	2011年6月	101.75	2012年6月	94.71	2013年6月	97.29
2009年7月	98.01	2010年6月	104.72	2011年7月	101.50	2012年7月	94.57	2013年7月	97.39
2009年8月	100.08	2010年7月	104.11	2011年8月	101.12	2012年8月	94.64	2013年8月	97.29
2009年9月	101.08	2010年9月	103.52	2011年9月	100.41	2012年9月	94.39	2013年9月	97.25
2009年10月	102.03	2010年10月	103.57	2011年10月	100.27	2012年10月	94.56	2013年10月	97.56
2009年11月	102.78	2010年11月	103.20	2011年11月	99.87	2012年11月	95.71	2013年11月	96.38
2009年12月	103.66	2010年12月	101.79	2011年12月	98.89	2012年12月	95.59	2013年12月	97.68

资料来源：根据国家统计局网站，由笔者整理制表。

情景4：热钱大规模流入。这一假设情景考察热钱流入与国内CPI上涨对国内系统重要性银行的联合冲击。热钱大规模流入，导致国内货币增发，进而引发 CPI 上升。考虑到人民币升值以及国内外利差因素，未来一段时间内，国际投机资本流入预期仍十分强烈，政府在抑制通胀方面仍面临严峻挑战。根据国家外汇管理局《中国跨境资金流动监测报告》相关统计数据，2010 年热钱流动净额为 771 亿美元（见表 4.18），本书假设 2015 年 4 季度热钱流入量为 1000 亿美元，温和、严重、极端情形下对应的 CPI 分别为 4.8%、7.2% 和 9.6%。

表 4.18　　2001～2012 年我国“热钱”流动净额估算　　单位：亿美元

年份	外贸顺差 ①	直接投资净流入 ②	境外投资收益 ③	境外上市融资 ④	前四项合计 ⑤＝①＋②＋③＋④	外汇储备增量 ⑥	净额估计 ⑦＝⑥－⑤
2001	225	398	91	9	723	466	－257
2002	304	500	77	23	904	742	－161
2003	255	507	148	65	975	1377	402
2004	321	551	185	78	1135	1904	768
2005	1020	481	359	206	2066	2526	460
2006	1775	454	502	394	3125	2853	－272
2007	2643	499	766	127	4035	4609	574
2008	2981	505	1027	46	4559	4783	224
2009	1957	422	990	157	3526	3821	295
2010	1815	467	1288	354	3924	4696	771
2011	1551	559	1280	113	3504	3848	344
2012	2311	345	1438	160	4254	987	－3267
合计	17158	5688	8151	1732	32730	32611	－119

资料来源：国家外汇管理局《2012 年中国跨境资金流动监测报告》。

情景 5：热钱大规模流入，HPI 不断上升。热钱大量流入，助推房地产价格泡沫的膨胀，一旦房价出现逆转，投机资本迅速撤离，房地产市场波动加剧，进而引发金融动荡，这也是 2007 年次贷危机演化为金融危机的一般机制。考虑到 2003 年 1 季度以来 HPI 最高值为 112.2，本书假设 2015 年 4 季度热钱流入量为 1000 亿美元，温和、严重、极端情形下对应的 HPI 分别为 90、85 和 80，表 4.19 概括了不同压力情景下宏观变量不同程度冲击情况。

表 4.19　　不同压力情景下宏观变量不同程度冲击

冲击程度	情景 1	情景 2	情景 3	情景 4		情景 5	
	NGDP（%）	CPI（%）	HPI	HM（亿美元）	CPI（%）	HM（亿美元）	HPI
温和	10.10	4.8	90	1000	4.8	1000	90
严重	8.10	7.2	85	1000	7.2	1000	85
极端	6.10	9.6	80	1000	9.6	1000	80

上述五种压力测试情景中，本书给出的冲击时间跨度为 2 年，由于宏观变量通常在冲击初期波动较大，后期波动趋于下降。因此，在给定总冲击水平后，需确定各宏观变量在每个季度的施压路径，本书采用指数式冲击路径，具体形式为：

$$x_{N+i} = a(i-k)^2 + b, i = 1, \cdots, k \tag{4.3}$$

其中，x_t 表示宏观变量观测值；k 表示宏观冲击时间跨度季度数；x_N 表示冲击开始前最后一个季度的宏观变量值；b 表示总冲击量。i = 0 时，$x_{N+i} = x_N$，由式（4.3）可得 $a = (x_N - b)/K^2$，由此可得宏观冲击在每个季度的施压路径。

设定压力测试情景及冲击强度后，需考虑宏观变量冲击对其他宏观变量造成的影响，本书采用向量自回归模型（VAR）建立式（4.2）中各解释变量间的计量模型，即：

$$Y_t = \sum_{i=1}^{k} \prod_i Y_{t-i} + U_t \tag{4.4}$$

其中，Y_t 是 N×1 时间序列向量；k 为滞后阶数；$\prod_i$ 是 N×N 的参数矩阵；U_t 是 N×1 的随机误差向量。式（4.2）包括六个解释变量：DGDP、DBEG、DCAR、CPI、HPI 和 HM。其中，NGDP 是宏观变量中最基础的指标，根据宏观变量间的相对关联程度，本书将以上变量分为三个模块构建 VAR 模型（见图 4.12）：模块 1 中，加入式（4.2）未包含的 FIG 变量，与 CAR 一起进行分析，可在一定程度上反映银行对社会固定资产投资的信贷支持与资本充足要求之间的约束关系。模块 2 包含变量 DBEG 和 HPI，在一定程度上反映财政支出与房地产价格之间的正相关关系。考虑到投机资本流入是导致国内通胀的原因之一，模块 3 中把 HM 和 CPI 放在一起进行分析。

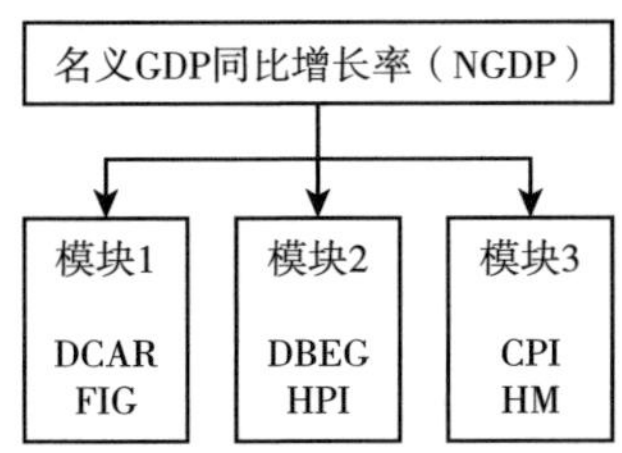

图4.12 宏观解释变量间模块

下面以模块2为例说明VAR模型的建立过程。根据表4.12可知，变量NGDP、DBEG和HPI均通过平稳性检验，表4.20给出不同滞后阶数下VAR模型AIC准则、SC准则和极大似然估计量的值。依据AIC值、SC值越小，以及极大似然估计量越大越好的原则，最终选择VAR模型的最优滞后阶数为2。

表4.20 滞后阶数选择的统计量

滞后阶数（k）	AIC准则	SC准则	极大似然估计量
1	15.60107	16.56695	-214.167
2	14.44539*	15.43541*	-186.958*
3	14.52517	15.95962	-179.273
4	14.74499	16.58377	-173.285

注：*表示此时的阶数为该准则下最优滞后阶数。

模块2的二阶VAR模型的估计结果为：

$$\begin{pmatrix} NGDP_t \\ DBEG_t \\ HPI_t \end{pmatrix} = \begin{pmatrix} 0.75 & 0.03 & 0.76 \\ 1.45 & -0.31 & -0.84 \\ 0.08 & 0.09 & 1.46 \end{pmatrix} \begin{pmatrix} NGDP_{t-1} \\ DBEG_{t-1} \\ HPI_{t-1} \end{pmatrix} + \begin{pmatrix} -0.09 & 0.03 & -0.63 \\ -0.75 & -0.41 & 0.35 \\ -0.19 & 0.06 & -0.73 \end{pmatrix} \begin{pmatrix} NGDP_{t-2} \\ DBEG_{t-2} \\ HPI_{t-2} \end{pmatrix} + \begin{pmatrix} -21.45 \\ 41.35 \\ 40.86 \end{pmatrix} \tag{4.5}$$

按照同样的思路，可以分别对模块1和模块3的VAR建立稳定的VAR模型，即：

$$\begin{pmatrix} NGDP_t \\ DCAR_t \\ FIG_t \end{pmatrix} = \begin{pmatrix} 0.97 & -1.85 & 0.03 \\ -0.04 & -0.31 & -0.84 \\ -0.98 & -0.33 & 0.52 \end{pmatrix} \begin{pmatrix} NGDP_{t-1} \\ DCAR_{t-1} \\ FIG_{t-1} \end{pmatrix} +$$

$$\begin{pmatrix} -0.26 & 0.71 & 0.17 \\ 0.18 & -0.04 & -0.09 \\ -0.18 & 2.19 & 0.28 \end{pmatrix} \begin{pmatrix} NGDP_{t-2} \\ DCAR_{t-2} \\ FIG_{t-2} \end{pmatrix} +$$

$$\begin{pmatrix} 0.31 & 0.09 & -0.21 \\ -0.13 & 0.23 & -0.05 \\ 0.28 & -1.18 & -0.56 \end{pmatrix} \begin{pmatrix} NGDP_{t-3} \\ DCAR_{t-3} \\ FIG_{t-3} \end{pmatrix} +$$

$$\begin{pmatrix} -0.55 & -0.05 & -0.07 \\ -0.07 & -0.03 & -0.02 \\ -0.01 & 0.29 & 0.36 \end{pmatrix} \begin{pmatrix} NGDP_{t-4} \\ DCAR_{t-4} \\ FIG_{t-4} \end{pmatrix} + \begin{pmatrix} 12.14 \\ 1.78 \\ 12.17 \end{pmatrix} \tag{4.6}$$

$$\begin{pmatrix} NGDP_t \\ HM_t \\ CPI_t \end{pmatrix} = \begin{pmatrix} 0.45 & 0.001 & 0.83 \\ -145.2 & 0.46 & 123.6 \\ -0.06 & -0.001 & 0.92 \end{pmatrix} \begin{pmatrix} NGDP_{t-1} \\ HM_{t-1} \\ CPI_{t-1} \end{pmatrix} +$$

$$\begin{pmatrix} 0.25 & 0.000 & 0.33 \\ 165.5 & -0.37 & -19.12 \\ -0.18 & 0.000 & 0.05 \end{pmatrix} \begin{pmatrix} NGDP_{t-2} \\ HM_{t-2} \\ CPI_{t-2} \end{pmatrix} +$$

$$\begin{pmatrix} 0.18 & 0.001 & -0.11 \\ -33.13 & 0.43 & -167.5 \\ 0.02 & -0.000 & -0.56 \end{pmatrix} \begin{pmatrix} NGDP_{t-3} \\ HM_{t-3} \\ CPI_{t-3} \end{pmatrix} +$$

$$\begin{pmatrix} 0.17 & 0.001 & -1.07 \\ -33.07 & 0.43 & -169.2 \\ 0.01 & -0.000 & -0.36 \end{pmatrix} \begin{pmatrix} NGDP_{t-4} \\ DCAR_{t-4} \\ FIG_{t-4} \end{pmatrix} + \begin{pmatrix} 4.15 \\ 61.8 \\ -0.37 \end{pmatrix} \tag{4.7}$$

以上模型反映了宏观解释变量间的相互作用影响，在式（4.2）中宏观冲击变量季度值的基础上，使用模型（4.5）、模型（4.6）、模型（4.7）可模拟得到冲击下其他解释变量各季度值。然后将所有解释变量值代入式（4.2），通过随机模拟，可得到压力测试情景下各季度 FVI 值。

4.2.5.2　压力测试结果分析

以下运用 FVI 折线图分析宏观压力测试结果。图 4.13 ~ 图 4.17 分别描绘在压力测试情景 1 ~ 5 下 FVI 的变化。压力测试的时间跨度为 2012 年 1 季度至 2015 年 4 季度。每一情景压力测试结果由四幅折线图组成，图 A 比较了在温和、严重和极端冲击下 FVI 均值变化，图 B 至图 D 比较了温和、严重和极端冲击下 FVI 的变化趋势及 95% 置信区域。其中最上端为临界值曲线，当 FVI 超过该曲线时，意味着银行体系非常脆弱，极易爆发 SIBs 系统性风险。

从 NGDP 下降对 D-SIBs 系统性风险影响的压力测试结果来看（见图 4.13），总体影响较小，D-SIBs 脆弱性程度处于临界值以下。

在另外四种压力测试情景下，D-SIBs 系统性风险受影响较大，都出现 FVI 溢出临界值，引发系统性风险的情形。具体来讲，持续高 CPI 对 D-SIBs

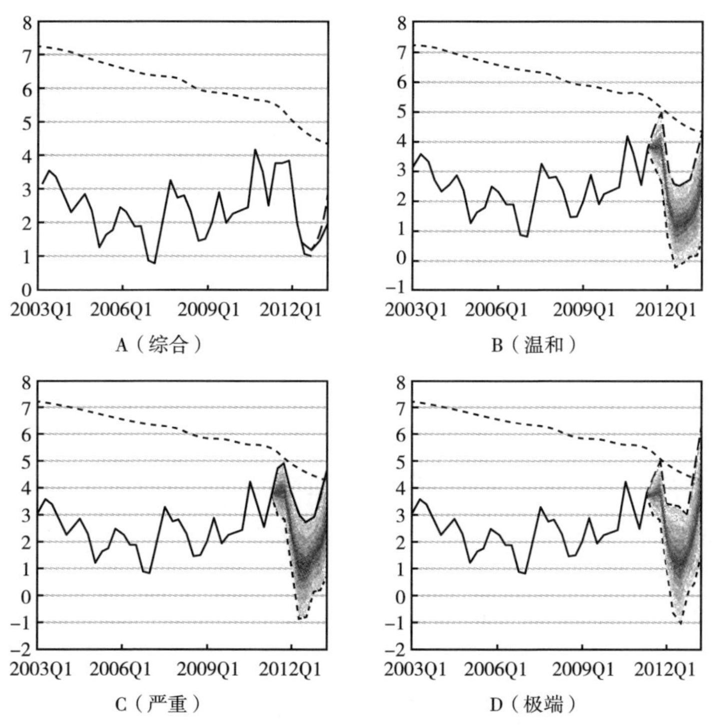

图 4.13　情景 1 压力测试结果（冲击变量 NGDP）

注：图中实线表示温和情景，点画线表示严重情景，虚线表示极端情形，最上端为临界值曲线。其他压力情景类似。

有明显影响，在严重冲击情景下，会加剧 D-SIBs 整体脆弱性，导致 FVI 超过临界值曲线。HPI 下跌对 D-SIBs 稳定性冲击最明显，在温和冲击下，FVI 也超出临界值（见图 4.14）。

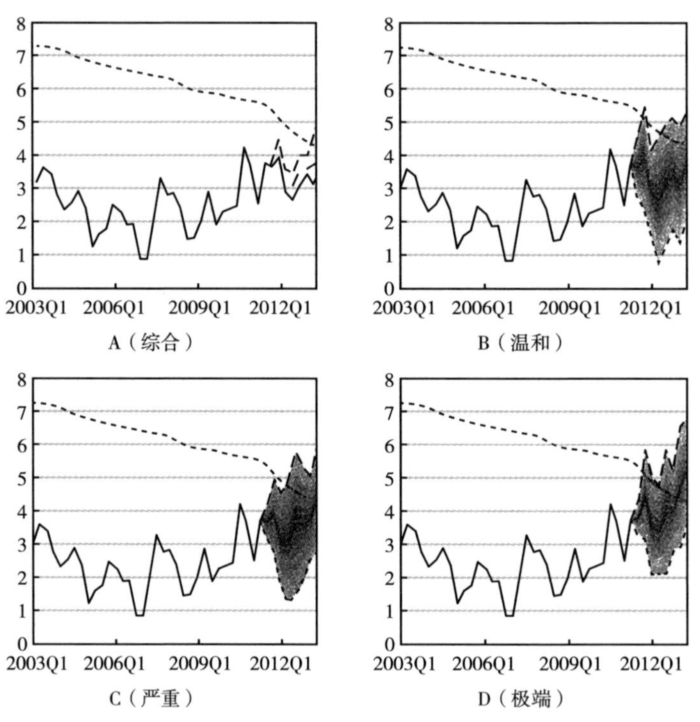

图 4.14　情景 2 压力测试结果（冲击变量 CPI）

图 4.16 和图 4.17 分别描绘了 HM 和 CPI 以及 HM 和 HPI 变量对 D-SIBs 系统性风险的联合冲击。从 FVI 波动可以看出，HM 的大规模流入将加剧房地产价格波动对 D-SIBs 系统性风险的剧烈冲击。同时在 HM 大量涌入与 CPI 持续上涨的共同冲击下，D-SIBs 系统性风险状况将进一步恶化，进而引发 D-SIBs 系统性风险。

根据以上压力测试的分析结果，结合 D-SIBs 系统性风险现状，本书得出以下结论。

（1）目前 D-SIBs 爆发系统性风险的可能性不大，但其整体风险状况不容乐观，与 D-SIBs 系统性风险密切相关的宏观变量，例如 HPI、CPI、HM 和 BEG 等，需要我们密切关注，在今后很长一段时间内对 D-SIBs 系统性风险生成与传染造成重要影响。

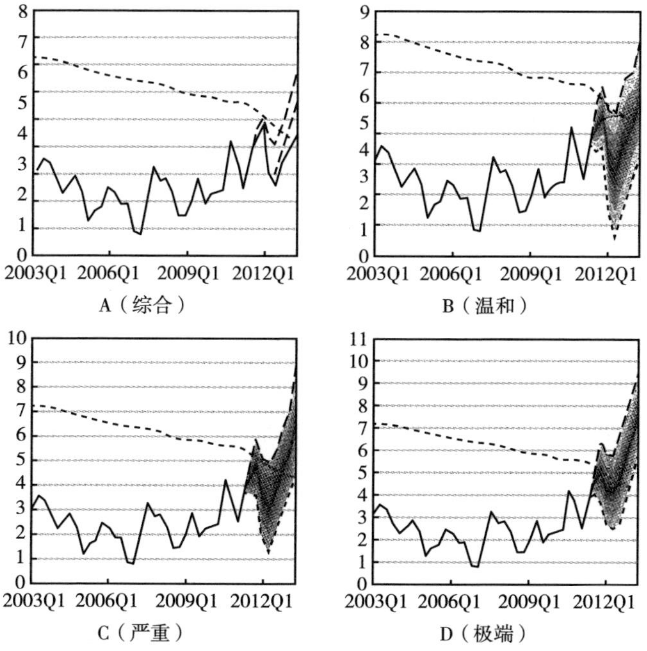

图 4.15　情景 3 压力测试结果（冲击变量 HPI）

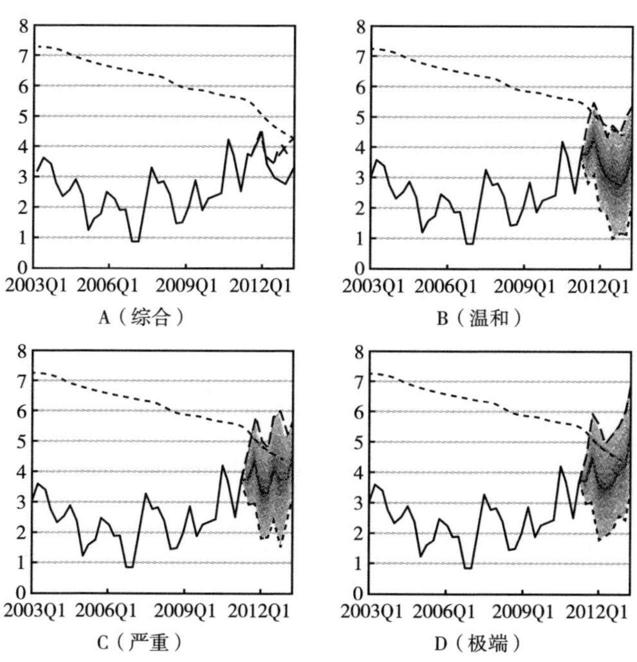

图 4.16　情景 4 压力测试结果（冲击变量 HM、CPI）

（2）从 D-SIBs 系统性风险形成的时间维度来看，需关注以 HM 为代表的跨境投机资金流动的顺周期性，压力测试结果表明，CPI、HPI 和 HM 对国内系统性风险有明显影响。随着我国资本账户日益开放，短期投机资金流入频率及规模会进一步提高和扩大。需密切关注投机资本流动与银行系统性风险传染问题，构建应对短期跨境资金流动的审慎管理框架。

（3）从 D-SIBs 系统性风险生成的空间维度来看，目前国内房地产贷款在 D-SIBs 资产中所占比重不断提高，从压力测试结果分析来看，今后需警惕 HPI 下跌所引发的系统性银行风险。此外，D-SIBs 信贷与地方政府融资平台高度关联，目前地方政府财政收入很大比例来自土地出让，房地产价格下跌，会直接导致地方政府偿债能力的下降，从而使国内系统重要银行面临地方政府债务违约的信用风险。

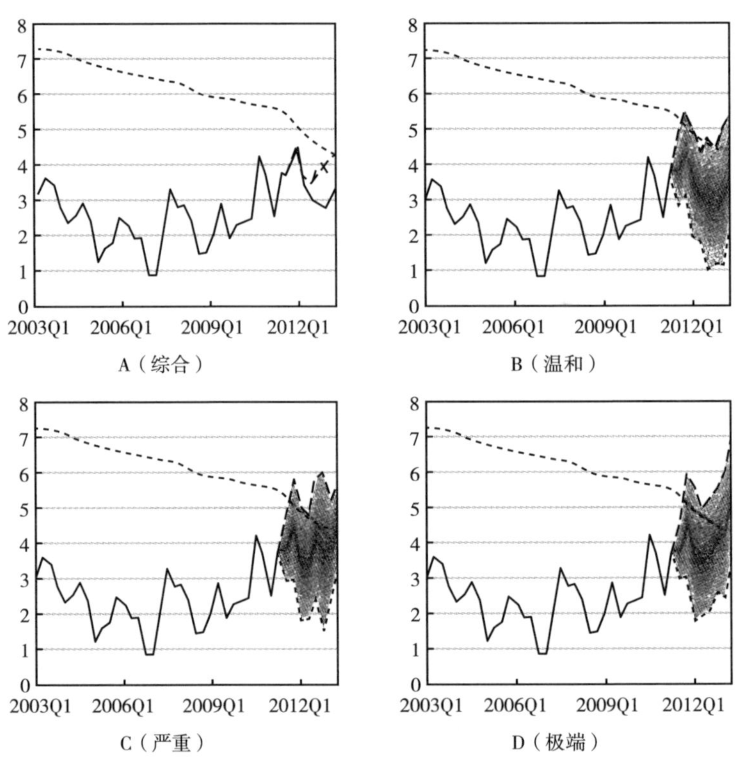

图 4.17　情景 5 压力测试结果（冲击变量 HM、HPI）

根据审计署 2013 年 12 月 30 日公布的数据，截至 2013 年 6 月底，全国各级政府各类债务合计共 30.27497 万亿元。审计署公告同时显示，地方政府债务对土地出让收入的依赖度较高。截至 2012 年底，11 个省级、316 个市级、1396 个县级政府以土地出让收入偿还的债务余额 34865. 24 亿元，占省市县三级政府债务余额 93642. 66 亿元的 37. 23%①。

综上所述，正视 D-SIBs 与房地产业及政府隐性债务之间的关联性，在科学评估基础上，构建系统性风险的防范和化解机制，并由此构建国内宏观审慎监管体系具有迫切的现实意义。2016 年中央经济工作会议提出经济工作的主要任务之一就是“着力防控债务风险。把地方政府性债务分门别类纳入全口径预算管理，严格政府举债程序”。这说明地方政府融资债务问题已得到中央高度重视，并采取具体措施予以解决，此举无疑也有助于防范和化解 D-SIBs系统性风险。

4. 2. 6　结论

根据以上压力测试的检验结果，结合银行系统性风险现状，本书得出以下结论。

（1）目前发生银行系统性风险可能性不大，但需密切关注与系统性风险相关的宏观变量，例如房屋销售价格指数（HPI）、消费者物价指数（CPI）、热钱流动指数（HM）和政府预算指数（BEG）等，上述变量对系统性风险生成与传染造成重要影响。

（2）从系统性风险形成时间维度来看，需关注以热钱流动指数（HM）为代表的跨境投机资本，压力测试检验结果表明，CPI、HPI 和 HM 对国内银行系统性风险有明显影响。随着我国资本账户的日益开放，短期投机资金流动规模会进一步扩大。需密切关注投机资本与银行系统性风险传染问题，构建审慎管理框架。

（3）从系统性风险生成空间维度压力测试结果来看，今后需警惕 HPI 下跌所引发的系统性银行风险。此外，银行信贷与地方政府融资平台高度关联，地方政府收入很大一部分来自土地出让，一旦房地产价格下跌，地方政府偿债能力必然下降，从而使银行面临严重信用风险。

① 审计署：《全国政府性债务审计结果公告》，2013 年 12 月 30 日。

4.2.7 展望

2013 年 11 月，中共十八届三中全会提出要“适应经济全球化新形势，必须推动对内对外开放相互促进，促进国际国内要素有序自由流动，以开放促改革”“要放宽投资准入，加快自由贸易区建设”，同时指出今后要“推动资本市场双向开放，有序提高跨境资本和金融交易可兑换程度，建立健全宏观审慎管理框架下的外债和资本流动管理体系，加快实现人民币资本项目可兑换。”①

2013 年 9 月 29 日，中国（上海）自由贸易试验区正式成立，上海自贸区作为在岸金融市场改革开放的先锋和试验田，将在资本项目开放、人民币跨境使用及外汇管理等方面，为我国金融市场改革深化提供经验。

2019 年 7 月，国家外汇管理局上海市分局印发《关于印发〈进一步推进中国（上海）自由贸易试验区外汇管理改革试点实施细则（4.0 版）〉的通知》，从简政放权、贸易和投资便利化、总部经济发展、离岸金融服务四个方面为上海自贸试验区创新试点增加新动能。不断提升贸易投融资便利化程度，建立健全宏观审慎资本流动管理。在区内试点资本项目外汇收入支付便利化，支持非投资性外资企业真实、合规的境内股权投资。

2019 年 8 月 6 日，国务院印发《中国（上海）自由贸易试验区临港新片区总体方案》提出，为推进投资贸易自由化，新片区将实施资金便利收付的跨境金融管理制度，推动跨境金融服务便利化、探索新片区内资本自由流入流出和自由兑换。

2019 年 10 月 25 日，国家外汇管理局发布《关于进一步促进跨境贸易投资便利化的通知》，进一步深化跨境贸易和投资外汇管理改革，简化相关业务操作，便利银行和企业等市场主体合规办理外汇业务。

由此可以预见，随着今后我国对资本账户管制的进一步放松，跨境资本流动规模将进一步扩大，在今后相当长的一段时间内，大规模跨境资本流动问题将使国内系统重要性银行（D-SIBs）面临更为严峻的风险考验。

---

① 中共十八届三中全会：《中共中央关于全面深化改革若干重大问题的决定》，2013 年 11 月 12 日。

4.3　系统重要性银行经营风险度量

4.3.1　银行经营风险指数

在系统性风险度量框架中，2010 年初，银监会针对国内五大银行（工行、农行、中行、建行、交行）创建 CARPALS 监管体系，该指标体系由资本充足性（capital adequacy）、贷款质量（asset quality）、风险集中度（risk concentration）、拨备覆盖（provisioning coverage）、附属机构（affiliated institutions）、流动性（liquidity）、案件防控（swindle prevention & control）七大类共 13 项指标构成。与国际 CAMELS 指标相比该指标更为细化，对银行集中度风险、操作风险等均有所体现。本书从对 CARPALS 和 CAMELS 两类指标的对比分析入手，分析银行业系统性风险的度量。

CARPALS 与 CAMELS 监管体系的差异如表 4.21 所示，CARPALS 指标体系包括八类定量指标，而 CAMELS 指标体系包括七类指标，兼有定量和定性，此外，两类指标权重设置存在很大差异。

表 4.21　　CARPALS 与 CAMELS 指标对比

<table>
<tr><th colspan="3">CAMELS 体系</th><th colspan="3">CARPALs 指标</th></tr>
<tr><th>CAMELS 指标</th><th>权重（%）</th><th>定量指标（75%）</th><th>CARPALs 指标</th><th>定量指标（100%）</th><th>权重（%）</th></tr>
<tr><td rowspan="2">C：资本充足率</td><td rowspan="2">20</td><td>资本充足率</td><td rowspan="2">C：资本充足率</td><td>资本充足率</td><td rowspan="2">20</td></tr>
<tr><td>核心资本充足率</td><td>杠杆率</td></tr>
<tr><td rowspan="8">A：资产质量</td><td rowspan="8">20</td><td>不良贷款率</td><td rowspan="4">A：资产质量</td><td rowspan="2">不良贷款率</td><td rowspan="4">20</td></tr>
<tr><td>正常贷款迁徙率</td></tr>
<tr><td>次级贷款迁徙率</td><td rowspan="2">不良贷款偏离度</td></tr>
<tr><td>可疑贷款迁徙率</td></tr>
<tr><td>单一集团客户授信</td><td rowspan="4">B：贷款集中度</td><td rowspan="4">单一集团客户授信集中度</td><td rowspan="4">10</td></tr>
<tr><td>集中度</td></tr>
<tr><td>全部关联度</td></tr>
<tr><td>贷款损失准备充足率</td></tr>
</table>

续表

CAMELS 体系			CARPALs 指标		
CAMELS 指标	权重（%）	定量指标（75%）	CARPALs 指标	定量指标（100%）	权重（%）
M：管理状况	25	—	P：贷款拨备	不良贷款拨备覆盖率	20
				贷款拨备比率	
E：盈利状况	10	资产利润率	A：附属机构	附属机构资本回报率	10
		资本利润率			
		成本收入比率		母行负债依存度	
		风险资产利润率			
L：流动性	15	流动性比率	L：流动性	流动性覆盖率	10
		母行负债依存度		净稳定融资比率	
		流动性缺口率		存贷款比率	
		超额备付金率			
		存贷款比率			
S：市场风险	10	利率风险敏感度	S：案例防控	案件风险率	10

资料来源：《中国银行业实施新监管标准的指导意见》，中国银监会，2011 年 4 月。

4.3.2 “中国版巴塞尔协议Ⅲ”对系统重要性银行的影响分析

2010 年初，银监会开始试行 CARPALS 指标体系，并积极跟进《巴塞尔协议Ⅲ》的最新改革成果，结合国内银行业的实际情况，按照宏观与微观审慎监管兼顾的原则，先后出台了《中国银行业实施新监管标准的指导意见》《商业银行流性风险管理办法（试行）》《商业银行资本管理办法（试行）》《商业银行杠杆率管理办法》《商业银行贷款损失准备管理办法》等新的监管规则，上述规则被合称为“中国版的巴塞尔协议Ⅲ”。银保监会将资本充足率、杠杆率、拨备率和流动性比率四大监管指标应用于包括系统重要性银行在内的国内银行监管，并表示今后会进一步完善 CARPALs 指标体系，加大对系统性风险的动态监管力度。

4.3.2.1 资本充足率监管

2012 年 6 月 8 日，银监会公布《商业银行资本管理办法（试行）》，自 2013 年 1 月 1 日起施行。资本办法借鉴巴塞尔协议Ⅲ框架，将资本充足率的计算公式确定为：

$$资本充足率目标值 = 最低资本要求 + 留存超额资本 + 逆周期超额资本 + 系统重要性银行附加资本 \tag{4.8}$$

从过渡期安排来看，新资本监管标准从 2013 年初开始实施，国内系统重要性银行（D-SIBs）应在 2013 年底前达标，其他银行需在 2016 年底前达标，银保监会要求的达标时间早于巴塞尔协议Ⅲ的要求（2019 年）（见表 4.22）。

表 4.22　　巴塞尔协议Ⅲ资本监管标准及过渡期安排　　单位：%

项目	2013 年	2014 年	2015 年	2016 年	2017 年	2018 年	2019 年
核心一级资本	3.50	4.00	4.50	4.50	4.50	4.50	4.50
资本留存缓冲				0.625	1.125	1.875	2.50
核心一级资本 + 资本留存缓冲	3.50	4.00	4.50	5.125	5.625	6.375	7.00
一级资本	4.50	5.50	6.00	6.00	6.00	6.00	6.00
总资本	8.00	8.00	8.00	8.00	8.00	8.00	8.00
最低资本 + 资本留存缓冲	8.00	8.00	8.00	8.625	9.125	9.875	10.50
逆周期资本	0 ~ 2.5						
系统重要资本	1						

资料来源：BCBS. Basel Ⅲ：A global regulatory framework for more resilient banks and banking system. Bank for International Settlement，2010.12.16.

从表 4.23 可看出，银保监会对国内银行提出了比巴塞尔协议Ⅲ标准高的资本监管要求，对银行核心一级资本、一级资本和总资本分别提出了 5%、6% 和 8% 的要求，同时，银保监会设定 2.5% 的留存超额资本、0 ~ 2.5% 的逆周期资本要求，并对国内系统重要性银行（D-SIBs）设定 1% 的附加资本要求。

表 4.23　　银保监会四大监管工具实施简表——资本充足率指标　　单位：%

资本	最低资本要求			留存超额资本	逆周期缓冲资本	系统重要性银行附加资本	达标时间
	核心一级资本	一级资本	总资本				
系统重要性银行	5	6	8	2.5	0 ~ 2.5	1	2012 年开始实施 2013 年达标
非系统重要性银行	5	6	8	2.5	0 ~ 2.5	无	2012 年开始实施 2013 年达标

资料来源：银监会《商业银行资本管理办法（试行）》，2012 年 6 月 8 日。

2012年12月7日，银监会发布《关于实施“商业银行资本管理办法（试行）”过渡期安排相关事项的通知》，公布过渡期内分年度商业银行应达到的资本充足率要求（见表4.24）。

表4.24　过渡期内分年度资本充足率要求　单位：%

银行类别	项目	2013年	2014年	2015年	2016年	2017年	2018年
系统重要性银行	核心一级资本充足率	6.5	6.9	7.3	7.7	8.1	8.5
	一级资本充足率	7.5	7.9	8.3	8.7	9.1	9.5
	资本充足率	9.5	9.9	10.3	10.7	11.1	11.5
其他银行	核心一级资本充足率	5.5	5.9	6.3	6.7	7.1	7.5
	一级资本充足率	6.5	6.9	7.3	7.7	8.1	8.5
	资本充足率	8.5	8.9	9.3	9.7	10.1	10.5

注：表中资本充足率要求均为到相应年份年底。

资料来源：银保监会网站：http://www.cbrc.gov.cn/chinese/home/docDOC_ReadView/E7D4FBF66EE946BA86E647A5E9E58829.html.

为达到监管要求，2012年以来，五大银行除利润留存外，还相继采取股权融资、债权融资等方式充实资本。据银保监会统计数据，截至2013年第四季度末，国内商业银行加权平均资本充足率为12.24%，加权平均一级资本充足率为9.85%。工行、建行、交行、中行、农行的资本充足率分别为13.68%、13.63%、13.06%、12.30%、11.98%①。

4.3.2.2　杠杆率监管

杠杆率（leverage ratio）是商业银行权益资本与调整后的表内外资产余额的比率。2011年7月7日，银监会发布《商业银行杠杆率管理办法》，自2012年1月1日起施行。办法中规定商业银行杠杆率的计算公式及应达到的杠杆率水平，即：

$$\text{杠杆率} = \frac{\text{一级资本} - \text{一级资本扣减项目}}{\text{调整后的表内外资产余额}} \times 100\% \geqslant 4\% \tag{4.9}$$

银保监会设定的银行杠杆率监管指标为4%，高于巴塞尔协议Ⅲ要求的3%，并要求国内系统重要性银行（D-SIBs）在2013年底达标（其达标时间要求早

① 银监会《中国银行业运行报告（2013年第二季度）》。

于巴塞尔协议Ⅲ要求的达标时间 2018 年），要求其他银行 2016 年底达标。

4.3.2.3　贷款拨备率监管

2011 年 7 月，银监会发布《商业银行贷款损失准备管理办法》，对银行贷款拨备率和拨备覆盖率的计算公式及相应监管基本标准进行了明确规定，即：

$$贷款拨备率 = \frac{拨备余额}{贷款总额} \times 100\% \geqslant 2.5\% \tag{4.10}$$

$$拨备覆盖率 = \frac{一级准备 + 专项准备 + 特种准备}{次级类贷款 + 可疑类贷款 + 损失类贷款} \times 100\% \geqslant 150\% \tag{4.11}$$

银保监会要求国内系统重要性银行（D-SIBs）于 2013 年底之前达标，其他银行于 2016 年底前达标。

2012 年，主要商业银行拨备覆盖率继续提高，截至 2012 年末，17 家主要商业银行整体拨备覆盖率为 299.61%，其中，五家大型银行为 295.73%，同比提高 34.23%，股份制银行 314.68%，下降 35.62%①，如图 4.18 所示。

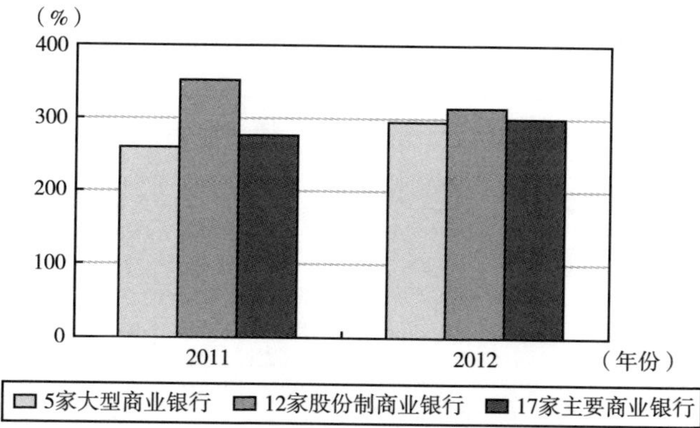

图 4.18　17 家主要商业银行贷款拨备覆盖率

资料来源：《2013 年中国金融稳定报告》。

4.3.2.4　流动性监管

流动性风险对银行有重要影响，2008 年金融危机后银保监会加强了对银行流动性风险的防控，2011 年 10 月 13 日，银监会发布《商业银行流动性风

① 中国人民银行金融稳定分析小组：《2013 年中国金融稳定报告》。

险管理办法（试行）》，2013 年 10 月 11 日，银监会颁布调整后的《商业银行流动性风险管理办法（试行）》，2014 年 2 月 19 日，银监会发布《商业银行流动性风险管理办法》，引入巴塞尔协议Ⅲ流动性风险监管指标：流动性覆盖率（liquidity coverage ratio，LCR）① 和净稳定融资比率（net stability funding ratio，NSFR），即：

$$流动性覆盖率(LCR)=\frac{高流动性资产储备}{未来30日净现金流出总额}\geq 100\% \quad (4.12)$$

$$净稳定融资比率(NSFR)=\frac{银行可获得的稳定资金来源}{业务所需的稳定资金来源}\geq 100\% \quad (4.13)$$

根据相关《管理办法》，银保监会要求国内银行 LCR 不小于 100%，NSFR 不小于 100%，并规定国内银行在 2013 年底前达到 LCR 的监管标准，2016 年底前达到 NSFR 的监管标准。

净稳定资金比例的分子是可用的稳定资金。一年内可作为稳定资金来源的负债类和权益类资金。共包含四类，如图 4.19 所示，其中，其他优先股是

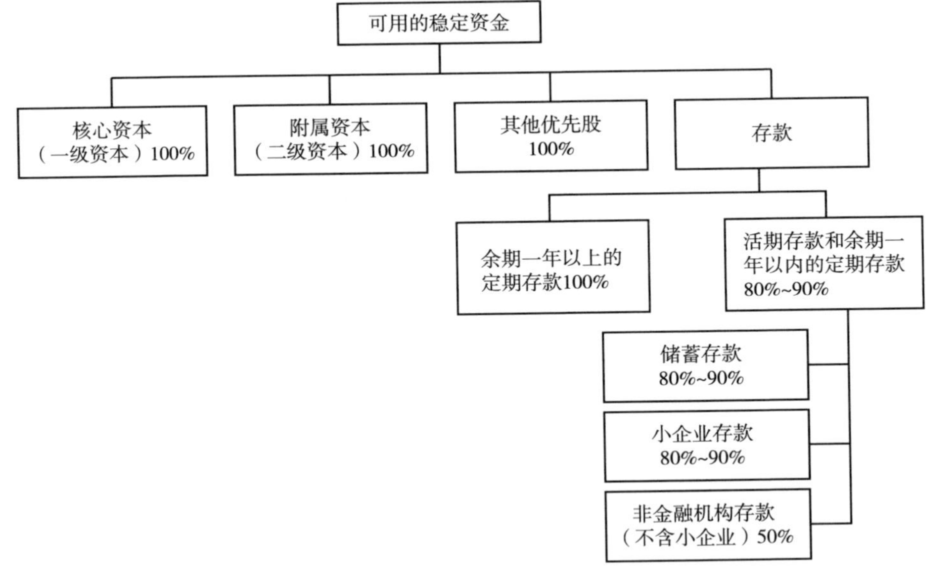

图 4.19　可用的稳定资金结构

① 《办法》自 2014 年 3 月 1 日起施行，规定商业银行流动性覆盖率应当于 2018 年底前达到 100%；在过渡期内，应当于 2014 年底、2015 年底、2016 年底及 2017 年底前分别达到 60%、70%、80%、90%。

指超出二级资本限额的部分。存款中剩余期限在一年以上的，不论存款主体是个人、公司还是金融机构，均可以计入；而期限在一年内的金融机构存款不能计入。

净稳定资金比例的分母是业务所需的稳定资金，所需稳定资金总量等于所持有的资产价值与相对应的折算因子相乘的加总。根据业务需要，所需稳定资金分为如图 4.20 所示的六类。

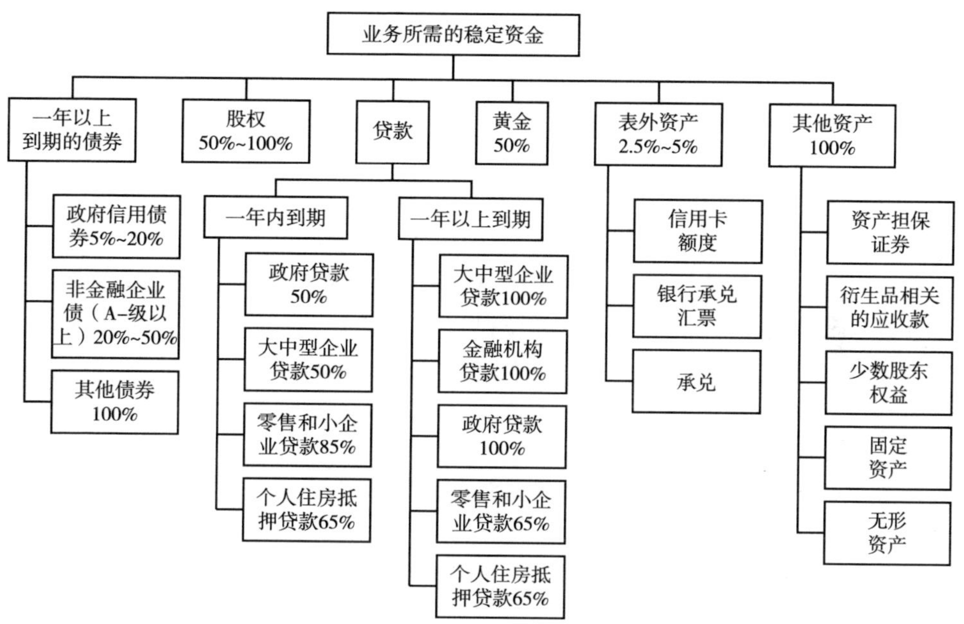

图 4.20　业务所需的稳定资金结构

截至 2018 年，中国人民银行采用的新型流动性调节工具如表 4.25 所示。

表 4.25　中国人民银行新型流动性调节工具

名称	英文缩写	创立时间	工具说明	作用
短期流动性调节工具	SLO	2013 年 1 月	央行为系统重要性银行提供 7 天以内的短回购操作	作为常规公开市场的补充，补充市场短期流动性
常备借贷便利	SLF	2013 年 1 月	央行对政策性银行和商业银行提供 1 ~ 3 个月流动性支持	满足金融机构 1 ~ 3 个大额流动性资金需求
抵押补充信贷	PSL	2014 年 4 月	央行对政策性银行提供长期大额信贷支持（3 ~ 5 年）	支持政策性为基础设施建设提供资金

续表

名称	英文缩写	创立时间	工具说明	作用
中期信贷便利	MLF	2014 年 9 月	央行对合规银行提供中期信贷（3～12 个月）	发挥中期信贷引导作用，鼓励商行向国家支持产业提供信贷
临时信贷便利	TLF	2017 年 1 月	对大型商行提供针对性流动支持，期限 1 个月	促进银行流动性和货币市场平衡运行
定向中期信贷便利	TMLF	2018 年 12 月	央行向合规银行提供 3 年信贷，比中期信贷便利利率低 15 个基点	增强对小微企业资金支持

资料来源：笔者自行整理。

在监管实践中，除引入巴塞尔协议Ⅲ提出的 LCR、NSFR 指标外，银保监会还辅以流动性比例、存贷比、流动性缺口率以及同业负债集中度等其他指标，监测银行流动性风险。为配合 CARPALS 体系的实施，银保监会相继颁布相关管理办法，相关监管标准及过渡期安排均比巴塞尔协议Ⅲ要求更严格（见表 4.26）。严格执行该指标体系的监管要求，可降低银行经营风险，降低银行业产生系统性风险的压力。

表 4.26　　银保监会四大监管工具实施

项目	内容	银保监会要求	巴塞尔协议Ⅲ要求	银保监会过渡期安排	《巴塞尔协议Ⅲ》过渡期安排
杠杆率	核心资本/总资产（含表外资产）	4%	3%	2011 年开始实施，大银行 2013 年底达标；中小银行 2016 年底达标	2013 年 1 月 1 日至 2017 年 1 月 1 日实施 3% 2017 年上半年调整杠杆率的定义和计算公式
拨备率	拨备/贷款余额	2.5%		2011 年开始实施，大银行 2013 年底达标；中小银行 2016 年底达标	《巴塞尔协议Ⅲ》尚未涉及对拨备的指标监管
	拨备覆盖率	150%		2012 年完成动态拨备制度	
流动性指标	LCR	100%	100%	2012 年 1 月 1 日起执行，2013 年底达标	2011 年起开始观察，2015 年引入最低监管标准
	NFSR	100%	100%	2012 年 1 月 1 日起执行，2013 年底达标	2011 年起开始观察，2018 年引入最低监管标准

资料来源：笔者自行整理。

2017 年 7 月 14 日至 15 日，第五次全国金融工作会议在北京召开，这次会议通过了组建国务院金融稳定委员会的议案。国务院金融稳定委员会的成立，标志着我国金融监管改革开启新的篇章。

2018 年 4 月 8 日，中国银行保险监督管理委员会在京揭牌，标志着新组建的中国银行保险监督管理委员会正式挂牌运行。中国银行保险监督管理委员会以习近平新时代中国特色社会主义思想为指导，切实找准监管定位，明确监管目标，坚决打好防范化解金融风险攻坚战。着力深化改革扩大开放，引导银行保险业进一步提升服务实体经济质效，在新的起点上开启新的征程。

银保监会成立后，中国银行业和保险业的流动性风险监管理念和监管措施将逐步统一。银保监会在党的十九大会议结束后陆续出台了一系列金融监管新规，2018 年 5 月，我国公布了《商业银行流动性风险管理办法》，引入净稳定资金比例、优质流动性资产充足率、流动性匹配率三个指标。其中，净稳定资金比例适用于 2000 亿元以上的商业银行，主要监控中长期负债的稳定性；优质流动性资产充足率适用于 2000 亿元以下的商业银行，鼓励机构减少期限错配，增加长期资金融入；流动性匹配率适用于全部商业银行，主要衡量银行资产负债的期限配置结构。此次修订区分了我国不同规模的商业银行，以更好地满足流动性需要，提高银行自身风险防范能力。

第5章　巴塞尔协议Ⅲ框架下宏观审慎监管

本书第4章研究结果表明，尽管目前国内银行爆发系统性风险的可能性不大，但无论是从系统性风险形成的时间维度还是空间维度来看，整体风险状况并不容乐观。近年来，国际社会不断完善宏观审慎政策框架，持续推动宏观审慎政策工具的运用。实践中，如何在借鉴国际经验的基础上，不断强化宏观审慎管理，完善宏观审慎政策工具，健全金融监管协调机制，加强系统性风险监测评估，牢牢守住不发生系统性金融风险的底线。本章将对这一问题进行阐述。

5.1　宏观审慎监管概述

5.1.1　宏观审慎监管概念

1979年6月，库克委员会（巴塞尔委员会前身）首次提出“宏观审慎”（macro-prudential supervision）的概念[①]。1986年，“宏观审慎”首次在公开文献中出现，欧洲货币理事会将其定义为促进“广泛的金融体系和支付制度的安全和稳健”的一种政策。1997年东南亚金融危机以后，宏观审慎政策开始在实践中加以运用。1998年1月，IMF首先提出将宏观审慎理念运用于金融体系的监管中[②]。1999年5月，IMF和世界银行启动金融部门评估规划（FSAP），运用宏观审慎指标评估成员的金融脆弱性。

2008年金融危机爆发后，国际社会深刻认识到原有金融监管体系主要

---

① BIS, “The Term Macroprudential: Origins and Evolution”, BIS Quarterly Review, Mar., 2010.

② IMF, “Towards a Framework for a Sound Financial System”, Jan., 1998.

关注单个金融机构稳健运营，未能从系统性、逆周期的视角防范金融风险的积累和传播。由此，主要经济体纷纷改革国内金融监管体制，加强宏观审慎管理。2009年，国际清算银行（BIS）将宏观审慎监管定义为“宏观审慎监管作为微观审慎监管的有益补充，该方法不仅考虑单个金融机构的风险敞口，更从金融体系的系统性角度出发对金融体系进行风险监测，以实现金融稳定”①。2009年4月，G20伦敦峰会发布《加强监管和提高透明度》报告，提出“宏观审慎政策框架”25项建议②。2010年11月，G20首尔峰会批准“宏观审慎政策框架”的基础性内容，随后，2010年12月，巴塞尔委员会发布《巴塞尔协议Ⅲ：一个更稳健的银行及银行体系的全球监管框架》中，巴塞尔委员会构建了一整套加强银行宏观审慎监管的工具体系，自此宏观审慎监管标准和工具体系逐渐为国际社会所普遍接受认同。

2016年，中国作为G20轮值主席国，要求IMF、FSB和BIS总结各国有效宏观审慎政策的核心要素和良好实践经验。IMF、FSB和BIS联合撰写了报告《有效宏观审慎政策要素：国际经验与教训》，对宏观审慎政策的内涵、目标、组织结构安排以及政策工具等进行系统研究和分析，为各国建立和完善有效的宏观审慎政策框架提供指引。

报告指出，宏观审慎政策是指运用审慎性工具防范系统性风险的做法。而系统性风险是指“由于金融体系的部分或全部功能受到破坏所引发的大规模金融服务中断，以及由此对实体经济造成的严重负面冲击”。系统性风险有两个维度：一是时间维度，即金融风险随着时间不断积累最终导致金融体系的脆弱性增加；二是结构性维度，即在给定时点上，金融体系内金融机构和金融市场之间因相互关联产生风险。

宏观审慎政策的目标有：一是通过建立并适时释放缓冲，提高金融体系应对冲击的能力；二是减缓资产价格和信贷间的顺周期性反馈，控制杠杆率、债务和不稳定融资的过度增长，防止系统性风险的不断累积；三是降低金融体系内部关联性可能带来的结构脆弱性，防范关键市场中重要金融机构的“大而不能倒”（too-big-to-fail）风险。

---

① BIS，“The global financial crisis”，79th BIS Annual Report 2009，2009，pp. 19 – 21.

② G20，“Enhancing Sound Regulation and strengthening Transparency”，Group of Twenty Discussion Paper，2009.

5.1.2 宏观审慎监管与微观审慎监管比较

微观审慎和宏观审慎均为金融监管的重要内容，两者在目标、风险、方法及政策工具等方面也存在实质性区别（见表5.1）。

表5.1　宏观审慎监管与微观审慎监管比较

比较项目	宏观审慎监管	微观审慎监管
直接目标	防范金融体系系统性风险	防范单一金融机构风险
最终目标	防止经济增长损失	保护金融消费者利益
风险特征	内生性	外生性
金融机构相关性和共同风险敞口	相关性强	不相关
审慎监管的衡量标准	以整个金融体系为考察对象	以单一金融机构为考察对象

5.1.3 巴塞尔协议Ⅲ关于宏观审慎的阐述

经过一系列文件的不断完善，巴塞尔委员会于2011年12月正式公布《巴塞尔协议Ⅲ》，明确了宏观审慎监管的内容和范围（见表5.2）。

《巴塞尔协议Ⅲ》中关于宏观审慎的内容，主要是在资本框架中加入留存资本缓冲比率、逆周期缓冲资本以及对系统重要性银行的额外资本要求（见表5.3），此外，增加杠杆率和流动性比率（见表5.4）作为清偿力的辅助监管指标，按照巴塞尔委员会的规定，《巴塞尔协议Ⅲ》于过渡期内分阶段执行，到2019年1月1日正式实施（见表5.5）。

表5.2　《巴塞尔协议Ⅲ》的系列文件

发布日期	核心文件	
	中文题目	英文题目
2009年7月13日	新资本协议框架完善建议	Newcapital framework enhancements announced by the Basel Committee
2009年9月7日	对全球银行业危机的综合回应	Comprehensive response to the global banking crisis
2009年12月17日	增强银行业抗风险能力	Strengthening the resilience of the banking sector-consultative document

续表

发布日期	核心文件	
	中文题目	英文题目
2009 年 12 月 17 日	流动性风险计量、标准和监测的国际框架	International framework for liquidity risk measurement, standards and monitoring-consultative document
2010 年 5 月 3 日	巴塞尔协议Ⅲ和资本要求的修订	Basel Ⅲ and Revisions to the Capital Requirements Directive
2010 年 6 月 11 日	巴塞尔委员会和制度改革	The Basel Committee and Regulatory Reform
2010 年 6 月 18 日	关于巴塞尔协议Ⅲ市场风险框架调整	Adjustments to the Basel Ⅲ market risk framework announced by the Basel Committee
2010 年 7 月 16 日	逆周期资本缓释的提案	Counter-cyclical capital buffer proposal-consultative document
2010 年 7 月 26 日	监管理事会应巴塞尔委员会针对资本和流动性的一系列改革达成共识	The Group of Governors and Heads of Supervision reach broad agreement on Basel Committee capital and liquidity reform package
2010 年 8 月 18 日	实施更高资本和流动性要求对宏观经济影响的评估	Assessment of the macroeconomic impact of stronger capital and liquidity requirements
2010 年 8 月 19 日	巴塞尔委员会关于确保在无法持续经营时监管资本损失吸收率的建议	Basel Committee proposal to ensure the loss absorbency of regulatory capital at the point of non-viability
2010 年 9 月 3 日	强化金融系统：成本与收益的比较	Strengthening the financial system: comparing costs and benefits
2020 年 9 月 3 日	根本上增强银行监管框架	Fundamentally strengthening the regulatory framework for banks
2010 年 9 月 12 日	监管理事会宣布更高的全球最低资本标准	Group of Governors and Heads of Supervision announces higher global minimum capital standards
2010 年 9 月 21 日	巴塞尔协议Ⅲ：更安全的金融体系	Basel Ⅲ: towards a safer financial system
2010 年 9 月 22 日	新规则远景	A new regulatory landscape
2010 年 9 月 28 日	采取宏观审慎决策的挑战：各方角色	The Challenger of taking macro-prudential decisions: who will press with button?
2010 年 10 月 4 日	金融改革“进展报告”	Financial reform: a progress report
2010 年 10 月 19 日	巴塞尔委员会对金融危机的应对：给 G20 的报告	The Basel Committee's response to the financial crisis: report to the G20

续表

发布日期	核心文件	
	中文题目	英文题目
2010 年 10 月 19 日	宏观审慎政策：这次有所不同?	Macro-prudential policy: could it have been different this time?
2010 年 10 月 26 日	监管最低资本要求和资本缓冲：一个自上而下的方法	Calibrating regulatory minimum capital requirements and capital buffers: a top-down approach
2010 年 11 月 9 日	巴塞尔协议Ⅲ和金融稳定	Basel Ⅲ and Financial Stability
2010 年 11 月 25 日	巴塞尔资本协议框架：一个决定性的突破	The Basel Ⅲ Capital Framework: a decisive breakthrough
2010 年 12 月 16 日	综合的定量测算结果	Results of the national authorities operating the counter-cyclical capital buffer
2010 年 12 月 16 日	各主权国家实施资本缓冲的指引	Guidance for national authorities operating the counter-cyclical capital buffer
2010 年 12 月 16 日	巴塞尔协议Ⅲ：流动性风险计量、标准和监测的国际框架	Basel Ⅲ: International framework for liquidity risk measurement, standards and monitoring
2010 年 12 月 16 日	巴塞尔协议Ⅲ：一个更稳健的银行及银行体系的全球监管框架	Basel Ⅲ: A global regulatory framework for more resilient banks and banking systems
2010 年 12 月 17 日	实施更高资本和流动性要求对宏观经济影响的最终评估报告	Final report on the assessment of the macroeconomic impact of the transition to stronger capital and liquidity requirement
2010 年 12 月 20 日	银行对中央对手方风险暴露的资本化	Capitalization of bank exposures to central counter parties-conservative document
2011 年 2 月 8 日	巴塞尔协议Ⅲ：对经济运行和流动的长期影响	Basel Ⅲ: Long-term impact on economic performance and fluctuations
2011 年 2 月 8 日	宏观审慎政策和框架	Macro-prudential policy tools and frameworks
2011 年 4 月 20 日	巴塞尔协议Ⅲ：流动性框架常见问题	Basel Ⅲ: framework for liquidity-frequently asked questions
2011 年 11 月 10 日	巴塞尔协议Ⅲ：关于资本常见问题的定义	Basel Ⅲ: definition of capital frequently asked questions
2011 年 11 月 10 日	巴塞尔协议Ⅲ：交易对手风险常见问题	Basel Ⅲ: Counter-party credit risk-Frequently asked questions
2011 年 12 月 20 日	宏观审慎监督工具框架进展：给 G20 的报告	Macro-prudential Policy Tools and Frameworks progress report to G20

续表

发布日期	核心文件	
	中文题目	英文题目
2012年4月20日	巴塞尔协议Ⅲ：管理一致性评估方案	Basel Ⅲ: regulatory consistency assessment programme
2012年5月10日	巴塞尔协议Ⅲ：流动性覆盖率和流动性风险监控工具	Basel Ⅲ: The Liquidity coverage ratio and liquidity risk monitoring tools

资料来源：http：//www.bis.org/bcbs/index.htm.

表5.3　巴塞尔协议Ⅲ资本框架的调整

项目	普通股/风险加权资产	核心资本（Tier 1）/风险加权资产	总资本/风险加权资产
最低资本要求	4.5	6.0	8.0
资本留存缓冲	2.5	2.5	2.5
最低资本要求+资本留存缓冲	7.0	8.5	10.5
逆周期资本缓冲	0~2.5	0~2.5	0~2.5
系统重要性银行资本要求	1	1	1

注：资本要求和留存缓冲（所有数字均为百分百）。

资料来源：Basel Committee on Banking Supervision，"Basel Ⅲ A global regulatory framework for more resilient banks and banking systems"，Dec.，2010.

表5.4　巴塞尔协议Ⅲ流动性监管指标

项目	流动性覆盖率（LCR）	净稳定资金比例（NSFR）
公式	$\frac{\text{高质量流动性资产存量}}{\text{未来30日资金净流出量}} \geq 100\%$	$\frac{\text{可获得的稳定融资余额}}{\text{必需的稳定融资金额}} \geq 100\%$
监管目标	流动性风险监测	稳定资金来源
分析报表	资产负债表	现金流量表
分析目的	确保机构拥有足够的优质流动性资源来提高应对短期流动性风险的能力	提高银行在较长时期内应对流动性风险的能力，防止其在市场繁荣、流动性充裕时期过度依赖批发性融资

资料来源：巴曙松、朱元倩：《巴塞尔资本协议Ⅲ研究》，北京：中国金融出版社2011年版。

表 5.5　　巴塞尔协议Ⅲ各项规则分阶段安排　　单位：%

指标	2011 年	2012 年	2013 年	2014 年	2015 年	2016 年	2017 年	2018 年	2019 年
杠杆比率	监管监测期		过渡期为 2013 年 1 月 1 日至 2017 年 1 月 1 日，从 2015 年 1 月 1 日开始披露					纳入第一支柱	
最低普通股充足率			3.5	4.0	4.5	4.5	4.5	4.5	4.5
资本留存缓冲						0.625	1.25	1.875	2.50
最低普通股充足率 + 资本留存缓冲			3.5	4.0	4.5	5.125	5.75	6.375	7.0
核心资本中普通股的扣减项				20	40	60	80	100	100
最低核心资本（一级资本）充足率			4.5	5.5	6.0	6.0	6.0	6.0	6.0
最低总资本充足率			8.0	8.0	8.0	8.0	8.0	8.0	8.0
最低普通股充足率 + 资本留存缓冲			8.0	8.0	8.0	8.625	9.25	9.875	10.5
逆周期资本缓冲						0.625	1.25	1.875	2.5
系统重要性银行附加资本要求						1	1	1	1
总资本充足率			8.0	8.0	8.0	8.625	9.25	9.875	10.5
流动性覆盖比率（LCR）	观察期				引入最低标准				
净稳定融资比率（LCR）	观察期							引入最低标准	

注：核心资本中普通股扣减项包括递延所得税限额、抵押服务权等。

资料来源：Basel Committee on Banking Supervision. Group of Governors and Heads of Supervision Announces Higher Global Minimum Capital Standards. Sep. 12，2010.

5.2　宏观审慎监管框架

5.2.1　国际组织加强宏观审慎管理的进展

5.2.1.1　构建稳健的金融机构

（1）继续完善监管政策框架。2017 年末，巴塞尔委员会（BCBS）发布

《巴塞尔协议Ⅲ：危机后改革的最终方案》，2018 年，BCBS 对巴塞尔协议Ⅲ框架进行了完善，包括修订市场风险框架、应对可能存在的监管套利问题等。同时，BCBS 还基于市场最新动态，着手研究制定针对市场基准利率改革、加密资产、行业逆周期资本缓冲等问题的监管方案。

（2）评估巴塞尔协议Ⅲ框架的有效性。巴塞尔协议Ⅲ兼顾宏观审慎管理和微观审慎监管，在巴塞尔协议Ⅲ框架完成后，巴塞尔委员会（BCBS）着手就其改革效果开展评估，评估分为三个层次：一是评估单项改革是否能够实现预期目标；二是评估不同改革间的协同性；三是评估改革对银行经营和宏观经济的更广泛影响。预计评估工作将持续到 2022 年。

（3）推动各成员经济体执行《巴塞尔协议Ⅲ》。为促进各成员经济体全面一致落实巴塞尔协议要求，巴塞尔委员会（BCBS）对各成员经济体执行巴塞尔协议Ⅲ的情况进行国别评估。目前已完成对所有成员经济体的资本框架和流动性覆盖率框架的评估，正在开展针对净稳定资金比例和大额风险敞口框架的评估工作。

5.2.1.2　强化对全球系统重要性银行的监管

2019 年 11 月，金融稳定理事会（FSB）公布了基于 2018 年末数据测算的全球系统重要性银行（G-SIBs）名单，比 2018 年 G-SIBs 名单增加一家，共有 30 家银行入选（加拿大道明银行新入选名单，见表 5.6），美国银行由第 3 组降至第 2 组，中国建设银行由第 2 组降至第 1 组。每年 11 月金融稳定理事会（FSB）公布全球系统重要性银行（G-SIBs）更新名单后，入选的 G-SIBs 将于 14 个月后的 1 月份开始实施更高的资本要求。

5.2.1.3　推动有效处置机制建设

（1）落实总损失吸收能力（TLAC）要求。2019 年 1 月，全球系统重要性银行（G-SIBs）均已达到或超过了风险加权资产 16% 和杠杆率分母 6% 的 TLAC 要求。据估计，过去 3 年中，G-SIBs 每年发行的 TLAC 工具在 3500 亿 ~ 4000 亿美元。多数 TLAC 工具以美元（约 67%）和欧元（约 19%）发行，投资者主要包括资产管理公司、养老基金和保险公司。

（2）推动实施《金融机构有效处置机制核心要素》。银行业所有 G-SIBs 母国均已建立了处置策略和处置计划框架，下一步的工作重点是全面落实 TLAC

表 5.6　　　　　　　　**2019 年全球系统重要性银行**

附加资本缓冲比率（%）	全球系统重要性银行（G-SIBs）
3.5	/
2.5	摩根大通银行（JP Morgan Chase）
2.0	花旗银行（Citibank） 汇丰银行（HSBC）
1.5	美国银行（Bank of America） 中国银行（Bank of China） 巴克莱银行（Barclays） 法国巴黎银行（BNP Paribas） 德意志银行（Deutsche Bank） 高盛集团（Goldman Sachs） 中国工商银行（ICBC） 三菱日联金融集团（Mitsubishi UFJ FG） 富国银行（Wells Fargo）
1.0	中国农业银行（ABC） 纽约梅隆银行（Bank of New York Mellon） 中国建设银行（CCB） 瑞士信贷集团（Credit Suisse） 法国 BPCE 银行集团（Groupe BPCE） 荷兰国际集团（ING Bank ） 瑞穗金融集团（Mizuho FG） 摩根士丹利（Morgan Stanley） 加拿大皇家银行（Royal Bank of Canada） 桑坦德银行（Santander） 法国兴业银行（Société Générale） 渣打银行（SCB） 道富银行（State Street） 三井住友金融集团（Sumitomo Mitsui FG） 瑞银集团（UBS） 多伦多道明银行（Toronto – Dominion Bank） 裕信银行（Unicredit Group）

资料来源：FSB《2019 年全球系统重要性银行名单》，2019 年 11 月。

要求，重点落实内部 TLAC 要求以及确保 TLAC 工具在处置中能够用于机构自救。为推动中央对手方（CCPs）处置机制建设，FSB 于 2018 年 11 月发布了《CCPs 处置中的资金来源及对 CCPs 股权的处理》，并计划于 2020 年出台进一步的指导文件。

5.2.1.4　持续监测影子银行体系

2019年2月，金融稳定委员会（FSB）发布《2018年全球非银行金融中介监测报告》，结果显示，2017年末全球“非银行金融中介监测规模总额”达184.3万亿美元，全球影子银行规模达51.6万亿美元。其中，美国影子银行规模最大，占总规模的28.9%，欧元区次之；我国位列第三，规模达8.2万亿美元，占总规模的16%。

5.2.1.5　宏观审慎管理框架不断完善

全球宏观审慎管理框架不断完善，绝大多数金融稳定委员会（FSB）成员经济体成立了专门的宏观审慎管理部门，对外部信用评级机构（CRAs）的依赖不断降低。所有FSB成员经济体均建立了针对CRAs的注册和监管机制，并不断减少在法律法规和监管标准中使用CRAs评级结果。

5.2.2　部分发达国家和地区宏观审慎监管框架的构建

当前各国（地区）宏观审慎监管框架，主要有三种组织结构模式：一是将宏观审慎职责赋予中央银行，由央行董事会或行长作出决策。如果监管机构独立于央行之外，则需要建立跨部门的协调机制（加上财政部），英国采用这种模式。二是将宏观审慎职责赋予央行内设的专门委员会。这一做法有利于防范央行的双重职能（货币政策和宏观审慎）间的潜在冲突，同时也可以允许微观审慎监管部门的代表及外部专家参与政策制定，欧盟采用这种模式。三是将宏观审慎职责赋予一个独立于央行之外的跨部门委员会，通过政策协调、信息共享、共同研究系统性风险的方式来制定和实施宏观审慎政策，美国采用这种模式。

5.2.2.1　美国

（1）颁布《多德—弗兰克华尔街改革与消费者保护法案》。

2008年金融危机后，美国进行金融监管改革，先后颁布四部重要金融监管改革文件和法案（见表5.7）。其中，2010年7月实施的《多德—弗兰克华尔街改革与消费者保护法案》是自“大萧条”以来改革力度最大、影响最全面的一部金融监管改革法案，法案核心内容包括四个方面：防范系统性金融风险；提高金融系统稳定性；保护消费者；实行“沃尔克法则”，限制大型金融机构的投机性交易，加强对金融衍生品的监管。

表 5.7　　　　美国颁布的金融监管改革文件和法案

日期	法案
2008 年 3 月 31 日	《现代金融监管构架改革蓝图》（*Blueprint for a Modernized Financial Regulatory Structure*）
2009 年 3 月 26 日	《金融监管改革框架》（*Treasury Outlines Framework For Regulatory Reform*）
2009 年 6 月 17 日	《金融监管改革新基础：重塑金融监管》（*Financial Regulatory Reform-A New Foundation: Rebuilding Financial Supervision and Regulation*）
2010 年 7 月 21 日	《多德－弗兰克华尔街改革与消费者保护法》（*Dodd-Frank Wall Street Reform and Consumer Protection Act*）

（2）实施“沃尔克法则”（Volcker Rule）。

2010 年 1 月 21 日，美国总统奥巴马宣布将对美国银行业做重大改革，采纳了美联储前主席、时任美国总统经济复苏顾问委员会主席保罗·沃尔克的建议，因此，其方案被称为“沃尔克法则”（Volcker Rule）。“沃尔克法则”的核心内容是禁止银行从事自营性质的投资业务，以及禁止银行拥有、投资或发起对冲基金和私募基金。沃尔克法则被认为能够有效限制银行的业务规模和范围，减少银行系统性风险，防止“大而不倒”的道德风险再度发生。其内容主要有以下三点：一是限制商业银行的规模。规定单一金融机构在储蓄存款市场上所占份额不得超过 10%；二是限制银行利用自身资本进行自营交易（proprietary trading）；三是禁止商业银行拥有、投资或发起对冲基金，也不能拥有私募股权投资基金，不能从事与自己利润有关而与服务客户无关的自营交易业务。

（3）组建金融稳定监管委员会（Financial Stability Oversight Council, FSOC）。

为有效监控系统性风险，美国形成了以美联储为核心、金融稳定监管委员会（FSOC）为中枢的宏观审慎管理框架（见图 5.1）。FSOC 主要负责关注、监控大型金融机构的系统性风险，下设副部长级委员会、系统性风险委员会和常设委员会。根据系统性风险的来源，系统性风险委员会双下设两个分委员会：金融机构分委员会（Institutions Sub-committee）和金融市场分委员会（Market Sub-committee），分别负责金融机构和金融市场风险状况对金融稳定影响的监测。FSOC 需向国会汇报定期报告与特别报告，接受美国政府责任署（Government Accountability Office，GAO）的问责。

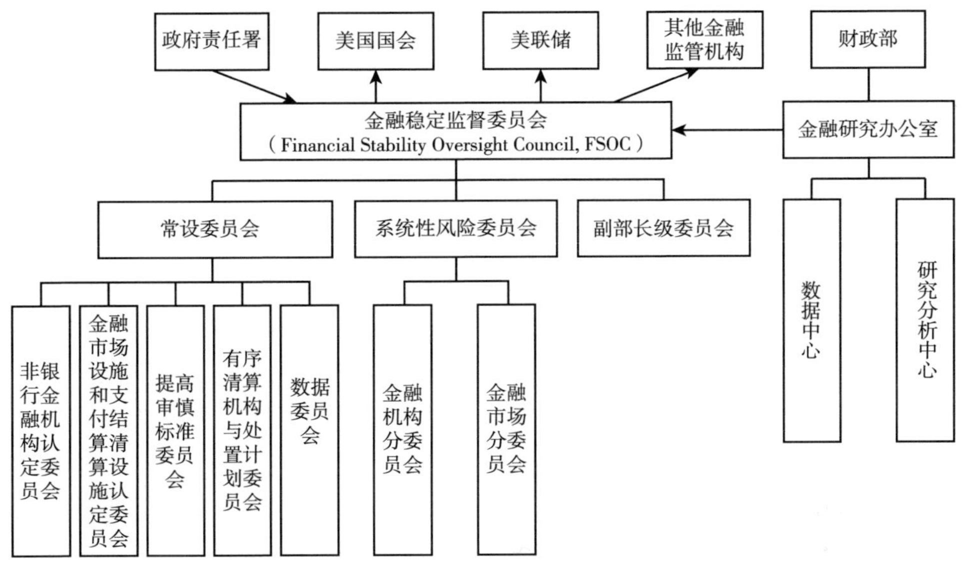

图 5.1 美国宏观审慎监管框架

资料来源：美国财政部官方网站 http：//www. treasury. gov/initiatives/fsoc/about/Pages/default. aspx.

（4）系统性风险监测和评估。

金融稳定监督委员会（FSOC）于 2018 年 12 月 19 日发布年报，认为 2018 年美国经济持续发展，失业率不断降低，美国金融体系更趋稳定，但同时也存在诸多潜在风险，主要包括网络攻击可能对金融机构造成严重负面影响、CCPs 的风险集中度较高、大型复杂金融机构仍对金融稳定构成潜在威胁、大额短期融资市场稳定性不足、金融数据无法满足金融监管体系需求，英国脱欧会对美国金融机构、跨境贸易、金融服务、金融衍生品等产生潜在影响等。

（5）开展压力测试。

2018 年，美联储对 35 家金融机构开展了多德—弗兰克压力测试（DFAST)，结果表明，轻度情景下，美国 GDP 从 2018 年第一季度开始衰退，至 2018 年第二季度达到 -3. 5% 的最大值后经济逐步企稳，至 2019 年第二季度恢复正增长；可支配收入水平、股价、房价均有不同程度下跌，失业率最高升至 7% 。测试机构资本充足率将下降 1. 4 个百分点，预计总损失 3330 亿美元。在重度情景下，美国 GDP 从 2018 年第一季度开始衰退，至 2018 年第

二季度达到 -8.9% 的最大值后经济逐步企稳，至 2019 年第四季度恢复正增长；可支配收入水平、股价、房价均有更大幅度下跌，失业率最高升至 10%。在此情景下，测试机构资本充足率将下降 2.3 ~3.6 个百分点，预计总损失为 5 780 亿美元。

5.2.2.2 欧盟

（1）构建欧盟新金融监管框架。

2008 年金融危机后，针对欧盟金融监管体系存在的缺乏宏观审慎管理和不能有效防范系统性风险的弊端，欧洲理事会于 2009 年 6 月 19 日通过《欧盟金融监管体系改革》(*Reform of EU's Supervisory Framework for Financial Services*)。2009 年 9 月欧盟委员会提出《关于赋予欧洲中央银行在欧洲系统风险委员会中的特定任务》的提案，明确欧洲中央银行（ECB）在宏观审慎监管的特殊作用。2010 年 9 月 22 日欧盟通过《泛欧金融监管法案》(*Pan-European Financial Regulatory Reform Bill*)，自 2011 年 1 月 1 日开始实施，据此建立起泛欧金融监管体系和宏观审慎监管框架（见图 5.2）。

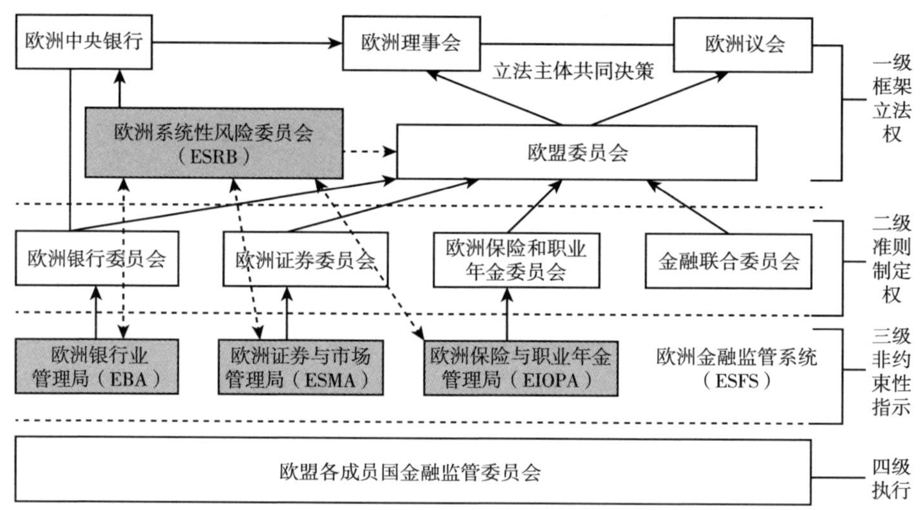

图 5.2 欧盟新金融监管框架

资料来源：ECB，2010，Financial Integration in Europe，pp. 41.

（2）成立欧洲系统性风险委员会（ESRB）。

根据新的监管法案，欧盟委员会成立宏观审慎监管专门机构——欧洲系统性风险委员会（European Systemic Risk Board，ESRB），ESRB 的主要职责在于识别、评估和监控欧盟金融体系的系统性风险，在出现重大风险之前发出预警并向欧盟提出政策建议，同时与 IMF、FSB、BCBS 及其他国家进行有关合作。

（3）建立欧洲金融监管系统（ESFS）。

欧盟理事会建立欧洲金融监管系统（European system of finance supervisors，ESFS），打破成员间相互割裂的监管格局，加强欧洲层面的金融监管，由欧洲金融监管局（European Supervisory Authorities，ESA）负责微观审慎监管和成员间的协调。具体又分为欧洲银行业管理局（European Banking Authority，EBA）、欧洲证券与市场管理局（European Security and Markets Authority，ESMA）和欧洲保险与职业年金管理局（European Insurance and Occupational Pensions Authority，EIOPA），标志着欧洲层面的直接监管权限已包含银行、保险、职业年金等所有金融领域。

在宏观审慎监管与微观审慎监管的衔接上，欧洲金融监管系统收集微观信息，并将其传递给欧洲系统性风险委员会下的指导委员会，指导委员会通过对欧盟内整体宏观经济信息的分析，将其中可能产生的系统性风险通过早期预警的方式再传递给欧洲金融监管系统，以便其制定后续方案（见图 5.3）。

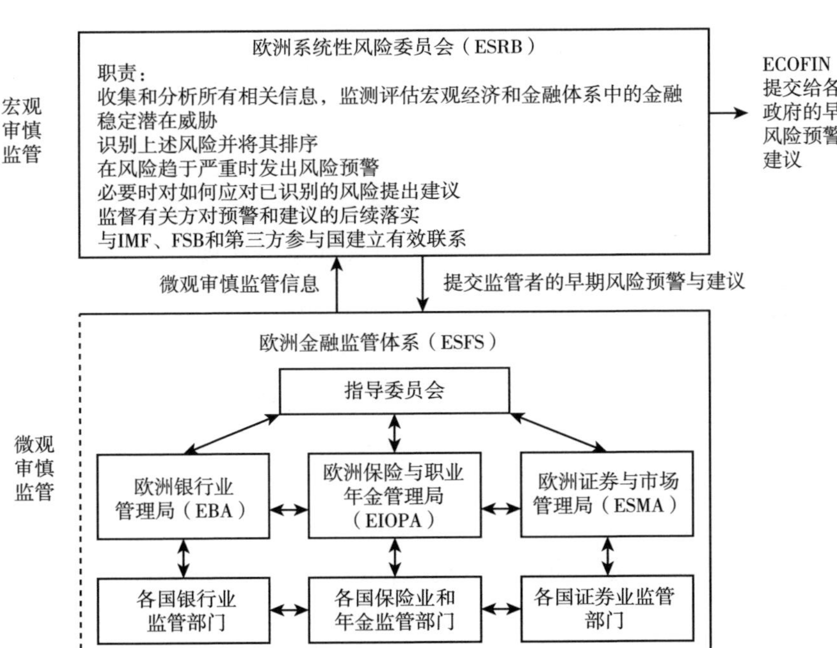

图 5.3　欧盟微观审慎与宏观审慎监管的协调机制

资料来源：ECB，2010，Financial Integration in Europe，pp. 41.

（4）系统性风险监测和评估。

2018 年 11 月，欧央行发布金融稳定报告，指出受保护主义等因素影响，全球经济增速下行风险有所上升。在此背景下，欧洲面临四大潜在风险：全球金融市场风险溢价可能无序上升；债务可持续性可能恶化；银行盈利能力依旧不足；投资基金行业的流动性风险日益上升。

（5）完善宏观审慎政策框架。

2019 年 4 月，欧洲系统性风险委员会（ESRB）发布了 2018 年度欧盟宏观审慎政策报告。在宏观审慎政策框架方面，西班牙于 2018 年成立了宏观审慎当局，除意大利外的其他成员均已明确了宏观审慎当局。在宏观审慎政策工具方面，启用了逆周期资本缓冲，绝大多数成员均采用了偿债收入比上限等针对房地产市场的宏观审慎政策工具。

（6）监测影子银行发展。

2018 年 9 月，欧洲系统性风险委员会（ESRB）发布了欧盟影子银行监测报告。截至 2017 年末，欧盟影子银行规模约为 42.3 万亿欧元，相当于银行业规模的 82%。欧盟影子银行呈现以下特点：一是行业集中度较高，投资基金规模约占影子银行总资产的 1/3；二是流动性风险有所上升；三是与银行业的关联性较强；四是衍生品和证券融资交易的使用可能引发顺周期性和高杠杆等风险。

5.2.2.3 英国

（1）颁布《2010 年金融服务法》（*Financial Service Act 2010*）。

2008 年金融危机后，英国开始对国内金融监管框架进行整合和修正。2009 年 2 月，英国议会通过了《2009 年银行法案》（*The Banking Act 2009*），2010 年 4 月英国议会批准《2010 年金融服务法》（*Financial Service Act 2010*），2010 年 7 月，英国财政部发布《金融监管新举措：判断、焦点和稳定》（*A New Approach to Financial Regulation：Judgement，Focus and Stability*），最终明确英国宏观审慎监管框架。

（2）英格兰银行成为唯一金融监管机构。

《2010 年金融服务法》明确规定英格兰银行在金融稳定监管中的法定职责和核心地位，并赋予英格兰银行更大的权限以预防和应对系统性金融风险。《2009 年银行法案》正式赋予英格兰银行金融稳定职责。《金融监管新举措：判断、焦点和稳定》提出 2012 年取消金融服务局（Financial Services Authority，FSA），英格兰银行成为唯一金融监管机构，全面负责金融监管。

原FSA的职能由四个机构取代，分别是央行下辖金融政策委员会（Financial Policy Committee，FPC）和审慎监管局（Prudential Regulation Authority，PRA），分别负责监管宏观经济风险和金融机构风险；消费者保护和市场监管局（Consumer Protection and Markets Authority，CPMA）以及经济犯罪局（Economic Crime Agency）分别负责消费者保护和经济类犯罪调查和取证。

（3）建立宏观审慎监管框架。

金融监管改革后，英国建立起了英格兰银行为核心，金融政策委员会、审慎监管局、消费者保护和市场监管局、经济犯罪局四位一体的金融监管格局，实现微观审慎和宏观审慎监管的有机结合（见图5.4）。

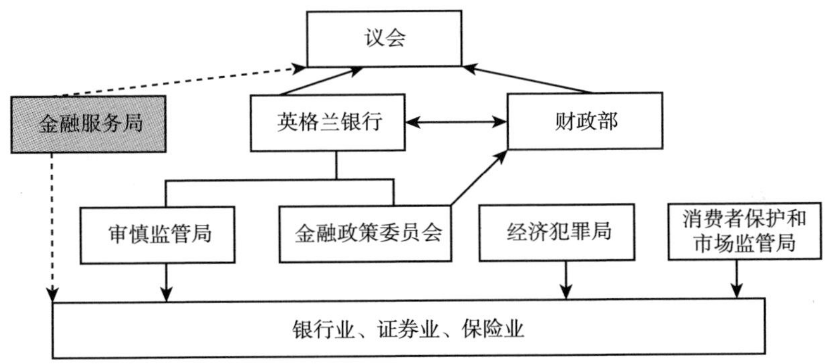

图5.4 英国宏观审慎监管框架

资料来源：英国财政部官方网站，http：//www. hm-treasury. gov. uk/d/consult_financial_regulation.

（4）开展银行业压力测试。

2018年，英格兰银行对国内银行体系开展压力测试，设置了比2008年国际金融危机更严重的压力情景：假设GDP下降4.7%，失业率上升至9.5%，住宅地产价格下降33%，商业地产价格下降40%，英镑汇率指数下跌27%，利率升至4%。结果显示，英国银行体系仍表现了较强的稳健性，主要银行的一级资本充足率仍能达到危机前水平的两倍，能够满足资本和杠杆率监管要求，可以继续满足实体经济的信贷需求。基于压力测试结果，FPC认为即使在英国“硬脱欧”的情况下，银行业依旧可以稳健运行。

综上所述，系统性风险防范具有复杂性和多面性，目前国际社会关于宏观审慎监管框架的研究尚无定论，各国在实践中主要根据各自金融体系具体情况构建相应管理框架。

总体来讲，宏观审慎管理框架构建主要包括以下四个方面：一是确定宏观审慎管理的具体实施部门，如美国成立金融稳定监督委员会（FSOC），由美联储负责系统性风险的监管；欧盟成立欧洲系统性风险委员会（ESRB），明确欧洲央行在宏观审慎管理中的作用；英国撤销金融服务局（FSA），将英格兰银行作为唯一的监管机构，下辖审慎监管局（PRA），负责宏观审慎监管。二是确定宏观审慎监管部门的具体权责。三是建立正式机制和组织安排强化宏观审慎监管、微观审慎监管和其他经济管理部门间的协调合作。四是建立风险处置和清算机制，一旦具有系统性重要性的金融机构出现问题，采用有效应对机制，避免引发更大范围的金融动荡。欧美宏观审慎监管机构设置及职能界定如表 5.8 所示。

表 5.8　　欧美宏观审慎监管机构设置及职能界定

宏观审慎监管	美国	英国	欧盟
系统性风险监管当局	金融稳定监管委员会（FSOC）	英格兰银行下辖金融政策委员会（FPC）	欧洲系统性风险委员会（ESRB）
机构安排	FSOC 由财长（主席）和联邦监管机构的负责人组成；资料主要由财政部提供	FPC 下属英格兰银行，对财政部直接负责，央行行长作为 FPC 主席	ESRB 由央行理事会和监管机构人员组成
权力			
评估系统性风险	有	有	有
确定系统性机构	有	有	有
制定风险监管规则	有	有	有
微观审慎监管	美联储监管具有系统重要性的金融机构	审慎监管局（PRA）置于英格兰银行管理下	由欧洲金融监管局（ESA）负责
强制清偿机制	为系统重要性金融机构设立系统性清偿基金	对主要银行设立特殊清偿机制	修改《存款保险计划指令》并对混业经营全能银行建立清偿基金

资料来源：笔者根据美国《2009 年华尔街改革和消费者保护法案》、英国《2009 年银行法案》、欧盟议会《泛欧金融监管法案》整理。

5.2.3　国内宏观审慎监管实践现状

5.2.3.1　国内宏观审慎监管现状

2008 年金融危机后，我国也开始高度重视宏观审慎管理的研究，对相关政策制定实施进行有益探索。中国人民银行在2010年《中国金融稳定报告》中将宏观审慎监管定义为“宏观审慎监管以防范系统性金融风险为根本目标，既防范金融机构相互关联所导致的风险传递，同时又关注金融体系在跨经济周期中的稳健状况，有效管理金融体系的系统性风险”①。

2011年5月3日，银监会发布《中国银行业实施新监管标准的指导意见》，明确国内系统重要性银行（D-SIBs）的定义，通过规模、关联性、复杂性和可替代性四个指标，建立D-SIBs评估方法和持续评估框架。从宏观审慎监管与微观审慎监管有机结合、市场准入、审慎监管标准等方面提出增强D-SIBs监管有效性的一整套措施。

2011年7月7日，银监会发布《商业银行杠杆率管理办法》，自2012年1月1日起施行；2011年7月，银监会颁布《商业银行贷款损失准备管理办法》规定贷款拨备率和拨备覆盖率计算公式及标准；2011年10月13日，银监会发布《商业银行流动性风险管理办法（试行）》。2011年末，银监会向商业银行下发《关于国内系统重要性银行划分标准的征求意见稿》，监管当局拟通过“规模、关联性、不可替代性（金融基础设施）、复杂性”四个指标衡量国内系统重要性银行，其中每个指标占25%的权重②。

2013年10月11日，银监会颁布调整后的《商业银行流动性风险管理办法（试行）》；2014年2月19日，银监会发布《商业银行流动性风险管理办法》，引入巴塞尔协议Ⅲ最新监管指标——流动性覆盖率（liquidity coverage ratio，LCR）和净稳定融资比率（net stability funding ratio，NSFR）。

2012年1月，第四次全国金融工作会议要提出“加强和改进金融监管，切实防范系统性金融风险。银行业要建立全面审慎的风险监管体系”③；2012年6月7日，银监会发布《商业银行资本管理办法（试行）》，于2013年1月1日起施行，要求商业银行在2018年底前达到规定的资本充足率监管要求；2012年12月7日，银监会发布《关于实施商业银行资本管理办法（试行）过渡期安排相关事项的通知》，公布过渡期内分年度商业银行应达到的资本充足率要求。

---

① 中国人民银行：《2010年中国金融稳定报告》，http：//www. pbc. gov. cn/publish/jinrongwendingju/370/index. html.

② 中国银行监督管理委员会：关于国内系统重要性银行划分标准的征求意见稿［EB/OL］.（2011－12－06）. http：//www. gov. cn/gzdt/2011－12/06/content_1857041. html.

③ 2012年1月6日至7日第四次全国金融工作会议在北京举行。

2012 年 6 月 29 日，巴塞尔委员会发布《国内系统重要性银行纲领》咨询文件，阐述了关于 D-SIBs 评估方法的八个原则和更高的资本损失吸收能力要求的四个原则。BCBS 将此文件添加到巴塞尔协议Ⅲ文件范围，自 2016 年 1 月起实施。2012 年 7 月，银监会对该文件进行了编译。

2012 年 9 月 17 日，人民银行公布《金融业发展和改革“十二五”规划》（以下简称《规划》），《规划》中明确指出“要加强对系统性金融风险的防范预警，建立健全适合中国国情的系统性金融风险监测评估方法和操作框架，加强对系统重要性金融机构的监管和宏观审慎管理”①。2013 年 11 月 12 日，党的十八届三中全会《决定》指出要“落实金融监管改革措施和稳健标准，完善监管协调机制，界定中央和地方金融监管职责和风险处置责任。加强金融基础设施建设，保障金融市场安全高效运行和整体稳定”②。

2016 年，金融监管协调部际联席会议（以下简称“联席会议”）继续深入推进金融监管政策、措施、行动的统筹协调，不断增强金融监管合力和有效性，在防范系统性金融风险和促进金融更好地服务实体经济等方面发挥了积极作用。

2016 年起，人民银行将差别准备金动态调整机制“升级”为宏观审慎评估体系（MPA），从资本和杠杆、资产负债、流动性、定价行为、资产质量、跨境业务风险、信贷政策执行情况七个方面引导银行业金融机构加强自我约束和自律管理。从 MPA 的实施情况来看，货币信贷基本保持平稳增长态势，银行业金融机构总体上经营稳健，符合宏观审慎要求。

5.2.3.2 完善宏观审慎政策框架实践进展

宏观审慎政策框架内容构成丰富，按照国际货币基金组织（IMF）、金融稳定委员会（FSB）和国际清算银行（BIS）的研究，宏观审慎概念包含监管机构安排、系统性风险分析和宏观审慎政策工具的使用。目前我国经济正处于稳增长、调结构、促发展时期，建立与现代金融市场发展相适应的金融监管框架和强化宏观审慎政策，具有十分重要的现实意义。本书归纳了自 2017

① 中国人民银行：《金融业发展和改革“十二五”规划》，2012 年 9 月 17 日。http：//www.pbc.gov.cn/publish/goutongjiaoliu/524/2012/20120917155836347504341/20120917155836347504341_.html.

② 中共十八届三中全会全体会议：《中共中央关于全面深化改革若干重大问题的决定》，2013 年 11 月 12 日。

年以来，我国不断完善宏观审慎政策框架，先后采取了如下政策措施。

（1）加强宏观审慎政策协调。

2017 年，国务院金融稳定发展委员会进一步发挥统筹协调作用，推动落实以下工作：一是认真落实党中央、国务院决策部署，坚持稳中求进工作总基调，把防控金融风险放到更加重要的位置。二是防范化解重大金融风险，控制重点领域信用风险、化解影子银行风险。三是构建跨市场金融风险监测分析框架，推进统筹金融基础设施监管和金融业综合统计管理。四是促进新兴金融业态规范发展，研究制定《互联网金融领域专项整治工作实施方案》。五是研究多渠道支持商业银行补充资本，维护银行同业市场稳定，支持中小银行健康发展。

（2）加强系统性风险监测与评估。

加强金融机构和非银行金融机构的监测评估和现场检查工作。组织对全国 1171 家银行业金融机构进行压力测试，不断扩大压力测试范围，对金融机构进行风险提示，引导金融机构稳健经营。稳步推进央行金融机构评级工作。持续加强对重点领域和突出问题的风险监测和排查，2018 年对全国 4300 余家金融机构开展央行金融机构评级。

（3）完善宏观审慎监管框架。

为完善我国系统重要性金融机构监管框架，防范系统性风险，有效维护金融体系稳健运行，2018 年 11 月 27 日，中国人民银行、中国银行保险监督管理委员会、中国证券监督管理委员会联合印发《关于完善系统重要性金融机构监管的指导意见》（以下简称《指导意见》）。对我国系统重要性金融机构（SIFIs）评估、监管和处置机制作出了规定。《指导意见》发布后，人民银行会同相关部门，开展相关配套政策的制定工作，逐步出台包括银行业在内的系统重要性金融机构的评估方法和附加监管要求。2019 年 11 月 26 日，人民银行、银保监会就《系统重要性银行评估办法（征求意见稿）》公开征求意见。

（4）落实宏观审慎政策工具。

全球系统重要性银行（G-SIBs）处置机制继续加强，工商银行、农业银行、中国银行、建设银行四家被识别为 G-SIBs 的机构，均按照金融稳定委员会（FSB）的要求建立了危机管理小组（CMG），按年度更新其恢复和处置计划（RRP）。2016 年中国银行和工商银行已完成第二轮 RAP，农业银行已完成第一轮 RAP，2017 年建设银行开展首轮 RAP。

（5）完善金融机构评价体系。

2017 年以来，人民银行强化宏观审慎评估（macroprudential assessment，MPA）的引导作用。调整相关政策参数，不断强化金融机构服务实体经济的能力。通过专门设立民营企业融资考核指标，考察银行支持民营企业融资情况，提高银行对中小微企业贷款考核权重，鼓励银行向国家重点领域和薄弱环节投向更多信贷资源。

（6）制定金融控股公司监管规则。

2019 年 7 月 26 日，人民银行就《金融控股公司监督管理试行办法（征求意见稿）》向社会公开征求意见。该试行办法遵循宏观审慎管理理念，以合并报表监管为基础，对金融控股公司（FHC）资本、经营及全面风险进行了整体持续监管，以推动金融控股公司规范发展，防控金融风险，更好地服务实体经济。

（7）调节跨境资本流动宏观审慎政策。

2018 年 5 月，人民银行将港澳地区人民币业务清算行存放人民银行清算账户的人民币存款准备金率降为零，促使逆周期调控措施逐步回归中性，强化外汇市场价格发现功能，增强市场流动性。2018 年 8 月，为防范宏观金融风险，促进金融机构稳健经营，人民银行将远期售汇业务的外汇风险准备金率从 0 调整为 20%。

基于新的经济形势和金融业的发展变化，人民银行为进一步完善宏观审慎政策框架，自 2016 年起将差别准备金动态调整机制升级为宏观审慎评估体系（MPA），表 5.9 总结了 2011 ~ 2018 年以来中国人民银行宏观审慎监管的实践。

表 5.9　　中国人民银行宏观审慎监管实践（2011 ~ 2018 年）

时间	宏观审慎政策及实践	政策主旨
2011 年 2 月	实施差别存款准备金制度，在宏观审慎框架下强化对信贷和流动性的管理	调节信贷发展速度，强化银行等金融机构的安全
2012 年 1 月	开展公开市场操作，再次下调存款准备金率 0.5 个百分点	调节春节期间货币市场现金需求
2014 年 3 月	央行解释所谓“合意贷款”，实际就是指差别准备金动态调整机制；引导金融机构进一步提高对小微企业贷款比例，央行针对“合意贷款”定向降准	金融机构适当的信贷投放应与其自身的资本水平以及经济增长的合理需要相匹配

续表

时间	宏观审慎政策及实践	政策主旨
2014年9月	央行构建了中期借贷便利MLF，中期借贷便利是央行基于宏观审慎理念实施的流动性调节工具	对合乎宏观审慎监管规范的金融机构、政策性银行，采取质押方式发放，并需提供国债、央行票据、政策性金融债、高等级信用债等优质债券作为合格质押品
2015年8月	在保持流动性总体适度的前提下，加大支农再贷款力度，运用中期借贷便利工具（MLF）为符合宏观审慎要求的商业银行提供资金支持	为符合宏观审慎要求的商业银行提供资金支持；通过抵押补充贷款工具（PSL）为开发性金融支持棚户区改造提供长期稳定、成本适当的资金额度
2015年9月	对金融机构代客远期售汇业务签约额收取外汇风险准备金，冻结期为1年，外汇风险准备金率暂定为20%	将银行远期售汇业务纳入宏观审慎政策框架，以促进金融机构稳健经营，防范宏观金融风险
2016年1月	人民银行对境外金融机构在境内金融机构存放执行正常存款准备金率；建立对跨境人民币资金流动进行逆周期调节的长效机制	抑制跨境人民币资金流动的顺周期行为，加强金融机构跨境资金安全
2016年2月	提出宏观审慎评估体系（MPA），在七个方面对银行等金融机构的经营模式进行规范	完善宏观审慎框架
2017年9月	调整外汇风险准备金监管要求，外汇风险准备金率设为0，取消境外金融机构在境内储备准备金的行为	对人民币汇率市场进行逆周期调节，稳定市场预期
2018年1月	人民银行把资产总量5000亿元以上的银行等金融机构发行的同业存单设定为MPA同业负债监管指标进行考核；对资产规模5000亿元以下的金融机构单独监测	减少同业间的风险敞口，控制横截面维度的系统性风险积累
2018年9月	（1）将远期售汇业务的外汇风险准备金率从0调整为20%；（2）发挥MPA的结构引导作用，增设专项指标，考察金融机构支持民营、小微企业融资和债转股工作的情况	（1）防范汇率风险，进行逆周期调节； （2）引导金融机构加大对实体经济的支持力度，同产业政策相协调

资料来源：笔者根据中国人民银行《货币政策执行报告》（2011～2018年）整理。

5.2.4 国内宏观审慎监管组织框架构建设计

5.2.4.1 宏观审慎监管组织框架构建设计

宏观审慎监管政策目标在于防范系统性金融风险，维护金融稳定。2012年9月17日，国务院批准《金融业发展和改革“十二五”规划》，提出要“建立健全适合中国国情的系统性金融风险监测评估方法和操作框架，加强对系统重要性金融机构的监管”。2013年11月，中共十八届三中全会通过《中共中央关于全面深化改革若干重大问题的决定》，明确指出要“建立健全宏观审慎管理框架，落实金融监管改革措施和稳健标准，完善监管协调机制”。“健全宏观调控体系，增强宏观调控前瞻性、针对性、协同性”。

基于现实宏观审慎监管需要，在借鉴2008年金融危机后相关国际经验的基础上，结合目前我国“一行二会”金融分业监管体制的现实，本书认为可考虑建立以中国人民银行为主导的宏观审慎监管组织框架（见图5.5）。由中国人民银行统一负责系统性金融风险监管的日常事务，银保监会、证监会负

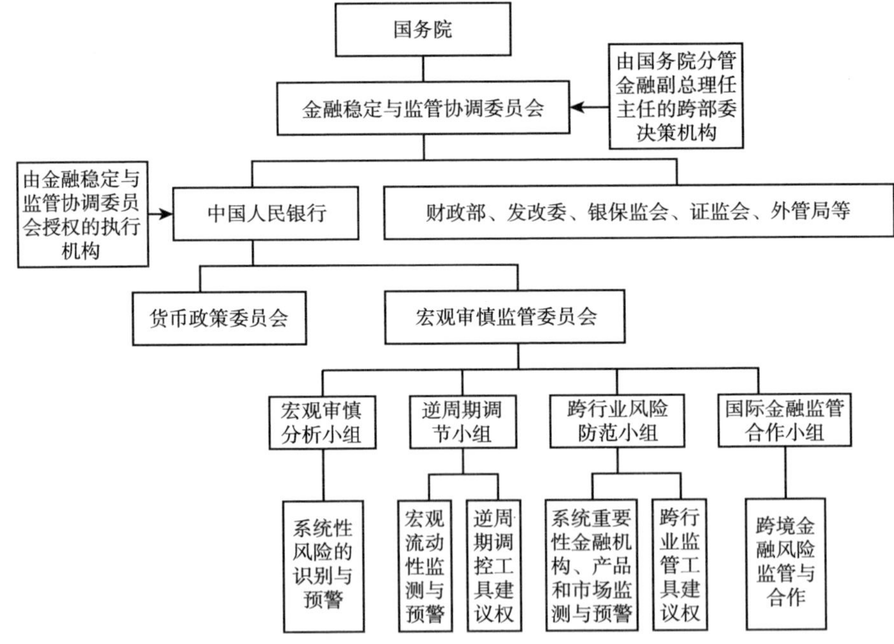

图5.5 宏观审慎监管组织框架设想

责微观审慎监管，各司其职、各有侧重，同时相互补充，实现宏观审慎和微观审慎监管的有机配合，防范系统性金融风险的发生①。

如图5.6所示，成立金融稳定与监管协调委员会（financial stability and supervision coordination committee，FSSC）。其职责可借鉴美国金融稳定监督委员会（FSOC）和欧洲系统性风险委员会（ESRB）的职责，全面负责系统性风险的监管。具体包括：建立实体化、法治化的监管协调，实现系统性风险统一监管；协调宏观审慎监管政策与货币政策、财政政策之间的关系；实现金融监管信息在成员监管机构间的共享；协调跨行业经营监管问题，形成监管部门间协调机制的制度保障；提高金融产品和金融市场效率、公平、透明，保护金融消费者利益；明确国际金融监管合作中的立场和策略。

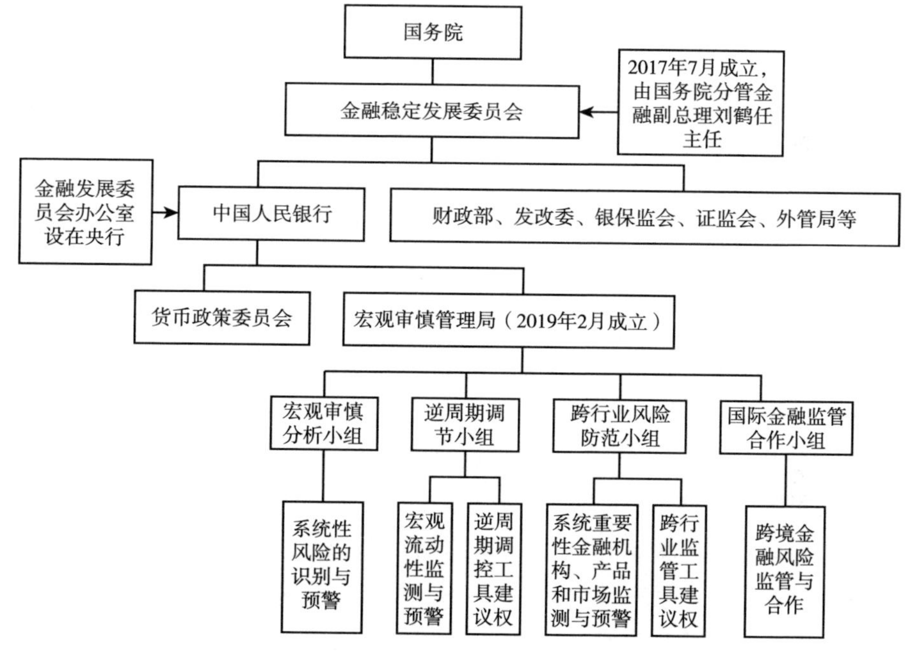

图5.6　国务院金融稳定发展委员会组织架构

金融稳定与监管协调委员会授权人民银行承担宏观审慎监管职责，在人民银行内部设立与货币政策委员会平行的宏观审慎监管委员会。在具体分工上，宏观审慎监管委员会下设宏观审慎分析、逆周期调节、跨行业风险防范

① 黄孝武、柏宝春：《国外系统重要性金融机构监管的实践及借鉴》，载《中南财经政法大学学报》，2012年第6期。

和国际金融监管合作四个工作组。银保监会、证监会作为微观审慎监管主体，确定银行、证券、保险业各自的系统重要性金融机构，制定相应监管标准，定期向宏观审慎监管部门报送信息数据，协调微观审慎与宏观审慎监管之间的关系。财政部、发改委和外管局在金融稳定与监管协调委员会中各司其职，为人民银行实施宏观审慎监管提供基础性支撑。

5.2.4.2 国务院金融稳定发展委员会成立

防止发生系统性金融风险是金融工作的主题。党的十八大以来，以习近平同志为核心的党中央高度重视金融安全工作，作出了一系列重大部署。从2014年将金融安全作为总体国家安全观的重要组成部分，到2017年提出“切实把维护金融安全作为治国理政的一件大事”，到党的十九大报告要求“守住不发生系统性金融风险的底线”，再到2018年中央经济工作会议将防范化解重大风险作为三大攻坚战之首。

为贯彻党的十九大精神，落实全国金融工作会议要求，党中央、国务院决定设立国务院金融稳定发展委员会，作为国务院统筹协调金融稳定和改革发展重大问题的议事协调机构。2017年7月14日至15日，在北京召开的全国金融工作会议上宣布设立国务院金融稳定发展委员会，旨在加强金融监管协调、补齐监管短板。2017年11月，经党中央、国务院批准，国务院金融稳定发展委员会成立，并召开了第一次全体会议，学习贯彻党的十九大精神，研究部署相关工作。

2018年初银保监会成立，自此启动了金融监管框架的调整。2019年2月，中国人民银行在其二司的基础上设立“宏观审慎管理局”，至此中国以央行为核心构建了宏观审慎监管框架的初级形态。从目前来看，中国的金融监管框架可称为“一委一行两会一局”，即国务院金融稳定发展委员会、中国人民银行、中国银保监会、中国证监会和各地金融监管局的监管体系。

国务院金融稳定发展委员会的主要职责是：落实党中央、国务院关于金融工作的决策部署；审议金融业改革发展重大规划；统筹金融改革发展与监管，协调货币政策与金融监管相关事项，统筹协调金融监管重大事项，协调金融政策与相关财政政策、产业政策等；分析研判国际国内金融形势，做好国际金融风险应对，研究系统性金融风险防范处置和维护金融稳定重大政策；指导地方金融改革发展与监管，对金融管理部门和地方政府进行业务监督和履职问责等。

国务院金融稳定发展委员会的工作要点是：继续坚持稳中求进的工作总基调，坚持稳健货币政策，强化金融监管协调，提高统筹防范风险能力，更好地促进金融服务实体经济，更好地保障国家金融安全，更好地维护金融消费者合法权益。

目前，中国人民银行实际上承担了宏观审慎监管的职责，是中国宏观审慎监管框架的核心。在最新的改革中，央行更多地被赋予宏观审慎监管、监管系统性重要机构等方面工作。由于金融稳定发展委员会的办公室设置在央行，央行又改组了二司，设立了宏观审慎管理局。央行的核心工作已经从过去的货币政策为主转变为“货币政策和宏观审慎政策双支柱调控框架”的职能上来。

2017 年 10 月 25 日，十九届中央财经委员会第一次会议强调，防范化解金融风险，事关国家安全、发展全局、人民财产安全，是实现高质量发展必须跨越的重大关口。2018 年 8 月 24 日，国务院副总理、国务院金融稳定发展委员会主任刘鹤主持召开防范化解金融风险专题会议。会议听取了网络借贷行业风险专项整治工作进展情况和防范化解上市公司股票质押风险情况的汇报，研究了深化资本市场改革的有关举措。

2019 年 4 月 22 日，中央财经委员会第四次会议强调要强化宏观政策逆周期调节，财政政策要加力提效，减税降费要尽快落实到位，货币政策要松紧适度，根据经济增长和价格形势变化及时预调微调，加大对实体经济的金融支持。

5.3　完善宏观审慎监管工具体系

宏观审慎监管工具体系是宏观审慎监管框架的重要组成部分。2008 年金融危机后，G20 金融峰会、金融稳定委员会（FSB）、巴塞尔委员会（BCBS）提出以下宏观审慎监管工具框架建议，分别是逆周期资本监管方案、系统重要性金融机构审慎监管、杠杆率监管指标、新资本协议修订、国际会计准则委员会对拨备计提规则调整、完善压力测试等。目前，大多数中央银行对宏观审慎监管工具采用宽泛定义，对不同国家（地区）的金融体系和结构而言，工具的适用性存在差异。因此，在国内宏观审慎监管工具的设计上，应根据国内银行系统性风险来源及特点，在时间和空间两个维度上有针对性地开发设计宏观审慎监管工具。

5.3.1 时间维度

时间维度方面，宏观审慎监管工具主要包括逆周期资本缓冲、前瞻性拨备、流动性以及杠杆率监管等，上述工具已为银保监会所使用。本书认为，下一步国内宏观审慎监管工具的开发应着眼于以下两个方面。

（1）2013 年 11 月 12 日，中共十八届三中全会通过《中共中央关于全面深化改革若干重大问题的决定》明确提出要“健全宏观调控体系，防范区域性、系统性风险”“建立健全宏观审慎管理框架”，指出今后应“推动资本市场双向开放，建立健全宏观审慎管理框架下的外债和资本流动管理体系，加快实现人民币资本项目可兑换”①。从国内系统重要性银行（D-SIBs）风险形成的时间维度来看，资本账户开放后，短期投机资金流入频率及规模会进一步提高和扩大。因此，相关监管部门应密切关注以热钱为代表的跨境投机资金流动的顺周期性风险，针对投机资本流动与银行系统性风险传染问题，适时构建应对短期跨境资金流动的审慎管理框架。

（2）在实践中，构建包括货币、财政、汇率、冲销政策等在内的一揽子政策措施，防范投机资本流动对 D-SIBs 系统性风险的冲击。防范金融市场异常波动风险。密切监测国际经济金融形势变化，推动完善金融政策，维护金融市场平稳运行，保持人民币汇率在合理均衡水平上的基本稳定，切实防范跨境资本异常流动风险。加强对股市、债市、汇市的实时监测，阻断跨市场、跨区域、跨境风险传染，防范金融市场异常波动和共振。同时，主动做好预期管理。建立金融委办公室新闻发言人制度。加大正面宣传解读力度，及时、主动发布解读重大经济金融政策和重要经济金融数据，加强与市场沟通，快速回应舆论关切。做好金融市场舆情监测，健全重大舆情快速响应机制。

（3）在逆周期宏观审慎监管工具使用过程中，应高度关注经济周期和银行信贷周期，根据经济周期变动，目前可考虑采取如下措施：①银保监会可考虑设置银行动态资本缓冲制度，完善银行资本缓冲动态监控体系，在满足最低资本充足率指标的基础上，适时对逆周期资本缓冲作出调整；②建立逆

---

① 中共十八届三中全会全体会议：《中共中央关于全面深化改革若干重大问题的决定》，2013 年 11 月 12 日。

周期信贷调控工具与货币政策的有效协调机制，防范信贷波动与经济周期变化和国内系统重要性银行（D-SIBs）系统性风险之间的联动；③建立宏观审慎监管部门间的信息共享机制，完善监管部门间政策联动机制；④合理运用逆周期信贷调控工具，在经济上行和繁荣期，关注 D-SIBs 系统性风险的累积；在经济下行和萧条期，运用逆周期信贷调控工具与央行货币政策相配合，促进金融资源支持实体经济增长。

5.3.2　空间维度

从空间维度来看，宏观审慎监管工具主要集中于对国内系统重要性银行（D-SIBs）的监管。今后应根据 D-SIBs 宏观审慎监管需要，适时开发设计相应监管工具，加强对 D-SIBs 系统性风险的监测。对此本书提出以下政策建议。

5.3.2.1　健全金融安全网，有效防范化解金融风险

金融安全网是金融系统中一系列防范危机和风险管理制度的总称。建立金融安全网的目的是保持金融体系安全稳健运行，防止金融风险在金融机构和整个金融体系中的扩散蔓延。金融安全网包括金融审慎监管、存款保险制度及投资者保护制度和中央银行“最后贷款人”三大支柱。从我国金融市场现状和金融业发展趋势来看，健全完善金融安全网相关制度，可及时有效地防范化解金融风险，维护金融体系平稳健康。2003 年以来，随着我国金融市场化改革和对外开放的不断深入，金融安全网的建立健全进一步加快。金融管理部门持续完善审慎金融监管体系，提升金融监管有效性，建立存款保险制度，完善中央银行“最后贷款人”职能，金融安全网在维护金融稳定方面的作用逐步增强。

2017 年 7 月，习近平总书记在全国金融工作会议发表重要讲话。他强调，金融是国家重要的核心竞争力，金融安全是国家安全的重要组成部分，金融制度是经济社会发展中重要的基础性制度。必须加强党对金融工作的领导，坚持稳中求进工作总基调，遵循金融发展规律，紧紧围绕服务实体经济、防控金融风险、深化金融改革三项任务①。全国金融工作会议明确要把主动防范化解系统性金融风险放在更加重要的位置，早识别、早预警、早发现、

① 全国金融工作会议在京召开，http：//www.gov.cn/xinwen/2017－07/15/content_5210774.htm.

早处置，着力防范化解重点领域风险，着力完善金融安全防线和风险应急处置机制。

今后要进一步加强三大支柱间的协调。在党中央、国务院的统一部署下，在国务院金融稳定发展委员会的直接领导下，不断加强金融宏观审慎监管、中央银行“最后贷款人”职能和存款人及投资者保护制度三者之间的政策协调，做好信息共享。切实提高监管的有效性、协调性，维持金融机构和金融市场的健康运行，坚决守住不发生系统性风险的底线。

5.3.2.2 降低 D-SIBs 系统相关性影响及其共同风险敞口

该目标可通过隔离 D-SIBs 业务活动实现。尽管目前国内银行以传统业务为主，自营业务规模较小，与欧美银行经营模式差异较大，但国内银行综合经营的趋势初露端倪，已出现数家不同形式的金融控股公司。对此可借鉴美国“沃尔克法则”（Volcker Rule）提出的“限制银行利用自身资本进行自营交易”（proprietary trading）以及“在银行传统借贷业务与高杠杆、对冲、私募等高风险投资活动之间划出明确界线”的做法①。央行联合银保监会、证监会等监管部门加强对系统重要性银行的监管，关注银行体系风险敞口的集中度，限制 D-SIBs 业务规模、交叉性和关联性。

央行可考虑列出系统性重要工具清单（systemically important tool list），对这些工具实行登记、集中交易和中央交易对手结算，以降低系统性风险集中和传染的可能性。对可能增加金融机构之间风险关联性的金融工具，可借鉴美国财政部下属的金融研究办公室（office of financial research）为金融机构制定“法人实体识别码”（legal entity identifier，LEI）系统的做法，获得识别码的金融机构须报送标准化数据，监管部门可通过 LEI 系统查询金融机构交易数据信息，从而提高金融市场交易透明度和宏观审慎监管有效性。

5.3.2.3 正视 D-SIBs 与房地产业及政府隐性债务之间的高度关联性，构建相应宏观审慎监管工具防范系统性风险

如第 4 章 4.2 节所分析，从 D-SIBs 系统性风险生成的空间维度来看，目前 D-SIBs 系统性风险的根源之一在于房地产业和地方政府融资平台，因此，

---

① 姚洛：《解读沃尔克法则》，载《中国金融》，2010 年第 16 期。

正视 D-SIBs 与房地产业及政府隐性债务之间的高度关联性，构建相应宏观审慎监管工具防范系统性风险，具有迫切的现实意义。近年来，政府出台多种政策措施加强对房地产的宏观调控，而“着力防控债务风险”也被中央经济工作会议确定为2014年六项工作任务之一，显示出中央对于地方债务问题的高度重视，上述政策措施的实施有助于构造防范和化解 D-SIBs 系统性风险良好外部环境。需要注意以下两点。

（1）对于 D-SIBs 房地产贷款监管，央行应会同银保监会从整体性角度加强监管，关注房地产信贷总量、房地产贷款价值比、房价收入比、房价租金比等指标与房价走势的关系，重点防控房地产信贷集中度风险以及信用违约风险。

（2）从宏观审慎监管角度“防控地方债务风险”要对症下药，协调宏观审慎政策工具与财政政策，需做好以下工作。

①将财政政策引入宏观审慎监管视角。财政政策稳健是金融稳健的必要条件之一，毋庸置疑，两者间的协调非常重要。在政府债务和财政赤字监管方面，应充分认识到债务累积对银行业稳定带来的消极影响，在经济运行的不同周期，财政政策工具与宏观审慎政策工具应更为主动地相互配合。

②进一步转变政府职能，稳步推进投融资、财税等体制机制改革，建立规范的政府举债融资机制，健全政府性债务管理制度。考虑到当前地方政府信用评级制度几乎是一片空白，当务之急是央行会同财政部、审计署、银保监会等部门尽快建立地方政府信用评级体系，并在此基础上建立地方发债管理体制，实现地方政府“阳光融资”。

③完善相关法律制度体系，建立健全地方政府性债务管理责任制，严肃责任追究。虽然我国《预算法》明确规定地方政府不允许举债，但现实中有些地方政府绕开这一规定大量举债。既然我国地方政府举债行为已是一个客观存在的事实，是否应考虑在《预算法》中对政府举债，特别是地方政府举债行为进行明确。借鉴国外市场化手段约束地方政府举债行为的做法，可允许有条件的地方自主发行债券。此外，央行应会同财政部、国家统计局、审计署等编制全国和地方资产负债表，建立政府综合财务报告制度。

④建立健全债务风险预警和应急处置机制，全面准确清查政府债务，采取妥善处理存量债务，防范债务风险。审计署已于2013年12月30日发布《全国政府性债务审计结果公告》，公告显示，2012年底全国政府性债务总负债率为39.43%，低于国际通用的60%控制标准参考值，风险总体可控。

5.3.3 健全完善存款保险制度

存款保险制度可增强存款人和投资者对金融市场的信心，降低国内系统重要性银行（D-SIBs）系统性风险发生概率。鉴于美国存款保险制度取得的效果，20 世纪 60 年代后，越来越多的国家结合自身需要引入存款保险制度。例如，1961 年印度出台《存款保险法》，1967 年加拿大出台《存款保险公司法》，1971 年日本出台《存款保险法》。1994 年欧洲议会和欧盟理事会出台《存款保障计划法令》，要求所有成员建立存款保险制度。

2008 年金融危机后，国际货币基金组织（IMF）、金融稳定委员会（FSB）、巴塞尔委员会（BCBS）、国际存款保险机构协会（IADI）等国际组织对国际上存款保险制度的运作情况进行了全面评估和归纳总结，积极推动存款保险国际标准的制定和执行。各国（地区）也相继出台加强存款保险制度的措施，根据 BCBS 和 IADI 的统计，截至 2012 年末，有 48 个国家（地区）强化了存款保险保障措施。根据 IADI 的最新统计数据，截至 2017 年 9 月，全球共有 140 个国家和地区建立了存款保险制度，基本包括所有西方发达国家、新兴市场国家和地区。

银行业在我国金融体系中占据主体地位，长期以来我国缺乏显性存款保险制度，由政府承担最终存款保险责任。国家隐性存款担保制度对保护存款人利益、维护银行稳定发挥了重要作用，但其弊端也很明显，在造成国家财政沉重负担的同时，也滋生了银行依赖国家信用的道德风险。建立存款保险制度，切实加强和完善对存款人的保护，明确在银行机构经营失败时的损失分摊和风险处置机制，有利于及时防范和化解金融风险，维护金融体系稳定。

党中央、国务院高度重视存款保险制度建设。1993 年，国务院《关于金融体制改革的决定》（以下简称《决定》）提出要建立存款保险基金，保障社会公众利益。2007 年全国金融工作会议要求加快存款保险制度建设，2007 年 1 月，由国务院法制办牵头，央行、财政部、银监会、发改委联合进行了《存款保险条例》（以下简称《条例》）的草拟。2013 年 11 月，中共十八届三中全会《决定》提出“建立存款保险制度，完善金融机构市场化退出机制”①。

---

① 中共十八届三中全会全体会议：《中共中央关于全面深化改革若干重大问题的决定》，2013 年 11 月 12 日。

在充分吸取国际经验教训的基础上，经过多年充分酝酿和准备，我国于2015年5月1日正式施行《存款保险条例》。《条例》施行4年多来，存款保险制度运行平稳，存款保险功能不断拓展。存款保险制度在保障存款人权益、增强公众信心、强化风险约束、促进银行审慎经营和健康发展等方面的作用逐步显现。

从监测情况来看，《条例》施行以来，大、中、小银行存款格局保持稳定，中小银行的市场份额稳中有升。截至2018年末，中小银行存款余额比《条例》出台时增长39.8%，存款市场份额比《条例》出台时上升2.9%。截至2018年9月，累计征收7期保费，基金余额815亿元。截至2018年6月末，已对194家投保机构采取早期纠正措施，其中要求补充资本的129家、控制资产增长的40家、控制交易授信的21家、降低杠杆率的10家。可以预见，今后国内金融改革将从加强金融监管、降低银行准入门槛、市场化定价和金融机构市场化退出机制等方面展开，而上述改革无疑均需要存款保险制度提供有效的配套支持。

2017年，国际货币基金组织和世界银行在我国金融部门评估规划更新评估中，认为建立存款保险制度是近年来中国金融改革取得的最重要成果之一。同时应当看到，当前我国金融体系中多年累积的周期性、体制机制性矛盾和风险正在水落石出，化解潜在风险隐患的任务依然艰巨，特别是一些高风险机构难以出清，不能及时退出市场，优胜劣汰的市场机制难以建立，也积累了系统性风险隐患。我国《条例》已赋予存款保险风险处置功能，下一步，我们将按照党中央、国务院的决策部署，继续扎实做好存款保险制度实施各项工作，进一步发挥这项制度在防范、化解金融风险方面的重要作用，推动建立市场化法治化的银行业金融机构退出机制，促进我国金融体系的健康平稳运行。

5.3.4 持续监测影子银行体系

2017年5月，金融稳定委员会（FSB）基于2015年末数据发布了《2016年全球影子银行监测报告》。此次报告涵盖经济体覆盖全球GDP80%以上。广义估算结果显示，“全体非银行金融中介监测规模”（MUNFI）口径下，2016年末全球影子银行规模达149万亿美元，约占监测经济体金融资产的46%。狭义估算结果显示，除中国外27个经济体影子银行规模达34万亿美元，相当于监测经济体 GDP 的 69% 和金融资产的 13%，80% 以上集中于影子银行规模最大的 6 个经济体。北美、亚洲和欧洲的发达经济体中，美国影子银行规模最大，占总规模的 40%，开曼群岛次之，日本和爱尔兰分列第三、第四位。

当前，我国影子银行体系风险的主要来源之一是银行理财产品、非银行金融机构贷款产品等影子银行债务。据中国社科院金融法律与金融监管研究基地发布的《中国金融监管报告 2016》测算，截至 2015 年底，中国影子银行规模近 23.5 万亿元。虽然影子银行风险只占系统性风险的一部分，但处在监管真空地带的影子银行成为向地方政府和房地产开发企业输送资金的暗道。如果任由这种状况持续下去，极有可能成引爆地方债和房地产市场风险的定时炸弹。"阳光是最好的杀虫剂"，必须要进一步强化对影子银行业的监管，从治理和规范金融机构的产品和业务入手，尽快将银行业的表外业务纳入表内反映。只有这样，才能使金融系统四处游荡的"影子"充分地暴露在阳光下。

5.3.5 建立 D-SIBs"恢复和处置计划"

恢复和处置计划（recovery and resolution plan，RRP），是 2008 年金融危机期间针对系统重要银行"大而不倒"问题的解救措施之一。2008 年危机期间，美联储曾动用不良资产处置计划（troubled asset relief program，TARP）基金救助陷入困境的金融机构。无论是"TARP"还是"RRP"，其目的只有一个，就是防止出现系统重要银行倒闭。

从国际层面来看，2011 年 11 月，金融稳定委员会（FSB）发布《金融机构有效处置关键要素》，对"RRP"框架机构组成、职责划分进行明确规定，并要求每家 G-SIBs 于 2013 年 12 月底前完成 RRP 的策略制定。从国家角度来看，2011 年 8 月，英国 FSA 公布 RRP 征求意见稿，2011 年 9 月，美国 FDIC 发布 RRP 监管规则。从逻辑关联角度来看，RRP 并非一种全新风险管理措施，与本书前述研究提及的压力测试、资本充足要求、流动性等监管要求密切相关。

2012 年 9 月 17 日，国务院批准《金融业发展和改革"十二五"规划》，要求"构建层次清晰的系统性风险处置机制和清算安排"，2013 年 11 月，中共十八届三中全会通过《中共中央关于全面深化改革若干重大问题的决定》，明确指出要“建立健全宏观审慎管理框架，落实金融监管改革措施和稳健标准，完善监管协调机制和金融机构市场化退出机制”。基于上述背景，监管部门应在加强对FSB提出的“恢复和处置计划”（RRP）研究的基础上，结合自身实际，尽早制定和发布D-SIBs的“恢复和处置计划”规则，加强国内金融基础设施建设，完善金融机构市场化退出机制。可考虑在国内现行监管组织框架下，建立D-SIBs危机管理工作组，专门负责制定D-SIBs的“恢复和处置计划”。

5.3.6 加快政府会计制度改革，加强银行内控审计制度建设

（1）加快政府会计制度改革。有效防控地方政府债务风险，必须改革和完善政府会计制度。从国外的情况来看，政府会计包括两个部分：一是反映政府财政收支的预算会计；二是反映政府财务活动的财务会计。我国目前只有政府预算会计，没有政府财务会计。由于这两种会计处理的基础不同，前者是收付实现制，后者是权责发生制，而只有建立在权责发生制基础上的资产负债表数据才能为判断财政风险的大小提供科学依据。要编制科学的政府资产负债表，实现地方政府隐性债务显性化，必须加快政府会计制度改革的步伐。同时，加大审计和问责力度。隐性地方债常常会以不同的方式潜藏在账面背后，不仅如此，在各项制度和措施短期内难以奏效的情况下，今后还会发生更多的此类债务。为此，就需要进一步加大审计力度，除了常规审计以外，还要不断地强化经济责任审计，充分发挥问责机制的作用。

（2）在加强国内系统重要性银行（D-SIBs）外部审慎监管的同时，对其内部控制审计报告、信息披露以及审计预警体系建立等方面的研究同样值得关注和思考。具体而言，当前应着重关注以下三个方面问题。

第一，制定银行内部控制缺陷评价体系。根据2010年4月财政部颁布的《企业内部控制评价指引》的规定，企业内部控制缺陷按其影响程度可以分为重大缺陷、重要缺陷和一般缺陷。因此，应结合D-SIBs内部控制审计的特征，尽快制定其内部控制各类缺陷的认定标准和量化方法，提高上市银行所出具的内部控制审计报告的合理有效性。

第二，增强系统重要性银行内部控制信息披露意识。一方面相关监管部门应加强对D-SIBs内部控制评价报告和审计报告的监督检查，关注内部控制报告的质量，同时对内部控制配套指引的内容借鉴COSO内部控制框架等国

际标准进行及时补充完善；另一方面监管当局应规定，入选 D-SIBs 的银行应按照强化信息披露的要求提供各项财务指标数据。鉴于此，需要建立银行财务、风险管理、业务交易等多维度数据系统。

第三，建立 D-SIBs 审计预警体系。银行审计预警体系与一般金融风险预警指标体系不同，该体系从审计视角出发，既关注银行风险，又突出强调银行发展的合规性。在考虑金融体系整体审计预警的基础上，根据 D-SIB 资产规模大、业务复杂程度高、行业关联范围广的特点，细化配比审计预警程度，调低预警阈值，建立相关敏感指标，及时发现和揭示银行系统性金融风险。

第6章 结论与展望

6.1 主要研究结论

2008年金融危机后，D-SIBs系统性风险监管成为宏观审慎监管的主要任务之一，关于巴塞尔协议Ⅲ框架、系统重要性银行识别与监管、银行系统性风险度量等问题受到学界和业界的广泛关注，相关研究领域随D-SIBs业务的发展及宏观审慎监管体制的建立而日趋深入。我国目前正处于全面深化改革进程中，国内银行改革发展具有自身独特性，借鉴国际经验，研究开发切合自身实际需求的系统性风险监测工具，构建合理有效的宏观审慎监管体系是当前以及今后国内金融领域的重要课题。本书基于巴塞尔协议Ⅲ框架，以国内系统重要性银行（D-SIBs）识别、风险度量及监管作为研究视角，全面分析D-SIBs识别、风险度量和宏观审慎监管框架的构建，得出以下主要研究结论。

（1）本书研究表明，尽管目前国内银行爆发系统性风险的可能性不大，但无论从系统性风险形成的时间维度还是空间维度来看，其整体状况并不容乐观，而且从总体而论，这种风险不确定性的影响会随着国内金融市场的开放进一步放大。因此，应密切关注与D-SIBs风险密切相关的宏观变量对银行系统性风险生成与传染所造成的重要影响。

（2）2008年金融危机充分暴露出国际社会对系统重要性银行识别与宏观审慎监管的不足以及对系统性风险测量研究存在的局限性，危机后，从相关理论研究发展和系统性风险管理实践总结来看，国际社会关于巴塞尔协议Ⅲ、系统重要性银行识别与评估方法以及宏观审慎监管问题的研究日趋完善，相关研究成果在实践中得到广泛应用。

（3）从D-SIBs风险形成的时间维度来看，随着资本账户开放，短期投机资金流入频率及规模会进一步提高和扩大。需密切关注投机资本流动与银行系统性风险问题，构建应对短期跨境资金流动的宏观审慎管理框架。从系统性风险生成的空间维度来看，应正视 D-SIBs 与房地产业及地方政府债务之间的关联性，在科学评估基础上，构建系统性风险的防范和化解机制。

（4）金融稳定发展委员会是构建国内宏观审慎监管框架的关键，目前人民银行实际上承担了宏观审慎监管的职责，是中国宏观审慎监管框架的核心。在最新的改革中，央行更多地被赋予宏观审慎监管，监管系统性重要机构等方面工作。由于金融稳定发展委员会的办公室设置在央行，央行又改组了二司，设立了宏观审慎管理局。央行的核心工作已经从过去的货币政策为主转变为“货币政策和宏观审慎政策双支柱调控框架”的职能上来。

（5）宏观审慎监管工具体系是宏观审慎监管框架的重要组成部分。2008年金融危机后，G20 金融峰会、金融稳定委员会（FSB）、巴塞尔委员会（BCBS）提出宏观审慎监管工具框架建议，包括逆周期资本监管方案、系统重要性金融机构审慎监管、杠杆率监管指标、新资本协议修订、国际会计准则委员会对拨备计提规则调整、完善压力测试等内容。目前，大多数中央银行对宏观审慎监管工具采用宽泛定义，对不同国家（地区）的金融体系和结构而言，工具的适用性存在差异。国内宏观审慎监管工具的设计上，应根据国内银行系统性风险来源及特点，在时间和空间两个维度有针对性地开发设计宏观审慎监管工具。

（6）宏观审慎监管工具主要包括逆周期资本缓冲、前瞻性拨备、流动性以及杠杆率监管等，上述工具已为人民银行和银保监会所使用。今后宏观审慎监管工具的开发应着眼于以下四个方面：第一，关注跨境资本流动所产生的顺周期风险，构建包括货币、财政、汇率、冲销政策在内的一揽子政策措施，防范投机资本流动对银行系统性风险的冲击；第二，在逆周期宏观审慎监管工具的使用过程中，设置银行动态资本缓冲制度，建立逆周期信贷调控工具与货币政策的有效协调机制；第三，建立系统性重要工具清单，对这些工具实行注册登记、集中交易和中央清算制度，降低系统性风险集中和传染的可能性；第四，正视 D-SIBs 与房地产业及政府隐性债务之间的高度关联性，构建相应宏观审慎监管工具防范系统性风险。

6.2 后续研究方向

（1）2008 年金融危机的主要教训之一就是各国在处理应对由系统重要性银行（SIBs）引发的系统性风险时，相关政策措施捉襟见肘，基于金融安全视角，系统性银行风险演进和应对是未来宏观审慎框架研究的重要内容，其相关研究视角今后也会更加趋于多元化。从目前来看，学术界对 D-SIBs 系统性风险传染的研究，其重点大多倾向于分析风险在特定市场微观主体之间的传染。但是，分析我国 D-SIBs 系统性风险度量问题，需基于我国银行体系国家主导特征，正是这一特点使我国 D-SIBs 风险生成及传染机制具有不同于国外的独特性。同时我们也必须看到，国内银行迄今为止并未发生过典型意义上的系统性风险或危机，在分析时缺乏危机时期的典型数据，从而导致国外有关系统性风险的度量分析方法在国内的应用缺乏必要的理论基础及实践指导价值。

本书在探讨 D-SIBs 系统性风险生成传染机制时，坚持从国内宏观经济冲击、银行自身经营以及银行体系内部风险传染等角度多维分析系统性风险传染问题。这一研究思路具有一定的创新开拓性，但由于受时间及作者自身能力所限，本书研究离期望所要达到的目标还有不小的差距，而这也是未来相关研究需要重点努力的方向。

（2）从学术研究的角度来看，目前金融机构的系统重要性问题对一国金融体系和资源配置影响机制的研究尚待进一步明晰。从国际上来看，监管当局在评估 SIBs 风险时主要运用宏观压力测试模型这一工具。而这方面研究目前在国内还处于初级阶段。本书采用金融脆弱性指数（FVI）作为系统性风险的代理变量，结合对 D-SIBs 风险生成潜在因素的定性分析，建立金融脆弱性指数与宏观经济变量冲击之间的压力测试模型，描述宏观经济波动与系统性风险变化的相关关系。这一分析思路在方法上具有可行性，相关模型的构建也符合经济逻辑。但从研究样本选择角度来看，由于涉及分析样本较多，分析视角各异，样本选择的代表性难免也会存在一定欠缺。

（3）一个运行良好的宏观审慎监管政策框架需要高屋建瓴的指导原则、科学合理的框架设计、平稳通畅的运行机制、简明实用的操作工具和及时有效的评估体系。中共十八届三中全会通过的《中共中央关于全面深化改革若干重大问题的决定》已明确提出要“建立健全宏观审慎管理框架，完善监管协调机制”“健全以财政政策和货币政策为主要手段的宏观调控体系，加强财政政策、货币政策与产业、价格等政策手段协调配合，增强宏观调控前瞻性、针对性、协同性”①，这为国内宏观审慎监管框架建立及宏观调控体系政策持续完善确定了原则，指明了方向。

（4）对 D-SIBs 风险传染及宏观审慎监管问题的研究，其理论及现实意义不言而喻。本书在第 5 章详细分析了我国宏观审慎管理框架构建，并对基于时间维度和空间维度的宏观审慎监管工具的开发设计，提出相应政策建议。诚如前述，本书对这一问题的分析尚存在许多不足之处，衷心希望本书研究能起到抛砖引玉的作用，为后续相关研究提供一定的帮助与借鉴。

---

① 中共十八届三中全会全体会议：《中共中央关于全面深化改革若干重大问题的决定》，2013 年 11 月 12 日。

参考文献

［1］巴曙松、朱元倩：《巴塞尔资本协议Ⅲ研究》，中国金融出版社 2011 年版。

［2］巴曙松、高英、朱元倩：《巴塞尔协议Ⅲ的实施进展及其挑战》，载于《武汉金融》，2013 年第 7 期。

［3］巴曙松、金玲玲：《巴塞尔资本协议Ⅲ的实施》，中国人民大学出版社 2014 年版。

［4］蔡真：《我国系统性金融风险与房地产市场的关联、传染途径及对策》，载于《中国社会科学院研究生院学报》，2018 年第 5 期。

［5］曹强、李家锐：《中国商业银行资本缓冲的周期性研究——基于 16 家上市银行的实证分析》，载于《北京理工大学学报（社会科学版）》，2015 年第 17 期。

［6］陈四清：《资本监管制度变化趋势对中国银行业的影响分析》，载于《国际金融研究》，2010 年第 3 期。

［7］陈志英：《银行间网络及风险传染研究述评与展望》，载于《金融理论与实践》，2018 年第 9 期。

［8］陈忠阳、刘志洋：《Basel Ⅲ逆周期资本缓冲机制表现好吗？——基于国际与中国的实证分析》，载于《吉林大学社会科学学报》，2014 年第 54 期。

［9］陈兵、李莉：《跨境银行网络风险传染分析——基于 BIS 的合并银行统计数据》，载于《国际经贸探索》，2018 年第 34 期。

［10］崔婕、沈沛龙：《商业银行资本补充机制的或有资本引入研究》，载于《国际金融研究》，2012 年第 11 期。

［11］崔光华：《巴塞尔协议Ⅲ逆周期资本缓冲机制在我国的适用性》，载于《财经问题研究》，2017 年第 3 期。

[12] 党宇峰、梁琪、陈文哲：《我国上市银行资本缓冲周期性及其影响因素研究》，载于《国际金融研究》，2012 年 11 期。

[13] 邓向荣、曹红：《系统性风险、网络传染与金融机构系统重要性评估》，载于《中央财经大学学报》，2016 年第 3 期。

[14] 董琦、赵柏功：《宏观审慎政策对货币政策信贷传导途径的影响——基于中国系统重要性银行的分析》，载于《金融论坛》，2017 年第 22 期。

[15] 范小云、胡博：《银行系统性风险测度最新研究比较及在中国的应用前景》，载于《经济学动态》，2006 年第 1 期。

[16] 范小云：《繁荣的背后：金融系统生风险的本质、测度与管理》，中国金融出版社，2006 年版。

[17] 方意：《系统性风险的传染渠道与度量研究——兼论宏观审慎政策实施》，载于《管理世界》，2016 年第 8 期。

[18] 冯乾、侯合心：《资本监管改革与资本充足率——基于巴塞尔协议Ⅲ的上市银行分析》，载于《财经科学》，2012 年第 2 期。

[19] 高秀成、张靖：《跨境资本流动的宏观审慎管理工具研究》，载于《经济问题》，2018 年第 4 期。

[20] 郭娜：《我国商业银行系统重要性测度与识别——基于指标法的分析》，载于《浙江金融》，2016 年第 7 期。

[21] 郭娜、胡佳琪：《我国系统重要性银行的评估与监管——基于 Co-VAR 方法的研究》，载于《武汉金融》，2017 年第 4 期。

[22] 黄孝武、柏宝春：《国外系统重要性银行监管实践与借鉴》，载于《中南财经政法大学学报》，2012 年第 6 期。

[23] 黄陪、贾彦东：《金融网络视角下的宏观审慎管理——基于银行间支付结算数据的实证分析》，载于《金融研究》，2010 年第 4 期。

[24] 胡月：《我国系统重要性银行间风险相互传染度量》，载于《中国市场》，2015 年第 29 期。

[25] 贾彦东：《金融机构的系统重要性分析——金融网络中的系统风险衡量与成本分担》，载于《金融研究》，2011 年第 10 期。

[26] 蒋海、罗贵君、朱滔：《中国上市银行资本缓冲的逆周期性研究：1998－2011》，载于《金融研究》，2012 年第 9 期。

[27] 金德尔伯格：《经济过热、经济恐慌及经济崩溃——金融危机史》，

北京大学出版社 1996 年版。

[28] 李伟:《商业银行系统性金融风险压力测试模拟研究》，载于《财经问题研究》，2018 年第 6 期。

[29] 李成、李玉良、王婷:《宏观审慎监管视角的金融监管目标实现程度的实证分析》，载于《国际金融研究》，2013 年第 1 期。

[30] 李静婷、何平、孟繁旺:《中国宏观审慎监管预警指标选取及模型构建》，载于《经济与管理研究》，2012 年第 3 期。

[31] 李文泓:《关于宏观审慎监管框架下逆周期政策的探讨》，载于《金融研究》，2009 年第 7 期。

[32] 李杨、胡滨:《金融危机背景下的全球金融监管改革》，社会科学文献出版社 2011 年版。

[33] 李义举、冯乾:《宏观审慎政策框架能否有效抑制金融风险?——基于宏观审慎评估的视角》，载于《金融论坛》，2018 年第 23 期。

[34] 刘春航、朱元倩:《银行业系统性风险度量框架的研究》，载于《金融研究》，2011 年第 12 期。

[35] 陆静、张佳:《中国上市银行系统重要性评估》，载于《金融论坛》，2011 年第 9 期。

[36] 罗伯特·希勒著，李心丹、陈莹译:《非理性繁荣》，中国人民大学出版社 2007 年版。

[37] 毛奉君:《系统重要性金融机构监管问题研究》，载于《国际金融研究》，2011 年第 9 期。

[38] 孟宪春、张屹山:《有效调控房地产市场的最优宏观审慎政策与经济“脱虚向实”》，载于《中国工业经济》，2018 年第 6 期。

[39] 苗永旺、王亮亮:《金融系统性风险与宏观审慎监管研究》，载于《国际金融研究》，2010 年第 8 期。

[40] 宋群英:《中国系统重要性银行的风险传染性研究》，载于《金融论坛》，2012 年第 2 期。

[41] 孙立新:《构建中国金融压力指数》，载于《中国社会科学报》，2014 年第 7 期。

[42] 盛永志、王家华:《宏观审慎监管框架实施与金融审计应对策略》，载于《南京审计大学学报》，2018 年第 15 期。

[43] 隋聪、王宪峰:《银行间网络连接倾向异质性与风险传染》，载于

《国际金融研究》，2017 年第 7 期。

[44] 汤柳：《欧盟金融监管一体化演变与发展——兼评危机后欧盟监管改革》，载于《上海金融》，2010 年第 3 期。

[45] 陶玲、朱迎：《系统性金融风险的监测和度量——基于中国金融体系的研究》，载于《金融研究》，2016 年第 6 期。

[46] 童牧、何奕：《复杂金融网络中的系统性风险与流动性救助》，载于《金融研究》，2012 年第 9 期。

[47] 王达：《美国主导下的现行国际金融监管框架：演进、缺陷与重构》，载于《国际金融研究》，2013 年第 10 期。

[48] 王刚：《金融机构“大而不倒”问题：发展沿革、解决方案与政策启示》，载于《上海金融》，2012 年第 2 期。

[49] 肖璞、刘轶：《中国系统重要性银行的评价指标、评估与有效监管》，载于《金融论坛》，2012 年第 7 期。

[50] 徐超：《系统重要性金融机构识别方法综述》，载于《国际金融研究》，2011 年第 11 期。

[51] 徐超：《“太大而不能倒”理论：起源、发展及争论》，载于《国际金融研究》，2013 年第 8 期。

[52] 徐明东、刘晓星：《金融系统稳定性评估：基于宏观压力测试方法的国际比较》，载于《国际金融研究》，2008 年第 2 期。

[53] 徐国祥、李波：《中国金融压力指数的构建及动态传导效应研究》，载于《统计研究》，2017 年第 34 期。

[54] 许涤龙、陈双莲：《基于金融压力指数的系统性金融风险测度研究》，载于《经济学动态》，2015 年第 4 期。

[55] 杨天宇、钟宇平：《中国银行业的集中度、竞争度与银行风险》，载于《金融研究》，2013 年第 1 期。

[56] 杨书怀：《宏观审慎监管模式下政府金融审计与金融稳定》，载于《审计研究》，2016 年第 3 期。

[57] 杨新兰、吴博：《逆周期缓冲机制在中国的适用性——基于巴塞尔委员会推荐模型的检验》，载于《中南财经政法大学学报》，2016 年第 1 期。

[58] 严兵、张禹、王振磊：《中国系统重要性银行评估——基于 14 家上市银行数据的研究》，载于《国际金融研究》，2013 年第 2 期。

[59] 叶康为：《宏观审慎监管视角下的中国银行业系统性风险预警研

究》，载于《暨南大学学报》，2017 年第 2 期。

［60］尹继志：《英国金融监管改革与新的金融监管框架》，载于《金融发展研究》，2013 年第 9 期。

［61］张强、吴敏：《中国系统重要性银行评估：来自 2006－2010 年中国上市银行的证据》，载于《上海金融》，2011 年第 11 期。

［62］张伟：《当代美国金融监管制度实施效果的实证研究》，载于《国际金融研究》，2012 年第 7 期。

［63］张天顶、张宇：《模型不确定下我国商业银行系统性风险影响因素分析》，载于《国际金融研究》，2017 年第 3 期。

［64］张小曼、安立仁：《基于动态调整的我国上市银行资本结构及其影响因素研究》，载于《金融经济》，2013 年第 22 期。

［65］张立华：《宏观审慎压力测试的全球成效》，载于《中国金融》，2016 年第 7 期。

［66］张书斌、谭中明：《P2P 网贷违约风险及其传染性评估综述》，载于《武汉金融》，2017 年第 6 期。

［67］张晶、高晴：《中国金融系统压力指数的设计及其应用》，载于《数量经济技术经济研究》，2015 年第 11 期。

［68］张勇、彭礼杰：《中国金融压力的度量及其宏观经济的非线性效应》，载于《统计研究》，2017 年第 34 期。

［69］翟金林：《银行系统性风险的成因及防范研究》，载于《南开学报》，2010 年第 4 期。

［70］郑鸣、陈福生：《我国商业银行的系统重要性指数：一种新的评估方法》，载于《金融监管研究》，2012 年第 10 期。

［71］章曦：《中国系统性金融风险测度、识别和预测》，载于《中央财经大学学报》，2016 年第 2 期。

［72］钟伟、谢婷：《新巴塞尔协议Ⅲ的新进展及其影响初探》，载于《国际金融研究》，2011 年第 3 期。

［73］周强、杨柳勇：《论中国系统重要性银行识别——市场模型法还是指标法》，载于《国际金融研究》，2014 年第 9 期。

［74］周小川：《金融政策对金融危机的响应——宏观审慎政策框架的形成背景、内在逻辑和主要内容》，载于《金融研究》，2011 年第 1 期。

［75］周学东、刘向民：《美国金融监管改革概论——多德—弗兰克华尔

街改革与消费者保护法案导读》，中国金融出版社 2011 年版。

[76] 中国建设银行研究部专题组：《中国商业银行发展报告》，中国金融出版社 2011 年版。

[77] 中国建设银行研究部专题组：《中国商业银行发展报告》，中国金融出版社 2012 年版。

[78] 中国人民银行金融稳定分析小组：《中国金融稳定报告》，中国金融出版社 2012 年版。

[79] 中国人民银行金融稳定分析小组：《中国金融稳定报告》，中国金融出版社 2016 年版。

[80] 中国人民银行金融稳定分析小组：《中国金融稳定报告》，中国金融出版社 2017 年版。

[81] 中国人民银行金融稳定分析小组：《中国金融稳定报告》，中国金融出版社 2018 年版。

[82] 中国人民银行金融稳定分析小组：《中国金融稳定报告》，中国金融出版社 2019 年版。

[83] 中国人民银行：《金融业发展和改革“十二五”规划》，2012 年版。

[84] 中国银行业协会：《解读商业银行资本管理办法》，中国金融出版社 2012 年版。

[85] 中国人民银行金融稳定局：《金融部门评估手册》，中国金融出版社 2007 年版。

[86] 中国银行保险监督管理委员会：《商业银行压力测试指引》，银保监会网站，2007 年。

[87] 中国银行保险监督管理委员会：《中国银监会关于中国银行业实施新监管标准的指导意见》，银保监会网站，2011 年。

[88] 中国银行保险监督管理委员会：《商业银行贷款损失准备管理办法》，银保险监会网站，2011 年。

[89] 中国银行保险监督管理委员会：《中国银监会关于实施商业银行资本管理办法过渡期安排相关事项的通知》，银保监会网站，2012 年。

[90] 中国银行保险监督管理委员会：《中国银行业监督管理委员会令 商业银行资本管理办法》，银保监会网站，2012 年。

[91] 中国银行保险监督管理委员会：《中国银监会过渡期内年度资本充

足率要求》，银保监会网站，2012年。

[92]《商业银行资本管理办法》课题组：《商业银行资本监管的新框架》，载于《中国金融》，2012年第13期。

[93]中国银行保险监督管理委员会：《商业银行流动性风险管理办法（试行）》，银保监会网站，2013年。

[94] Bank for International Settlement, 81st Annual Report, Basel, 2011.

[95] Bank for International Settlement, 82st Annual Report, Basel, 2012.

[96] Bank for International Settlement, 82st Annual Report, Basel, 2016.

[97] Bank for International Settlement, 82st Annual Report, Basel, 2018.

[98] BIS, Real-time Gross Settlement System, Committee on Payment and Settlement Systems, 1997.

[99] BIS, Core Principles for Systemically Important Payment Systems, 2001.

[100] BCBS, Basel II: International Convergence of Capital Measurement and Capital Standards: a Revised Framework, 2004.

[101] Basel Committee on Banking Supervision, Comprehensive response to the global banking crisis, 2009.

[102] Basel Committee on Banking Supervision, Guidance to Assess the Systemic Importance of Financial Institutions, Markets and Instruments: Initial Considerations, 2009.

[103] Basel Committee on Banking Supervision, The Basel Ⅲ Capital Framework: a decisive breakthrough, 2010.

[104] Basel Committee on Banking Supervision, Basel Ⅲ: International framework for liquidity risk measurement, standards and monitoring, 2010.

[105] Basel Committee on Banking Supervision, Macro prudential policy tools and frameworks", 2011.

[106] Basel Committee on Banking Supervision, Basel Ⅲ A global regulatory framework for more resilient banks and banking systems, 2010.

[107] Basel Committee on Banking Supervision, Global systemically important banks: Assessment methodology and the additional loss absorbency requirement", BCBS Meeting, 2011.

[108] Basel Committee on Banking Supervision, Macro prudential Policy

Tools and Frameworks progress report to G20, 2011.

[109] Basel Committee on Banking Supervision, Basel Ⅲ: regulatory consistency assessment programme, 2012.

[110] Basel Committee on Banking Supervision, Basel Ⅲ: The Liquidity coverage ratio and liquidity risk monitoring tools, 2012.

[111] Basel Committee on Banking Supervision, Core Principles for Effective Banking Supervision, 2012.

[112] Basel Committee on Banking Supervision, Basel Ⅲ: The Liquidity Coverage Ratio and liquidity risk monitoring tools, 2013.

[113] Basel Committee on Banking Supervision, Longevity risk transfer markets: market structure, growth drivers and impediments, and potential risks, 2013.

[114] Basel Committee on Banking Supervision, Statistics on payment, clearing and settlement systems in the CPSS countries-Figures for 2012, 2014.

[115] Basel Committee on Banking Supervision, Monetary policy and financial stability: what role in prevention and recovery? 2014.

[116] Basel Committee on Banking Supervision, Basel Ⅲ: The Net Stable Funding Ratio, 2014.

[117] Basel Committee on Banking Supervision, Basel Ⅲ: leverage ratio framework and disclosure requirements, 2014.

[118] BIS, "Addressing Financial System Procyclicality: A Possible Framework", 79th BIS Annual Report, 2009 .

[119] BIS, Group of Central Bank Governors and Heads of Supervision Reinforces Basel Committee Reform Package, BIS Press Release, 2010.

[120] BIS, Macroprudential Policy-A Literature Review, BIS Working Papers No. 337, 2011.

[121] BIS. Basel Ⅲ Long-term impact on economic performance and fluctuations, 2011.

[122] BIS, Macroprudential Policy Tools and Frameworks progress report to G20, 2011.

[123] BIS, Stress-testing macro stress testing does it live up to expectations, 2012.

[124] BIS, Systemic Risks in Global banking what can available data tell us and what more data are needed, 2012.

[125] BIS, Supervisory framework for measuring and controlling large exposures, Mar., 2013.

[126] BIS, The Great Financial Crisis: setting priorities for new statistics, 2013.

[127] BIS, International monetary policy coordination: past, present and future, 2013.

[128] BIS, Regulatory Consistency Assessment Programme (RCAP) -Second report on risk-weighted assets for market risk in the trading book, 2013.

[129] BIS, Liquidity stress testing: a survey of theory, empirics and current industry and supervisory practices, 2013.

[130] BIS, Basel Ⅲ Regulatory Consistency Assessment Programme (RCAP), 2013.

[131] BIS, Monetary policy and financial stability: what role in prevention and recovery? 2014.

[132] BIS, Guidance for Supervisors on Market-Based Indicators of Liquidity, 2014.

[133] Dean, B. Travis, M, The Value of the "Too Big to Fail" Big Bank Subsidy, Center for Economic and Policy Research Issue Brief, 2009.

[134] European Commission, Commission Consults on the Measures Necessary for a New EU Framework for Crisis Management in the Banking Sector, 2009.

[135] Financial Stability Board, Report of the Financial Stability Forum on Addressing Procyclicality in the Financial System, 2009.

[136] Financial Stability Board, FSB Framework for Strengthening Adherence to International Standards, 2010.

[137] FSB and IMF, The Financial Crisis and Information Gaps, Report to the G20 Finance Ministers and Central Bank Governors, Oct., 2009.

[138] FSB, IMF and BIS, Guidance to Assess the Systemic Importance of Financial Institutions Markets and Instruments: Initial Considerations, 2009.

[139] Financial Stability Board and Basel Committee on Banking Supervision, Assessing the Macroeconomic Impact of the Transition to Stronger Capital and Liq-

uidity Requirements, 2010.

[140] G20, Enhancing Sound Regulation and Strengthening Transparency, G20 Working Goup1, 2009.

[141] G20, Progress Report on the Economic and Financial Actions of the London, Washington and Pittsburgh G20 Summita, 2009.

[142] IMF, Financial Soundness Indicators (FSIs) and the IMF, http://www.imf.org.

[143] IMF, Global Financial Stability Report: Responding to the Financial Crisis and Measuring Systemic Risk, 2009.

[144] IMF, Global Financial Stability Report, 2011.

[145] IMF, Global Financial Stability Report, 2012.

[146] IMF, Global Financial Stability Report, 2016.

[147] IMF, Global Financial Stability Report, 2017.

[148] IMF, Global Financial Stability Report, 2018.

[149] IMF, Lessons and Policy Implications from the Global Financial Crisis, IMF Working Paper10 – 44, 2010.

[150] IMF, World Economic Outlook, 2011.

[151] IMF, World Economic Outlook, 2012.

[152] IMF, World Economic Outlook, 2015.

[153] IMF, World Economic Outlook, 2017.

[154] IMF, World Economic Outlook, 2018.

[155] IMF, Lessons of the Financial Crisis for Future regulation of Financial Institution and Markets and for Liquidity Management, 2009.

[156] IMF: People's Republic of China Financial System Stability Assessment November 2011 IMF Country Report No. 11 321, 2011 – 11 – 14.

[157] https://www.imf.org/en/Publications/CR/Issues/2017/12/07/people-republic-of-china-financial-system-stability-assessment – 45445.

[158] IMF, China's Economy in Transition: From External to Internal Rebalancing, 2014.

[159] Kim Chang-lok, Perspectives on macroprudential supervision from individual financial institutions, IMFworking paper, April 2011.

[160] Mathias Drehmann and Nikola tearashev, Measuring the Systemic Im-

portance of Interconnected Banks, BIS Working Papers No 342, 2011.

[161] Tim Fernholz, The Myth of Too Big to Fail, The American Prospect, October 28, 2009.

[162] U. S. Department of the Treasury, Financial Regulatory Reform-A new Foundation: Rebuilding Financial Supervision and Regulation, 2010.